# 汉语国际教育师资培养理论和实践问题研究

王不承 著

中国书籍出版社
China Book Press

# 序　言

汉语国际教育事业在许嘉璐先生的大力倡导和积极推动下，取得了举世瞩目的巨大发展和有目共睹的辉煌成就。对于这项事业的发展路径和光辉前景，许先生有着深入的认识："这是一个崭新的事业。没有经验，没有现成的路，……只有发展才能解决一切问题，……只有闯，要想闯，就得打破自身的束缚，要掀掉遮盖自己目光的障碍。"（许嘉璐，2008：1）许先生为了推进这一事业的继续发展还一再倡导和呼吁要进行改革："为了培养适应未来需要的语言人才，我们的语言教学和研究需要做哪些调整和改革？"（许嘉璐，2015：162）许先生之所以发出这样的追问，也是因为充分认识到汉语国际教育事业发展前景的美好与工作任务的艰巨是交织在一起的："为了建起人类交流合作的语言之桥，我们所面临的挑战是极其严峻的，需要长期奋斗。"（许嘉璐，2015：162）许先生的目光是深邃、宏阔而远大的，汉语国际教育事业的意义是十分深入和远大的，并且在国家和社会各界的支持下经过持续不断的努力已经取得了很大的发展，我们应该为这一事业的更大发展而继续加倍地努力。

汉语国际教育师资在汉语教学过程中提高自己的教学水平，是一个需要持续努力甚至终身努力的教师专业发展（teacher professional development）的重要课题。有学者提出："课堂实践是对外汉语教师专业发展的重要领域，在教学过程中不断反思，发现问题—研究问题—解决问题，这是对外汉语教师提升教学水平的主要模式。"（王添淼，2010：27）汉语教师教学水平的提高必然要结合他们自身的教学实践，通过不断地进行教学反思而完成，而且这是一条汉语国际教育师资专业发展的主要路径。

汉语教师专业发展时所要培养的能力涉及许多方面，简而言之，至少包括教学认知能力、教学设计能力、教学实施能力、教学管理能力和教学评估能力等方面，教师通过掌握这些能力、达到较高的培养目标才能顺利地实现自身的专业发展。教师在专业发展的过程中还需要具备其他多方面的能力，其中学习能力是最为重要的。在欧洲语言教学的指导性文件《欧洲共同语言参考框架：学习、教学、评估》中对语言教学中的学习能力进行了概括，对我们的汉语国际教育师资培养工作和教师的自我提高也有启示和借鉴作用。他们提出："学习能力包括：有效利用现有教学条件所能提供的一切机会，如：始终认真听讲，也就是保持注意力高度集中；理解完成学习任务的目的；有效的团队或二人合作；积极地、经常地和及早地应用所学语言；善于利用一切可能的条件自主学习；善于组织和利用一切条件进行自主学习管理；善于有效学习语言和社会文化，例如，通过直接观察、参与交际，或者通过培养预测、分析和发现的能力；作为学习者，善于发现自己的优缺点，能确定自己的学习需求，并制定个人的学习策略和实施步骤。"（欧洲理事会文化合作教育委员会编，2008：104）可以看出，这里提出的学习能力所包含的内容是非常丰富和广泛的，而且学习能力的各个方面大多要靠学习者自己来获取，因此师资培养过程中需要注重使受训者通过自己的努力获取学习的能力。

汉语教师自身的发展并不是仅仅依靠自身的努力就能完成的，一是因为教师的发展具有传承性，需要从他人那里获得营养；二是因为教学的开展必须与他人合作（最低限度也是要与学习者合作）才能顺利完成任务；三是因为教师的发展要在他人的反馈和评价中进行，同行的认可和建议对教师的发展而言都是十分重要的。有学者提出："限制教师发展专业能力的另一个因素是，一些师范教育计划（teacher education programs）没有帮助师范生发展共事能力及学会从别人的反馈中了解自己，教师需要学习同事关系的模式和实践给予及接受反馈（practice giving and receiving feedback）。一旦没有机会给予和接受同行反馈的话，教师对于怎样反馈就会不知所措。"（Good & Brophy，2002：583—584）教师如果没有能力对同行进行正确的教学反馈，必然会影响他们对学生的反馈，反馈能力对于语言教师而言也是需要自我提高和专门培养的一种非常重要的能力。

反思能力在汉语国际教育师资的专业发展中也是非常重要的。中国的汉语教学师资在他们以往的学习经历中被强化的往往是争分夺秒去努力竞争的意识和能力，而在静下心来往回看以及带着批判性的眼光来审视自己的能力方面往往是不足的，当他们成为汉语教学师资时已经缺失了反思自己不足的能力和习惯。有学者认为这种现象与他们在学校学习阶段所受到的训练和影响有关："学校里的社会化倾向于强调这样的观念：不要走回头路，要勇往直前。然而，我们必须考察我们过去的和现在的情况，这样我们就可以对自己的进步进行监视，从而确定我们是在不断进步还是在原地踏步。"（Good & Brophy，2002：582）以往学校教育中的不足以及对学生们的影响，在汉语国际教育师资培养中也应当引起重视，应当注意设法提升受训师资在教学反思方面的意识和能力，如果没有掌握教学反思能力，汉语国际教育师资的专业发展也就无从谈起。

汉语国际教育师资首先应处理好专业发展与自己的教学实践的关系，但同时在开展教学的过程中也不能忽视处理好与学生的关系。汉语教学以培养学习者语言交际能力为主要目标，要想取得良好的教学效果就必须充分发挥学习者的作用。能够真正做到这一点，汉语教师除了要具备明确的发挥学习者作用的教学意识外，还需要掌握一些相应的教学手段和技巧，这就需要在师资培养的过程中对他们这方面的能力专门进行培养。

对于教师的专业发展我们还可以有进一步更为广阔的视界，"后方法时代"教学理念的倡导者库玛（Kumaravadivelu，B.）对教师的专业发展提出了进一步的目标："为了实现个人的转型，他们需要不断自我教育、教导学生，帮助认识社会上的各种不平等和不公正现象，并用目标明确、态度平和的方式不断关注、纠正这些现象。因此，这种双重角色要求教师们不仅应将教育学看作是一个将课堂学习机会最大化的机制，而且也应是一种在课堂内外改变生活的手段。"（库玛，2013：8）受此论述的启发，汉语国际教育师资要想获得更好的专业发展，首先就要获得"自我教育"的能力，这样他们才能够获得更好地教育学生的教学能力，也就是说，教师首先要有能力教育自己，然后才能更好地教育学生，这种能力从他们专业成长的初期阶段开始就要着力有意识地加以培养。

作为汉语国际教育师资的后备军，汉语国际教育专业硕士研究生的培养一直得到极大的重视，无论是在反复探索实践、加大投入、聚集各种培养力量等方面做了许多工作并且取得了卓越的成效，还是在对汉语国际教育专业硕士培养的相关理论和实践问题的研究方面所取得的丰富成果，都充分证明了这一点。在这个方面，聚焦于教学变革意识和能力的培养，以胜任汉语国际教育事业的培养目标为导向，汉语国际教育专业硕士的学习和培养方向更加明确了，这样可以使他们把将要从事的汉语国际教育教学工作明确作为自己的事业发展方向，同时也有助于其树立专业发展的目标并且获得努力学习的动力，在这个过程中还可以建立起他们的工作责任心。

为了适应具备在世界各地开展汉语教学和传播中华文化能力的人才培养需求，汉语国际教育专业硕士从作为师资进行培养的角度看，其培养理念已经从以往硕士研究生培养的注重结果（获得硕士学位）转变到注重培养过程（标志之一是对他们教学实践能力的关注和着力加以培养）。我们所培养的汉语国际教育专业硕士，也因此可以获得在课堂教学等环节的具体操作上推进和落实新型汉语国际教育的教学理念和教学方式的能力。

汉语国际教育专业硕士在自己的学习成长经历中，难免会受到我国传统的"以教师为中心"的教育教学理念的长期影响，他们经过基础教育和高等教育等至少长达16年的长期影响，会形成深入骨髓的对教学的传统性认知。因此，转变他们所受到的传统教学观念的影响是首要的和至关重要的工作，由此而树立起他们"以学习者为中心"的教学理念，才能使他们有能力更好地适应和胜任将要从事的汉语国际教育工作。

在对汉语国际教育专业硕士研究生培养的实践中可以发现在理论与实践的诸多方面还有许多工作要做，但是我们仍然应当注意从培养工作的点滴细节做起，通过逐步的积累达到最终的培养目标和良好的培养效果。其实在培养过程中哪怕是仅仅回答了他们一个简单的疑问，就会解决他们在今后的教学实践中可能遇到的一个大困难，而通过不断地积累和反复多重地借鉴，通过不断地克服困难，他们的教学水平就会逐步提高，对很快就要面临的教学实习的准备也会做得更好。

中国目前正处于走向富裕社会的历史进程当中，汉语国际教育要面向和服务于这样的时代潮流，使教学适应当前中国变化了的现实以及今后变化的前景，促进与世界各国的相互理解，尤其是让世界各国众多的人们理解中国的发展变化。与此新形势相关，汉语国际教育师资培养工作也要主动进行适应新任务的调整和变化。有学者提出："随着汉语国际推广事业的发展，面向汉语教学志愿者的培训、面向海外中小学汉语教师的培训、基于互联网的汉语教师培训，会逐步在我们的教师培训工作中占主导地位。"（张和生，2006：112）可以看出，汉语国际教育师资培养工作与以往相比最大的变化是日益走向多样化、多元化，因此要设法使我们的培养工作适应这种新形势的要求，从理论和实践等多方面研究汉语国际教育师资培养问题。

随着汉语国际教育的发展和时间的推移，汉语教学的对象也在不断发生着变化，汉语国际教育事业以及从事这项事业的汉语师资只有适应变化了的现实才能求得更好的生存和发展。教学要向前进一步发展，就要走向对中华文化的传播和跨文化交际，走向对中华文化和世界文化的理解，而文化的理解要通过学习者自身的文化探索来实现和完成。我们需要世界理解中国，我们也需要更好地理解世界，而这些都需要通过跨文化交流来完成，语言则是其中最为重要的媒介，不知其（跨文化交流的双方）所言，则不知其所思。汉语教学和中华文化传播所面临的新任务，实际上对汉语国际教育师资提出了更高的要求，也对相应的师资培养工作提出了更高的要求。

　　语言是促进相互理解的重要媒介，文化理解不能脱离语言而实现，否则仍然会有隔膜，难以达至真正的理解。我们的汉语国际教育就是要以打破隔膜为目的，来推进汉语教学在世界上的发展，这样才能与一个大国的国际地位和国际社会对一个大国的期许与要求相适应。所以，在汉语国际教育事业的背后有重大的国际利益和我国的国际责任所在，我们也期望藉此由"文明的冲突"走向"文明的和谐"，后者是对国际社会各方都有利的事情，汉语国际教育事业也正是由于满足了国际社会的迫切需求并且对各方都有利而得以迅速发展。

　　汉语国际教育是在中国以往进行的对外汉语教学的基础之上超越性的大发展，反过来也激活和促进了对外汉语教学的新发展。"汉语国际教育给对外汉语教学带来了巨大的影响，这个影响不仅是学生人数的增加、孔子学院的增多，更是给传统的对外汉语教学从理念到方法都带来了冲击，在我们考虑三教问题时，海外的汉语教学实际也挑战着我们的教学。大量的外派教师在呈现传统教学方法的功效时，也吸收了海外汉语教学的经验，并把它们带回国内，丰富了他们的实践性知识。"（翟艳，2013：114）作为教学活动核心的汉语国际教育师资也要适应和跟上这种大发展的新形势和新要求，这要求教师要进行适应汉语教学发展的自身专业发展，他们在发展的过程中必然会遇到很多理论和实践方面的新问题需要加以解决，因此本书试图对此加以探讨。虽然笔者在专著《汉语国际教育师资任务培养方式》（王丕承，2015）中仅就培养方式探讨过此研究课题，但是由于篇幅和课题所限，对许多问题未加探讨，因此希望借此书撰写和出版的机会再次对相关问题进一步加以探讨，以期达成抛砖引玉的作用。需要特别提及的是，本书作者才疏学浅，致使书中的论述还存在着许多不全面、不成熟的认识，希望专家学者和各界人士多加批评，多加指导。

　　作者联系邮箱：wpch624@aliyun.com

# 目　录

序　言 …………………………………………………………………… 1

**第一章　汉语国际教育师资新型教学观念和意识的培养**…………… 1
  1.1　汉语国际教育师资教学观念变革和落实"以学习者为中心"理念 … 2
  1.2　汉语国际教育师资专业发展中教学变革意识和能力的培养 ………… 6
  1.3　建构主义理论的新认识对汉语国际教育师资培养的启示作用 ……… 10
  1.4　汉语国际教育师资培养要解决一些认识上的偏差带来的问题 ……… 14

**第二章　汉语国际教育师资培养过程中自身发展问题的解决**………… 26
  2.1　汉语国际教育师资专业发展中教师自我提高能力的培养 ………… 27
  2.2　汉语国际教育师资提升自我效能感对其专业发展的有益作用 ……… 31
  2.3　教学反思在汉语国际教育师资自身专业发展中的重要作用 ………… 36
  2.4　反思型汉语国际教育师资的特点和培养策略 ………………………… 44
  2.5　汉语国际教育师资提升通过反思深化教学认识和教学运用能力 …… 48
  2.6　实践性知识在汉语国际教育师资专业发展中的重要作用 …………… 53
  2.7　开展行动研究对汉语国际教育师资专业发展的重要意义 …………… 58

## 第三章　汉语国际教育师资发挥学习者作用能力的培养……64

- 3.1　汉语国际教育师资发挥学习者自主性和自身创造性能力的发展……65
- 3.2　汉语国际教育师资提升学生群体化技能能力的培养……70
- 3.3　汉语国际教育师资帮助学习者有效学习能力的培养……74
- 3.4　汉语国际教育师资激发学习者学习动机能力的培养……78
- 3.5　汉语国际教育师资发挥学习者非智力因素作用能力的培养……82

## 第四章　汉语国际教育师资发挥隐性课程作用能力的培养……93

- 4.1　汉语国际教育师资对汉语教学隐性课程作用的发挥和利用……94
- 4.2　汉语国际教育师资发挥汉语教学隐性课程作用的再探讨……98
- 4.3　汉语国际教育师资利用内隐学习方式开展汉语教学能力的培养……102

## 第五章　汉语国际教育师资新型教学评估能力的培养……107

- 5.1　汉语国际教育师资新型教学评估能力培养的重要性……108
- 5.2　汉语国际教育师资应当掌握的一些新型的教学评估方式……111
- 5.3　汉语国际教育师资新型教学评估方式创新能力的培养……116
- 5.4　汉语国际教育师资在任务型教学方式中的可选评估策略……120

## 第六章　任务型教学方式与汉语国际教育师资培养……125

- 6.1　以任务型教学方式培养汉语国际教育师资的一些相关问题……126
- 6.2　在实施任务型汉语教学中贯彻综合教学理念的具体路径……129
- 6.3　在汉语国际教育中运用小组合作学习时应解决的一些问题……133
- 6.4　把握以建构主义为理论基础给任务型汉语教学方式带来的变化……137

**第七章　汉语国际教育师资培养过程中文化问题的重要性**……… 142
　7.1　提高文化教学能力在汉语国际教育师资培养中的重要性 ……… 143
　7.2　汉语国际教育师资跨文化交际能力培养的一些相关问题 ……… 147
　7.3　汉语国际教育师资应重视语言教学中的文化问题 …………… 153

**第八章　汉语国际教育师资课堂管理能力的培养**……………… 158
　8.1　汉语国际教育师资对课堂教学过程进行有效管理的方法 …… 159
　8.2　在汉语国际教育课堂管理中汉语教师建立管理规章的方法 … 163
　8.3　汉语国际教育师资应对问题学生违反课堂纪律能力的培养 … 167
　8.4　汉语国际教育师资应对课堂上学生捣乱行为能力的培养 …… 175
　8.5　对于汉语国际教育中问题学生课堂管理问题的一些解决策略 … 179
　8.6　培养汉语国际教育师资在课堂教学中建立学生自我管理能力 … 183
　8.7　汉语国际教育师资对学生的学习进行鼓励的作用和方式 …… 186
　8.8　汉语国际教育师资进行课堂管理的一些具体的有效方法 …… 190

**第九章　汉语国际教育师资培养与"后方法时代"教学理念**……… 195
　9.1　汉语国际教育师资与"后方法时代"教学理念及相关研究 …… 196
　9.2　"后方法时代"教学理念帮助汉语教师超越传统上对教学的认识 … 201
　9.3　"后方法时代"教学理念有助于汉语教师摆脱机械的教学方式 … 205
　9.4　"后方法时代"教学理念帮助汉语教师探索更适合教学的方法 … 209
　9.5　"后方法时代"的汉语教学顺应走向综合的必然发展趋势 …… 214
　9.6　汉语国际教育应当顺应"后方法时代"教学理念的发展趋势 … 219

## 第十章　汉语国际教育专业硕士培养的一些相关问题研究……224
　　10.1　从教学与学习的角度对汉语国际教育专业硕士培养工作的思考…225
　　10.2　汉语国际教育专业硕士培养过程中模拟性教学方式的利用………229
　　10.3　小组合作学习在汉语国际教育专业硕士培养过程中的有益作用…233
　　10.4　在汉语国际教育专业硕士培养工作中小组合作学习活动的实施…240
　　10.5　教学实践在汉语国际教育专业硕士专业学习中的重要作用………245
　　10.6　对汉语国际教育专业硕士进行教学能力培养时评估的变革………251
　　10.7　对汉语国际教育专业硕士培养的评估要采用多样化的方式………254

## 余　论………259

## 参考文献………267

# 第一章　汉语国际教育师资新型教学观念和意识的培养

　　汉语国际教育师资培养的过程中首先要注意正确的教学概念和教学意识的树立，并且在培养过程中要贯彻落实"以学习者为中心"的教育教学观念，这就要在培训时设法促进汉语师资教学观念的变革，还要在教学设计和课堂教学的活动中具体落实，开展针对学习者需求的个性化教学是具体落实的有效途径。

　　汉语国际教育师资要成为适应汉语教学事业新要求的人才，就必须培养他们改变传统教学方式的意识和能力，提升他们在教师认知方面适应专业要求的能力，帮助他们建立"以学习者为中心"的教学意识和教学操作能力。

　　建构主义理论对知识和学习都带来了革命性的新认识，对汉语国际教育师资培养工作也有许多的启示作用：（1）建构主义理论可以使汉语师资在汉语教学中引导学生主动建构自己的汉语知识系统；（2）汉语师资要有意识地创造条件发挥而不是抑制学生学习的主动性，想方设法寻求机会利用学生已有的知识和经验使之达到更好的学习效果，帮助学生开展有意义的建构性学习活动；（3）在汉语教学的课堂上汉语师资要注意体现"以学生为中心"的教学原则，同时也要随时提供对学生的帮助和指导。

　　在汉语国际教育师资培养的相关研究中存在着一些认识上的偏差，这些偏差包括对汉语国际教育师资培养内容和培养方式的认识偏差，以及对汉语国际教育师资能力和行为的认识出现的偏差。这些偏差会带来汉语国际教育师资培养工作上的一些问题，只有纠正了这些偏差形成合乎教学实际的新认识，才能有解决这些问题的良好开端。

汉语国际教育师资的培养要涉及许多方面，并非是容易取得成效的一项工作，尚且存在着一些对这项艰辛的工作并非客观、公正的评价，因此要努力设法排除对中国培养的汉语国际教育师资的偏见给这项工作带来的不利影响，同时还要注意解决对汉语国际教育师资道德品行要求的认识上出现偏差带来的问题。

## 1.1 汉语国际教育师资教学观念变革和落实"以学习者为中心"理念

在海外开展汉语国际教育时，汉语师资应当贯彻落实"以学习者为中心"的教学观念自不待言，但是这并不是每一个教学者都能够做到的，"有一次，当一位国内去的老师在教课时，见一位学生在课堂上不愿配合，有点调皮捣蛋，竟勒令他离开教室，不许再进来。这一举动，在国内或许无可厚非，视之为理所当然，但在那个必须'以学生为中心'的环境中，却可能涉嫌违法。你把'中心'都赶出课堂了，还教什么？"（李柏令主编，2010：前言4）汉语国际教育师资如果不能贯彻"以学习者为中心"的教育观念，不仅会影响教学而且可能会带来违反国外当地教育法规的不良后果。然而并不是每一位汉语师资都能自然而然地贯彻落实"以学习者为中心"的教育教学观念，因为在我国的教育教学传统上大都是"以教师为中心"的[①]，以往在教育资源紧张又面临升学压力的情况下，"以教师为中心"成了我国教育，特别是基础教育的常态。但是随着我国教育事业的大发展，这种情况已经大为改观，如果再以此观念指导汉语国际教育则会方枘圆凿。

当代的教育发展潮流所提倡的"以学习者为中心"是对"以教师为中心"

---

① 但是我国古代伟大的教育家孔子并不是这样，他非常关注学生的特点和成长，实际上是能够真正贯彻"以学习者为中心"的教育理念的，他的"有教无类""因材施教"的教育思想就充分体现着这种教育理念。

# 第一章　汉语国际教育师资新型教学观念和意识的培养

的教育教学弊端的变革，在教学设计和教学操作中采取不同的教育理念，就会有截然不同的教学结果。在论及任务型语言教学时，有学者指出："明确'以学习者为中心'，这一点对于任务型教学设计有着至关重要的指导意义，因为从'以学习者为中心'出发还是从'以教师为中心'出发将得出两种截然不同的设计结果。"（魏永红，2004：143—144）任务型教学方式是在海外普遍利用的语言教学方式，它所倡导的就是"以学习者为中心"的教育理念，但是汉语国际教育师资如果仍然秉承"以教师为中心"的教育观念，那么如果要开展任务型汉语教学就必然不会顺利，汉语国际教育的教学任务也就难以如愿完成，所以在师资培养中有必要特别重视"以学习者为中心"的教育教学理念。

## 1.1.1 实现"以学习者为中心"的首要关键是汉语师资教育教学观念的变革

"以学习者为中心"虽然是一种来自国外的教育观念，但是对国内教育领域"以教师为中心"的传统教学理念进行纠正很有针对性。有学者就明确提出："'以学生为中心'（student-centered），或者叫'以学习者为中心'（learner-centered），是一种与'以教师为中心'相对的教育理念。"（李柏令主编，2010：1）这种新型的教育理念在许多方面都可以引发人们对教育教学变革的思考："在教学过程中，它重在给学生自主选择学习内容的机会、注意尊重和了解学生、增大形成性评价（formative evaluation）的比重。在教育教学管理中，'以学生为中心'就是为学生创造一切可能的条件，按照学生身心发展的规律办事，以促进学生身心的发展。（参见赵一宇，2004）"（李柏令主编，2010：1）本来，教师的所有教育教学的努力都要通过学生才能发挥作用，这是很普通的、显而易见的道理，但是偏偏就在"以教师为中心"的教育观念中被扭曲了。"以学习者为中心"符合学习的规律，体现着教育的本质，应当也必将在我国的汉语国际教育中得到更多的贯彻落实。

在语言教学领域，另外还有一种与"以学习者为中心"对立的教学理念是"以课程为中心"的教育教学理念。对于这两种教育教学理念，国外学者纽南（Nunan，2001）进行了对比分析："在语言和语言教学中，以课程为中心的观点和以学习者为中心的观点之间一直都'关系紧张'（tension）。以课程为中心的观点认为学习语言的本质就是要掌握知识主体。而以学习者为中心的观点则认为，语言习得是一种技能习得，而不是知识本身的学习。'课程中心论'强调语言内容本身的内化（be internalized），'学习者中心论'将语言视为交际过程的发展（be developed）。"（李柏令主编，2010：21—22）"以课程为中心"与"以学习者为中心"的对立虽然表面上是在语言教学内容方面的对立，实际上涉及语言观和语言学习观等一些根本观念的对立，这些根本性的对立也会最终影响到对学习者地位的看法。在汉语国际教育师资培养中，应当着力使受训师资有能力分清这些教育观念的差异，要有跟上时代教育变革发展的意识，自觉地在教学中贯彻"以学习者为中心"的理念。

### 1.1.2 汉语师资在汉语国际教育中具体落实"以学习者为中心"的教育理念

汉语国际教育师资在具体的教学操作中落实"以学习者为中心"的教育理念，首先就要从课堂教学之前的备课准备阶段就奉行这一理念，在教学设计过程中也要加以落实，这样一来，汉语师资就需要了解学习者的学习需求，并对他们的需求进行细致的分析。有学者就指出："'以学生为中心'的课程设计的第一个任务就是了解需求，以及需求分析。需求分析是课程学习的一个参数。这些参数包括学习者团体的标准和基本原理，课程内容的选择和顺序，课程的长度、密集度和持续时间。在'以学生为中心'的体系中，课程设计者会通过跟学习者的密切交流和咨询来确定这些参数。"（李柏令主编，2010：22）在汉语国际教育师资培养的过程中，要安排专门的教学环节培养他们了解和分析学生需求的技能，如掌握通过问卷调查和访谈等了解学生学习需求的具体方法。

在课堂教学阶段开展"以学习者为中心"的教学，汉语国际教育师资就要具有设计体现"以学习者为中心"理念的教学活动的能力。有海外学者提出了开展这样的活动的诸多优点："以学生为中心的活动具有以下优点：1）创造一个具鼓励性和积极性的语言学习环境；2）增加学生使用语言练习沟通的机会；3）增加流利度和学习内容内化的机会；4）学生之间有互相学习和交换经验的机会；5）学生彼此通过语义协商的沟通过程进行交流，近似于真实语境；6）学生能练习沟通策略的技巧并培养认知能力和解决问题的能力。"（曾妙芬，2007：144）可以看出，这些活动都是以学生为主来进行的，是由他们自己独立来完成的，教师要退后而非居于课堂教学的中心地位，课堂上的时间大部分都要留给学生们去完成这些活动，在师资培养的过程中一定要使受训师资具备设计这种活动的意识和能力。

### 1.1.3 开展个性化教学是汉语师资落实"以学习者为中心"理念的有效途径

汉语国际教育师资在教学中贯彻落实"以学习者为中心"的教育观念，并不是要求他们在教学实践中"一刀切"，在任何教学情境和任何教学条件下都不加区别地强行推进。有学者对此就提出："其实，我们并不强求对所有的学生不加区别地统一采用同等程度的'以学生为中心'的教学模式和教学方法。因为'以学生为中心'的教学理念的精髓在于尊重学生的差异性，而强求一律的做法恰恰与这一思想背道而驰。"（李柏令主编，2010：12）尊重学生之间的差异性，有针对性地开展个性化教学，才是汉语国际教育师资应当真正掌握和有效落实"以学习者为中心"教育理念的正确途径。

汉语国际教育师资要想开展个性化教学，首先就要尊重和了解作为教学对象的学生们的个性特点。有学者提出了学习者个性在第二语言习得中的重要性：

"学生们独特的个性[①]特点会影响他们在课堂上的表现,进而对他们的学习效果也会产生一定的影响。Cook(1991)就曾提出,学习者的个性差异可能会促进或抑制其第二语言习得。学习者的个性是第二语言教师无法改变却对语言学习存在极大影响的非智力因素。"(丁安琪,2010:169)汉语国际教育师资在开展教学活动的过程中,应当重视学习者个体差异对汉语学习的影响,在教学设计和课堂教学中都要采取有针对性的措施。"对不同语言水平的学生应有不同的要求,对不同性格特点的学生宜采取不同的纠错方式,充分尊重学生的学习心理,保护他们的学习积极性和创造性。"(蔡整莹,2009:3)在培养汉语国际教育师资时,应当使之具备准确把握学生的个性特点并分级分层开展教学的能力,这样他们才能在教学过程中真正有能力开展针对学习者具体学习需求的个性化教学。

## 1.2 汉语国际教育师资专业发展中教学变革意识和能力的培养

汉语国际教育是新型的汉语语言教育事业,实际上也是我国教育事业变革发展的组成部分,对将要从事汉语国际教育事业的师资的培养也要适应这种变革,培养的目标之一就是要使他们具备适应和投身教学变革的意识和能力,以便更好地胜任汉语教学工作。

### 1.2.1 对汉语国际教育师资改变传统教学方式的意识和能力的培养

可以说,汉语国际教育是从我国传统的对外汉语教学事业发展而来的,但是实际上它又与对外汉语教学有着很大的不同,是在前者的基础上的重大变革和

---

[①] 对于"个性"的概念,该学者定义为:"在第二语言习得中,它指一个人在其生活、实践活动中经常表现出来的、比较稳定的、带有一定倾向性的个体心理特征的总和,指一个人区别于其他人的独特的精神面貌和心理特征。有时也译作'人格''性格'等。"(丁安琪,2010:169—170)

## 第一章　汉语国际教育师资新型教学观念和意识的培养

提升。这种变革更替的发生主要是由于教学对象及其学习需求发生了很大的变化，从事这种工作的汉语教学师资若不能适应这种变化及时进行调整，则汉语教学事业将面临很大的危机。有学者总结和揭示了传统的对外汉语教学模式的特点和问题："传统的对外汉语教学模式的特点是：以教师为中心，教师利用讲解、板书和各种媒体作为教学的手段和方法向学生传授知识；学生则被动地接受教师传授的知识。在这种模式下，教师是主动的施教者（知识的灌输者），学生是外界刺激的被动接受者、知识灌输的对象；教材是教师向学生灌输的内容；教学媒体则是教师向学生灌输的方法、手段。"（李柏令主编，2010：15）可以明显地看出，传统的对外汉语教学模式注重语言知识的教学，在汉语国际教育的新时代这种传统的教学方式必须变革，在培养汉语国际教育师资的过程中不能再以早已过时的传统教学理念和方式误导他们。

进行教学变革当然并不是一件容易的事情，哪怕是要求汉语师资改变自己已经习以为常的对教学的认识，也并不是一件容易的事。对此有学者提出："和其他研究者的发现相同（Barth，1990；Fullan，1990），我们的结果表明，对于改革来说接纳创新和创造一个合作的环境是互补的条件。对学校改革有兴趣的个人如果只注重一个条件，他们就会犯错。在创新和合作同时进行、互利互助的环境下，改革能取得最大的进展。"（Sandholtz，Ringstaff & Dwyer，2004：119）可见，要想实现通过汉语国际教育变革传统的汉语教学方式的理想，就必须使受训的师资（包括汉语国际教育专业硕士）具备整合学校内外各方面的力量、通力合作完成教学变革的能力。

### 1.2.2　汉语国际教育师资在教师认知[①]方面适应专业发展能力的培养

汉语国际教育师资要想获得较好的专业发展，其中重要的任务之一是在教

---

[①] 对于"教师认知"的定义，有学者提出："教师认知（teacher cognition）是一个比较宽泛的概念，主要指教师的心理世界，即他们的信念、思想、知识结构及其对教学实践的影响等。"（孙德坤，2008：74）

师认知方面有所发展。对于教师认知进行研究，有学者提出："教师认知研究基于这样一种认识，即教师是课堂教学活动中的最终决策者或者主导者，教什么、怎样教全看教师。而教师的决策有意无意地受到多方面的影响，这包括他们当学生的经历，教师职业培训或教育，当前流行的教学思潮，对教与学的看法，他们所处的教学环境等等。因此教师的认知及其教学活动是一个极其复杂、多样的过程。"（孙德坤，2008：74）教师认知对教学决策、教学运作和最终的教学成果都有着很大的影响。例如，如果教师认同传统的语言交际教学法，他们在课堂教学中就会提出实际上并没有包含学习者的交际意愿的所谓交际问题，课堂里所发生的实际上只是一种非真实性的交际，因为学习者在进行所谓的"交际"时是被动的，也很容易被他们认为在这种"交际"中他们是受摆布的，因而不愿意参与，这就会使教师的课堂教学陷于被动而难以开展，可见教师认知是非常重要的，应当引起重视。

我们所培养的汉语国际教育师资如果在教师认知方面受到传统教学方式的影响，那么他们的教学行为就会步入"以教师为中心"的旧有轨道。有学者就提出："在传统的课堂教学中，谁跟谁在什么时候、在怎样的情况下、讨论什么，都是由老师来决定的。老师可以插入或是打断学生的话，课堂话轮总是落于或回归于老师。新的教学理念要求教师的任务是营造一个语言活动互动，学生可以做真实交际的情景和环境。"（温晓虹，2008：271）显然，传统课堂教学的方式已经难以适应当今学习者以交际能力习得为主的语言学习需求，培养汉语国际教育师资改变传统教学方式的能力，首先就要使他们有能力改变传统的"以教师为中心"的教学方式，要变革为"以学习者为中心"，这样才能实现帮助学习者获得目的语（target language）交际能力的教学目标。

### 1.2.3 汉语国际教育师资"以学习者为中心"的教学意识和教学能力的建立

汉语国际教育师资在教学中所应贯彻的是"以学习者为中心"的新型适应

外国学习者学习需求的教学理念,但是如果师资培训者自身不能摆脱传统教育思想的影响,不能与汉语国际教育的教学理念保持一致,这种不一致就会给所培养的汉语师资带来思想上的混乱。"我国的传统教育思想基本上是以教师为中心的,目前在岗的对外汉语教师大都经过传统教育理念和实践的'浸润',与西方的教育思想隔膜较深,在一定程度上存在着'文化的隐性层面和文化冲突方面'的'不一致'甚至'冲突'(吴亚林,2005)。"(李柏令主编,2010:10)所以,汉语国际教育师资的培训者应当深刻认识到改变传统的教育教学思想并且贯彻落实适应汉语国际教育新形势的"以学习者为中心"教学理念的重要性。

要想使汉语国际教育师资具备"以学习者为中心"的教学能力,首先就要使他们具备全面了解学习者特点的能力,因为学习者的特点涉及许多方面的具体内容:"以学习者为中心的课程设计的起点,通常就是采集各种类型的个人资料。这些资料包括当前的水平等级、年龄、学历、学过的语言课程、民族、婚姻状况、在目的文化环境中度过的时间长度,以及过去的、当前的和打算将来从事的职业。它也可以包括语言目标、教育目标以及生活目标。信息的采集也可以根据学习者的主观因素来进行,例如偏好的课程长度和强度、偏好的学习安排(学习者想要得到以课堂学习为主还是以非课堂学习为主的指导)、偏好的教学法(包括学习者所希望的教材和练习的类型)、学习风格,以及来上课的一般目的。"(Nunan,2001:42)可以看出,既然需要了解的学习者特点是非常丰富的,汉语国际教育师资就要有目的、有意识地全面了解学习者主观和客观两方面的个人情况,这样才能有针对性地设计能够面向学习者的教学。

要培养汉语国际教育师资有能力在备课阶段所设计的教案中,除对各个教学步骤的具体操作情况要落实"以学习者为中心"以外,在教学课件的制作等方面也要贯彻"以学习者为中心"的原则,要展示出考虑到学习者特点和教学针对性,引导学习者在课堂上和课堂外要展开的语言学习活动等等内容,还要包括对学习者出现偏误情况的预想和纠正偏误等方面的方案。要想使汉语国际教育师资能够贯彻"以学习者为中心"的教学观念,就要在许多方面培养他们相关的意识和能力,这个培养任务既重要又艰巨,同时也是一项长期坚持才能见效的工作。

## 1.3 建构主义理论的新认识对汉语国际教育师资培养的启示作用

建构主义理论对学习知识的认识发生了与以往任何教学理论都不同的革命性变化,由于对知识的理解与以往不同,相应地对知识的学习方式也发生了变化。对此有学者认为:"建构主义的理论:'将知识定义为暂时的、可开发的、受社会和文化影响并且是非主观性的。从这点上去理解,学习就是一个解决内在认知冲突的自我调节过程,这些冲突经常通过具体的练习、讨论和思考变得明显。'(Brooks & Brooks, 1993: vii)"(Sandholtz, Ringstaff & Dwyer, 2004: 13)建构主义理论所形成的对知识和学习不同于以往的新认识,给汉语国际教育师资培养工作也会带来新的启示,由此也可以促成这项工作得到更好的发展。

### 1.3.1 建构主义理论对学生所学知识的新认识对汉语国际教育师资培养的启示

建构主义理论并非全然否定知识的重要性,仍然认为知识的建构在学生的学习过程中是非常重要的,但同时又认为学生对所学知识通过建构的方式学习可以获得更好的效果。"当学习的深度和充分理解内容成为教学目标时,知识建构是帮助学习者理解并且深化内在想法、帮助他们开发使用技能和概念去解决问题的环境、帮助他们探索或者产生想法、归纳和系统化知识的更有效的方法。"(Sandholtz, Ringstaff & Dwyer, 2004: 15)显然,学生的知识建构不同于以往,建构主义理论中的知识是由学生探索而得来的,知识的性质已经变为不是事先准备好然后给定给学生,对所要学习的知识要由学生来确定和完成对其的掌握。

在建构主义理论之下，学生们掌握的知识不是私密的，他们掌握知识的途径变为公开，掌握知识的成果通过公开而得到共享。"学生们知识累积的活动应该是开放性的建构。学生们的知识、新的想法、模型、绘画、写作都应该公开，大家共享。这些成果需要来自同学们的评价，需要给父母看，需要呈现给专家组进行严格的检查和评估。这个过程还可以发现和改正一些错误的概念，为学习任务明确目标。"（Sandholtz, Ringstaff & Dwyer, 2004: 14）在这种情况下，学生们所要做的已经不是像以往那样被动地接受知识，而是主动去探索。"学生需要意识到他们的工作是重要的，他们所做的一切都是很有意义的，其他人会对他们的发现感兴趣。个人知识的分享使得课堂更成功。它引入了探险的精神，促使学生更加仔细和深入地询问。"（Sandholtz, Ringstaff & Dwyer, 2004: 14）可以看出，建构主义基于对知识的新认识所提倡的新型学习方式可以达到多方面的学习效果，给学生带来多方面的益处。因此，要培养汉语国际教育师资在汉语教学中对学生同样也不能再采取"灌输"的方式，使他们有能力设法创造机会并且引导学生自主建构自己的汉语知识系统。

### 1.3.2 建构主义理论对学生学习的新认识对汉语国际教育师资培养的启示

建构主义理论对学生所学知识形成了新的认识，也由此带来了对于学习这些知识的方式的新认识。有学者提出："建构主义认为，学习是建构内在的心理表征的过程，学习者并不是把知识从外界搬到记忆中，而是以自己已有的经验为基础，通过与外界的相互作用来建构理解。"（程可拉，2006: 83）建构主义理论认为学习要依靠学习者已有的认识来进行，已有的知识对新的认知发展有帮助的作用。

建构主义理论认为学习活动是需要依靠学习者的主动行为来完成的，实际上没有学习者的主动作为学习根本无从谈起，因为在建构主义理论看来学习并不是依靠死记硬背地获取事实性的知识。"建构主义强调的是解决问题、发展概念和有判断力的思考方式,而不是简单地获知事实知识,在这个框架中,学习被看作是学习者主动进行的活动,而不是别人强加给学习者的。"(Sandholtz, Ringstaff & Dwyer, 2004: 178)可见,建构主义理论之下的学习更能发挥学生们的主动性、积极性和创造性,达到更好的学习效果。汉语国际教育师资要有意识地创造条件发挥而不是抑制学生学习的主动性和积极性,并且想方设法寻求机会利用学生已有的知识和经验使其达到更好的学习效果。

建构主义理论非常重视学习过程中的意义,倡导在教学中引导学生开展有意义的建构性学习活动。"建构主义学习理论认为,学习的过程就是学习者在一定的情境中,借助于其他人(包括教师和学习伙伴)在协作与会话,利用必要的学习资料,通过意义建构的方式而获得知识的过程。学生的知识是通过学生的自主学习获得的,而不是教师传授的。在这个学习环境中,情境的创设必须尽量真实,必须有利于学生对所学内容的意义建构。与他人的协作必须贯穿于学习过程的始终。"(李柏令主编,2010: 14)可以发现,建构主义理论更加提倡通过学生之间的交流互动完成意义建构的任务,并且这种交流互动活动是教学过程中的主体性活动,这也对汉语国际教育师资培养有着多方面的启示,汉语师资要注意避免对汉语结构形式的枯燥操练,要给学生们创造有意义学习的机会,提供真实的学习情境以便学生们能够自主地开展学习活动。

### 1.3.3 在汉语教学中贯彻建构主义新认识可以带来教学的变化和发展

在建构主义理论新认识的基础上教师开展汉语教学与以往有什么不同,有国外的学者提出的一些教学原则会对我们有所启发:"教育者要遵循建构主义学习观为学生设计学习过程,布鲁克斯等(Brooks & Brooks, 1993)提出了以下五条教学原则:提与学生相关联的问题;学习围绕核心概念而进行;了解并尊重学生的观点;课程要符合学生的见解;在教学情境中评价学生的学习。我们添加了第六条:把学习看作建构的过程,就要求教育者选择能够支持知识建构的工具和活动。"（Norton & Wiburg，2002：51）可以看出，要贯彻建构主义理论就要在教学中体现"以学生为中心"的理念，并且在教学的各个环节和诸多方面真正落实。

教师在进行课堂教学的设计和具体实施时，要以平等的观念和意识来对待学生，这是学生的知识建构和新型学习方式的必然要求。"在建构性的课堂中，学生们的工作主要是问题学习和项目学习，有时候会涉及到超出他们现有能力范围的问题（Barron et al.，1995；Brown & Campione，1994），这时，教师和学生都成了学习者，教师必须把工作重点放到如何帮助学生学习上，而不是像以往那样把知识直接传递给学生。同时，还要有一些各领域的真正专家帮助教师和学生达到他们的目标（Scardamalia，Bereiter，& Lamon，1994）。"（Norton & Wiburg，2002：263）在贯彻建构主义理论的课堂上，教师的帮助作用仍然是重要的，因为学生还不能在任何时候都可以独立完成所有的学习任务，还需要教师起到辅助的引导作用。

建构主义理论所倡导的这些教学原则和理念对汉语教学都非常有启发，因为汉语教学是以培养学习者的汉语交际能力为主要目标，而交际能力的获得更加需要学习者的主动建构，但是又离不开教师随时的帮助和指导，因此提倡学生的主动建构并不意味着教师就放手不管，教师还要起到多方面的作用，并且在学生学习的过程中扮演着多重的角色。

在建构主义的启发下，汉语教学的研究者们也积极探索教学的变革和发展，有学者甚至提出了"建构主义的对外汉语教学模式"："在这种模式下，学生是知识意义的主动建构者；教师是教学过程的组织者、指导者、意义建构的帮助者、促进者；教材所提供的知识不再是教师传授的内容，而是学生主动建构意义的对象；媒体也不再是帮助教师传授知识的手段、方法，而是用来创设情境、进行协作学习和会话交流，即作为学生主动学习、协作式探索的认知工具。显然，在这种场合，教师、学生、教材和媒体等等四要素与传统教学模式相比，各自有完全不同的作用，彼此之间有完全不同的关系。"（李柏令主编，2010：15）在建构主义理论启发下所形成的新型教学模式，还需在教学实践中进一步完善和细化。建构主义理论所带来的对知识和学习的新认识必然带动甚至倒逼我们的教育教学发生变革，以适应知识掌握和学生学习的新变化，这也是汉语教学顺应世界教育教学发展潮流的必然途径。

## 1.4 汉语国际教育师资培养要解决一些认识上的偏差带来的问题

对于汉语国际教育师资培养的课题，学者们已经进行了许多研究，取得了许多有益的研究成果，但是在一些研究里存在着认识上的偏差，这些认识上的误解和偏差会对汉语国际教育师资培养产生不利的影响，所以我们应当注意探索适合汉语国际教育人才培养的新方式，用带有充分说服力的培养成果消除这种认识上的偏差，由此可以着手解决认识上的偏差带来的问题。

### 1.4.1 解决对汉语国际教育师资培养内容和培养方式的认识偏差带来的问题

对汉语国际教育师资的培养是在有限的时间和条件下进行的，要想利用好这有限的时间和条件达到良好的培养效果，就要对培养的内容精挑细选和精心安排。但是有学者提出了这样的看法："如果说一般的教师教育的内容是学科和教育知识两方面，那么汉语教师教育的内容则具体一些，包括汉语语言学知识和汉语教学知识两方面。"（蒋小棣，2009：13）这里所提出的一般教师教育和汉语教师教育内容显然都是不全面的，还停留在重视知识教育的传统观念上。对于汉语国际教育师资所面临的教育教学任务而言，这样的培养内容存在着明显的不足，对汉语师资的培养要涉及的内容更为广泛，除了涉及普通语言学和汉语语言文字相关知识以及汉语教学的知识和技能外，至少还应包括掌握外语交际能力、中华文化知识和才艺能力以及跨文化交际能力等广泛的内容。

在培养汉语国际教育师资时，必然要通过教学课程来对他们进行培训，但是进行培训时的具体教学操作方式，学者们提出了不同的看法，有学者认为系统的知识讲授仍然是必要的："就知识板块而言，有的老师提出，研究生的课教师要少讲，充分调动学生的积极性，例如让学生广泛阅读，或者采取任务式教学法等，诚哉斯言。但是，也应清醒地看到，尽管可资阅读的文化读物、文化教材汗牛充栋，但由于课时有限，以及学生知识背景或结构各异，单纯的阅读不能很好激发学生的兴趣，更难以激发对母语文化的认同感。从这个角度出发，教师有效讲授的作用还是不容忽视的。有些理念和知识还是需要凝练并加以特别引导的。"（宁继鸣、马晓乐，2013：107）在汉语国际教育师资培养的过程中讲授的教学方式仍然是不可少的，这种主张固然并非没有一定的道理，但是汉语国际教育作为实践性很强的学科以及汉语国际教育师资将要面临的教学实践，都要求培养工作不能仅依靠知识讲授的教学方式，要把培养汉语师资的教学能力和技能放在重要和突出的位置。这种主张实际上还是放不下传统的教学方式，或者放心不下新型教学方式（如任务型教学方式）在培养适应汉语国际教育新形势的教学人才方面的作用和效果，这种带有某些偏差的认识会对师资培养工作带来不利的影响，应当探索适合汉语国际教育人才培养的新方式，解决认识上的偏差带来的问题。

在汉语国际教育师资培养方式上，还有学者提出依靠合作办学的方式大量培养人才："笔者认为最快、最有效、最实际、最经济的方法就是国内大学通过合作办学的形式在海外各地（各国）设置 MTCSOL 课程，培养境外高水平汉语教师，再以这些教师为星星之火，带动整个国际汉语教学呈燎原之势。"（蒋小棣，2009：4）实际上，合作办学要受方方面面许多的条件限制，并不是"最实际、最经济"的方法，如果大面积地、全面地并且主要依靠合作办学的方式培养汉语国际教育师资，恐怕并不能"最快、最有效"地培养汉语国际教育事业急需的大量教学人才。尤其是在开始阶段，汉语国际教育师资的培养还应该首先依靠在中国境内培养这种资源最为充分、培养最有把握的途径，可以将合作办学作为一种补充，实际上我们也是在这样做的。而且培养境外本土汉语教师的途径也不只是在海外设置课程开展教学这一种途径，在中国境内举办专门的师资培训班，可以更高效、更有效地培养汉语教学师资，因为在中国境内有着独特的汉语环境和培训师资等多方面的优势资源，而且就经济性价比而言也是最高的。

在不了解汉语国际教育在世界各地广泛开展的整体形势的情况下，如果盲目提出一些不适当的政策性、战略性建议，会对汉语国际教育师资培养工作带来不利的影响。有学者就提出："关键是两校的合作[①]，为内地院校走出去，在海外合作办学，为 MTCSOL 在海外的办学作出了开创性的工作，树立了一个成功的样板，同时也证明了在境外培训骨干教师的方式是行之有效的，是成功的，今后可以在其他内地院校中间大力推广，提高汉语在海外的推广速度、深度和广度。"（蒋小棣，2009：4）这里所提及的在香港开展汉语师资培训带有明显的特殊性，不足以证明其能够成为推广于世界各地的"样板"，也不足以证明"可以在其他内地院校中间大力推广"。对于这种以偏概全的认识上的偏差所带来的问题，我们在汉语国际教育师资培养工作中也要注意加以解决。

### 1.4.2 解决对汉语国际教育师资能力和行为的认识出现偏差带来的问题

由于对多年来在中国境内开展的汉语教学师资培养工作以及师资培养工作取得的成果不了解、不熟悉，以致有些学者出现了认识上的偏差，从而得出了不符合事实的结论，对我们所培养的师资轻率地作出了违反事实和常识的过低评价。"从 80 年代后期以来，每年国家汉办都外派汉语教师，数百名外派汉语教师承

---

① 指北京语言大学与香港中文大学联合开办的"课程与教学论"（对外汉语教学）硕士课程，为香港培养骨干汉语教师和普通话教师。

担着一小部分海外教学任务，他们虽然是科班出身，具备扎实的语言学和教学理论知识，却缺乏实践经验，缺乏英语、跨文化交流等技能，所以不能胜任教学任务，仍属于质量不高之列。"（蒋小棣，2009：2）作出这样的断言的根据明显不足，这并不是基于真实的情况作出的理性的、合乎事实的判断，这里所说的"缺乏实践经验，缺乏英语、跨文化交流等技能"显然不符合大多数汉语教师的情况，尤其是对这里所说的"外派汉语教师"而言就更非如此。产生这种带有偏差的认识固然不足为奇，但是对于其不良影响还是要通过提高师资培养质量从根本上解决问题，这种带有偏差的认识也可以随时让我们警醒，促进我们努力做好汉语师资培养的工作。

有些教师由于对任教国家的教育文化了解不充分，存在着教学处理方式不适合当地国情的情况，但是这不是普遍存在的情况，多数是由于个别教师个人的特点所产生的问题。例如，有学者提及："在教学中，涉及对学习者不太容易理解的语言点或是不易改正的错误时，老师说话声音的大小和语调的高低，是否能掌握好抑扬顿挫的节奏，都会影响学习者的情绪。如果运用不当，有可能会的无意中造成学生的反感与敌视，他们会认为你非常 aggressive（有攻击性的）。"（翟燕，2013：139）避免一些过于强势的做法和语言表达，的确是汉语国际教育师资应当注意的问题，但是不能过度强调这一点，使他们不能以积极、热情的精神面貌去开展汉语教学，不能主动地与学生们建立良好的沟通关系。汉语国际教育师资固然应当注意这类问题，但也不要对受训者过度强化这些问题，使其在教学过程中畏首畏尾，不能施展自己的能力顺利开展教学。教师本身所要面临的课堂教学压力很大，应当尽量给他们减压，同时也要考虑到学习者对教师的理解度和谅解能力，汉语师资要掌握好纠错和管理学生的方式方法，这些是可以通过师资培养达到令其随时注意和及时纠正的目标。

对于汉语国际教育师资应当提出高标准、严要求，但是也要符合实际情况，符合汉语教学的发展规律和汉语师资专业发展的规律，如果提出的标准过高、要求过严，可能会适得其反。例如，汉语教材的编写工作实际上对教材编写者提出的要求是很高的，要编写出高质量的而不是粗制滥造的汉语教材，就不是每个汉语教师都能胜任的工作。对于这样一项重要的工作以往的认识存在着偏差，没有认识到教材编写的难度和严肃性，不适当地认为每个教师都应当具备这样的能力。有学者就提出："作为一名合格的海外大学汉语教师，应该具备独立创编具有较强针对性和实用性的教学材料的能力。即使有教科书，但因为面对的学习者情况各异，汉语教学又是处在社会和语言迅速发展的大环境中，为了使教学内容更有实用性，教师根据教学需要创编辅助材料或教材就成了教学中的一个重要环节。"（翟燕，2013：141）这实际上对汉语教材的编写存在着认识上的偏差，轻视教科书的编写，教科书的编写不仅是"吃力不讨好"的一项工作，而且是一种难度极高、要求极严的工作。但是很多教学者和研究者不这样认为，没有真正对此重视并形成正确的认识，随便临时抓一些材料，粗陋地进行编写也并非不能在教学中使用，但是这不是高的要求，是一种勉强凑合，降低了教学水准，至少是降低了教学内容的水准，造成的不良后果就是教学内容粗制滥造、随意性强。对于从事汉语国际教育工作的新手教师不应当这样要求，可以作为他们今后的一个专业发展的方向，可以在以后的工作中逐步积累经验，但不能要求他们马上达到这样的水平，即使是编写教学辅助材料的能力也要通过专门的培训使他们掌握相关的方法而逐步获得。

汉语国际教育师资在开展汉语教学，尤其是在海外开展汉语教学时，要面对各种各样复杂的教学情况，包括学习者的复杂情况。汉语师资所要面对的不仅有出色的学习者，也有学习能力和学习动机不强的学习者。"一个好的学习者往往能够很好地发挥他的主观能动性，善于采取有效的学习方法。因此，在第二语言教学中，教师的作用并不是决定性的。教师应该把学习的责任归还给学生，让他们充分发挥主观能动性，为自己的学习负责。"（钱玉莲、赵晴菊，2009：9）汉语国际教育师资只寄希望于遇到"好的学习者"是不现实的，在面对并非那么

"好"的学习者时，如果汉语师资不努力想方设法提高他们的学习能力并增强他们的学习动机，教学结果将令人堪忧。汉语师资使学生为自己的学习负责的意识固然重要，但不是每一个学习者都能养成对自己的学习负责的责任感。汉语国际教育师资对其应该承担的任务和责任如果没有很好地承担起来，而着眼于和承担着不重要或不应该承担的任务和责任，甚至可以说回避了应该承担的重要的任务和责任，这并不利于学习者的成长，包括他们在语言交际能力方面的成长。

### 1.4.3 避免对中国培养的汉语国际教育师资的偏见给工作带来的不利影响

有些学者，特别是一些海外学者对中国所培养的汉语国际教育师资存在着片面的认识，而且这种认识上的偏差还会导致偏见的产生，例如，有的学者就只是片面地强调本土汉语教师的优势，忽视或否定中国汉语国际教育师资的优势。"本土汉语教师占有很多来自中国的汉语教师所没有的优势。首先，他们无需异地文化适应期；其次，在校教师都已获得本国政府承认的符合本国教育理念的教师资格，是正规学习的教育者；第三本土教师了解本土学生学习汉语的特点和需求，可以实施具有针对性的汉语教学。此外，来自中国的汉语教师与当地人有一定心理距离这是不争的事实。"（金椿姬，2013：167）这里所列举的是中国教师一些枝节的非优势，并不足以抵消中国教师优势的主要方面，而这里所列举的本土教师的优势（有些是否能够称为优势还需商榷）也不足以弥补其劣势，因为汉语教学的核心是语言教学，是围绕着作为目的语的汉语来进行的，这是最为根本的。在汉语国际教育中派出中国汉语教师和汉语教学志愿者，并非就是不依靠本土教师，更没有造成中外汉语教师对立和竞争的意图以及取而代之的意图。中国培养汉语国际教育师资的主要目的，是解决世界汉语教学师资严重缺乏的燃眉之急，这些汉语师资并没有进入本土汉语教师擅长和已经占有的领域，也就是说，中国在外派汉语师资时已经非常注意不带来对本土教师的传统领域的竞争，而且还会有互相帮助、互相促进和提高的良好作用。至于进一步培养各国本土的汉语教师，的确是海外汉语国际教育下一步发展应当考虑的方向，但就目前的情况而言，远水解不了近渴，大数量的汉语教学师资的培训，还是要由中国承担。而且这与对本土汉语教师的培养并不矛盾，这方面的培养工作长期以来也一直在进行着，甚至其中还包括由中国政府提供全额奖学金培养高层次汉语教学师资的工作。

在有些学者的相关研究论述中，对汉语国际教育师资在海外开展汉语教学时的一些做法也存在着偏见，对教学内容存在着不公正的指责。"换位意识要求教师不把中国人看待事物的视角强加于汉语学习者，尊重他者价值观表达。例如教学生唱中国歌时，汉语教师也许觉得现代中国民歌甜美、明亮，或者是高亢、悠扬，实在是一种美的享受。但对于那些从来没有接触过中国的汉语学习者来说，可能怪异要多于美妙。"（金椿姬，2013：165）这里所举的例证并不适当，因为并没有能够说明教唱中国民歌与不尊重外国学习者价值观之间的关系，以及这样做是如何"把中国人的视角强加于汉语学习者"了。这种没有根据的以偏概全的评价所得出的结论是片面的、轻率的，没有事实和理论的依据，并且其中还存在着对中国民歌的偏见。在汉语国际教育师资开展汉语教学时必然要面对跨文化交际的问题，依据跨文化交际理论，对于在跨文化交际中由于文化差异导致的问题，互相了解、平等相待是解决这种问题最为重要的根本原则。笔者在海外开展汉语教学时[①]，曾借助汉语教材《新实用汉语课本》中所附的《康定情歌》等中国民歌材料开展教学，取得了良好的教学效果，笔者亲身经历的事实证明中国民歌教学很受海外学习者们的欢迎。

有些学者在研究中国汉语师资的情况时，经常拿他们与国外本土教师进行对比，我们不反对也不畏惧进行这样的对比，但是这种对比要建立在共同的标准、基点和内容的基础上，而不能进行"田忌赛马"，如果用长处比短处的话，这样

---

① 这里所提及的是笔者在2006至2008年受中国国家汉办委派赴德国柏林自由大学长期任教的情况。

比较得出的结论会不公平、不科学。有研究者就提出："我们发现在克拉科夫进行汉语教学的本土教师，无论汉语水平的高低，对中国文化都有着良好的理解和认识，与之相比，中国教师对波兰的语言和文化却都不甚了解，这种隔阂也给这几个教师的课堂带来了一些困境。因此我们在对中国教师培训时，应加强教师对所赴国语言和文化的学习。"（吕妍，2013：198）进行不同国家汉语师资之间的比较研究是不能这样进行操作的，这种先入为主地以短比长得出的结论难以客观，当然中国教师应当理解甚至掌握当地的语言和文化，但是在这方面显然无法与当地的教师相比，因为他们不是学习波兰语言与文化专业的，同样要求外国本土汉语教师达到与中国教师一样的汉语水平和中华文化掌握水平也是不切实际，不仅难以实现而且是强加于人的。汉语国际教育师资也许可以通过培训和自学掌握一些小语种的语言和文化，但对他们的要求不能太高。

有学者提出既然大部分的汉语学习者分布在海外，汉语师资的培养也要在海外进行，所依据的就是在中国培养汉语师资"是一种行政式的做法"，并且得出结论说"不会收到很大效果的"："现在的问题是，99.5%的汉语学习者在海外，海外急需汉语教学骨干人才，而我们却要把培训人才的根据地设在内地，然后把经过培训的人才派出国去执行汉语国际推广的重任。笔者认为，这是一种行政式的做法，不会收到很大效果的，有了前车之鉴，这样的人才即使是学历高了一些，但是仍然不能承担教学任务。"（蒋小棣，2009：3）这种主张看似合乎逻辑、顺理成章，实际上是没有科学根据的，而且所谓"这样的人才即使是学历高了一些，但是仍然不能承担教学任务"更是一种没有经过调查就轻率断言普遍性情况的武断指责。在内地培养汉语教学骨干人才，有着语言环境、培训师资、学科优势等等种种超出海外的便利条件，事实也证明多年来这种人才培养的方式是卓有成效的。把内地与海外的汉语教学人才培养对立起来，也是罔顾事实、毫不科学的，在两地的汉语教学人才培养并不矛盾对立，而是存在着许多相互交流和借鉴的可能。

有学者还比附中国基础英语教育来看待汉语国际教育的情况，如果忽视两个学科具有很大的差异和开展的条件也完全不同就将两个教学领域轻易地等同起来，这样得出研究结论未免轻率。例如，在有的论著里就提出："我们能否易位设想一下，中国的基础英语教育过去是在外国帮助下完成的吗？今后中国若想进一步提高英语教学水平，则应该寄托于从英语国家大量输入接受过第二语言教学训练的外国教师吗？"（蒋小棣，2009：3）在国情背景不同的情况下进行"易位"是否合理且不说，我国英语教育的早期肯定是有外国教师，而且在所有教师中占比肯定是大量的（例如传教士阶段），仅就目前我国汉语国际教育仍然处于初步推广和初期发展阶段而言，大量外派中国汉语师资是唯一可以尽快推广汉语教学、满足在海外广泛开展汉语教学的需求的最佳途径，本土化是要接续进行的汉语教学发展的第二步。

有些研究教育教学的学者对"东方"教育教学的特点存在着不科学的偏见，当然这其中也包含着对中国教育教学方式存在着的认识上的偏差。虽然存在着个别的强化竞争的情况之下的应试教育，但是真正优秀的教师和学生都不存在这样的情况，而且中国教育教学的发展会越来越多地摆脱这种情况，因此对中国学生、家长和教师存在的"刻板印象"式的看法是不正确的。有学者就提出："过度的竞争使东方的家长忧心忡忡，为了保证他们的孩子在疯狂的竞争中不被淘汰，他们想方设法。例如，许多家长为孩子请家教，一些甚至采用贿赂手段，希望他们的孩子在即将到来的考试中取得好成绩。对这些家长来说，优秀的教师不是培养孩子学习兴趣的创造性教师。优秀的教师是给学生布置许多作业，并督促他们完成的严格教师。"（Ng，2005：2）显然这种对东亚、东南亚等亚洲地区的教育文化提出的"刻板印象"式的研究结论存在着偏见，不应该这样以偏概全地看待中国的广大教师，包括汉语国际教育师资。当然这种看法也给我们的汉语国际教育师资培养的工作提了醒，我们在培养工作中也要注意避免出现这样的倾向，避免师资培养的最终成果出现这位学者预言的情况。

### 1.4.4 解决对汉语国际教育师资道德品行要求的认识出现偏差带来的问题

对汉语国际教育师资的道德和品行方面提出要求是十分必要和非常重要的，但是也不能提出超出与同等学历的其他人一样的过高要求，因为这样的要求实际上是一种苛求，如果对他们求全责备也并不能使他们健康、顺利地成长。有学者就提出："有些研究生政治素养欠缺、理想信念淡漠，缺乏青年人应有的远大抱负和社会责任感，他们的世界观、人生观、价值观往往倾向于个体自我，在思想和行为上多以个人利益为重，以个人得失为准。有些人受大环境不良风气影响，功利主义思想严重，以金钱、物质利益为人生奋斗目标，蔑视对精神世界和崇高人生的追求。我们认为，研究生群体作为社会精英，理应成为全社会的道德楷模。"（鲍震培，2012：318）这里所提出的一些研究生的缺点事实上确实存在，但是并非普遍现象，而是个别人的情况，实际上与整个社会的情况是一致的，研究生群体固然并非道德净土，但是绝大部分还是好的。所以这样的论断未免偏失太多！也许有些研究生的精神世界水准低，但是道德是个体的选择，研究生应该道德高尚，难道别的社会阶层应该道德低下，这是何道理？良好道德品行的建立是全社会每一个人的任务，而不仅仅与研究生的角色身份有着特殊的关系，研究生的价值和特殊性不仅体现于此。我们并不是否认道德的重要作用，在建立社会主义道德方面研究生没有例外，不存在任何特殊性，道德确实是对研究生的要求，同时也是对社会上每一个公民的要求，无一例外，与社会身份无关！至于"道德楷模"，显然是对研究生群体的过高要求，甚至是苛求，这种要求是不切实际的。另外，我们并不提倡牺牲个体的利益，来达到道德教化的目标，如果这样做恐怕会带有道德绑架的意味，会压制个体的充分发展和不顾及个人利益的保障。

对我国公民进行社会主义道德教育和培养，是贯穿全社会每个公民一生的重要任务，在培养研究生的阶段也不例外，但是专门针对研究生过分强化这一点，则难免出现偏差。有学者就提出："要把德育融入到专业学习的环节中，充分发掘知识中所包含的对学生进行道德教育的可能性，通过潜移默化的方式作用于学生的精神世界，使知识触及灵魂，转化为做人的信念。"（鲍震培，2012：318）在研究生教育阶段进行道德教育固然重要，但是如果提出把道德有问题的培养对象仅在研究生阶段转变为道德高尚的人，这是对研究生培养工作的过高要求，实际上对研究生的选材工作更为重要，在培养的过程中首先要选对培养对象，在选拔培养对象阶段就要把好关，要通过选择德才兼备的培养对象解决问题。

对于汉语师资在国外工作时出现一些品行方面的问题要重视，但是也要客观、冷静地加以分析，正确地看待这些问题。有学者却过于强调这些在国外发生的问题："在国外期间我接触了一些派出教师，有的人并不缺乏一般意义上的人格，并且性格外向，有较强的沟通交际能力，但是却在国外日常生活中感到孤单寂寞莫名烦躁，或者在人际交往中过于敏感和诸多不满，终日牢骚满腹，斤斤计较个人恩怨得失，严重的故意制造事端，影响同事之间的团结。有的自私自利，损人利己，占小便宜，搞两面派，不遵守学校规定，引起国外同事反感，造成对中国教师不好的印象。"（鲍震培，2012：320）其实这里列举的有些问题与在国外工作无关，而是他们个人品行的问题。即使是在国内工作他们也是如此，这里也许有跨文化交际适应能力的问题，确实需要在培养汉语国际教育师资时加以注意并采取有效的措施帮助他们解决这方面的问题。但是如果过分强调个别汉语师资不良品行的一面，而不考虑他们良好表现的一面，则显然有失偏颇，这些外派汉语师资并非一无是处，局部的、非主流的情况并非是大部分汉语师资的情况，要对他们进行客观、公正的评价。而且，这里的看法带有好像个别教师在国外工作品行上的失德关乎国家面子的意味，但是如果这样的看法能够成立，那在国内工作的人的失德同样也关乎国家的面子以及国家实质上的发展。这种将个别人的行为不当推至对所有中国人的评价是跨文化交际中典型的"刻板印象"，显然个别汉语师资无法代表其他的汉语国际教育师资，更无法代表全体汉语师资，得出这样的结论也许包含着一种偏见。

我们并非要否认对汉语国际教育师资进行高尚其道德、修炼其品行的教育，这方面的教育是非常重要的，师资培养工作中也不应当忽略这项重要的工作。对于汉语师资个人修养的提升，有学者结合中国传统文化中的道德准则提出了一些建议："在独立的工作环境中有以下几个人格完善的方面特别值得注意：一是要学会宽容忍耐，君子坦荡荡，对人对事要豁达大度，……二是有慎独精神，无人监督的环境中保持善良天性，言行一致，……三是己所不欲，勿施于人。凡事多为别人着想，急别人之所急，宽以待人，严于律己。……四是要有奉献精神，合作的态度，多工作，少索取，不计较个人的得失，尽量克服暂时的困难，……五是真诚待人，坚持自己人格完善的原则，……"（鲍震培，2012：320）在中国境内培养这些品德要结合汉语师资将要面临的工作环境特点来进行，这样更有针对性，同时在教学方式上可以采用合作学习的途径。

实际上，有些初入职场的汉语国际教育师资赴海外实习就是进入社会，他们同样必然要面临任何一个人在社会身份转化时所要面对的社会人际关系问题，对此也要通过结合他们亲历的实践来培养、教化，与此相同，汉语师资行为举止的得当，也要通过实践性操作来培养。如果处处对汉语国际教育师资里的新手教师存在着苛求，则汉语国际教育事业就无法壮大发展了，所以在师资培养的过程中要注意解决对汉语国际教育师资道德品行要求上出现的认识偏差带来的问题。

# 第二章　汉语国际教育师资培养过程中自身发展问题的解决

教师发展是所有教师在提高自身能力时需要面临的重要课题，同样也是汉语国际教育师资培养的重要课题，但解决这个问题重要的不是仅仅依靠师资培训者帮助教师发展，更重要的是使受训师资获得自身发展的能力。这样做可以使他们获得自我更新、依靠自我解决问题的能力，使他们有能力结合自己的汉语国际教育教学实践更好地发展。与此同时，使汉语国际教育师资具备提升自我效能感的能力也是十分重要的，这对他们开展教学和自身发展都有着许多有益的作用。

在培养汉语国际教育师资时，还要重视对他们的教学反思能力的培养。对自身教学的反思可以促进汉语师资各方面能力的全面提升，如果他们最终能够成长为反思型的汉语国际教育师资，也就可以说明汉语教学师资的培养工作取得了很大的成效。

汉语国际教育中的实践性知识，是汉语师资与教学实践密切相关的一种对教学的认识。这种知识具有实践性和内隐性的特点，在汉语国际教育师资的专业发展中有着重要的作用，因此应当重视在培养过程中提高受训汉语师资获得实践性知识的能力。

行动研究密切结合教师的教学实践，具有易于开展的便利性和提高教师教学水平的作用及重要价值，很适合汉语国际教育师资专业发展的需求，也是汉语国际教育师资自身发展的重要途径，因此要想方设法在师资培养的过程中提供机会，有目的地促使他们获得开展行动研究的能力。

# 第二章　汉语国际教育师资培养过程中自身发展问题的解决

## 2.1　汉语国际教育师资专业发展中教师自我提高能力的培养

汉语国际教育师资获得自我提高的能力是师资培养中的重要任务，师资经过专门的、有针对性的培训获得此能力后就可以随时随地依靠自身进行发展，更好地适应汉语国际教育的各种教学情境的要求，顺利完成教学任务。

培养汉语国际教育师资自我提高的能力，首先需要破除他们在实施自我批评、建设性综合思考等方面存在的一些障碍，还要使他们通过自主学习获得自我提高的能力，并且还要帮助他们有意识地提升教学的自我效能感。

### 2.1.1　汉语国际教育师资获得自我提高能力首先需要破除的几个障碍

培养汉语国际教育师资自我提高的能力，首先需要他们能够破除内部心理和外部条件方面的几个障碍。人们提倡教师在自身发展中的自我反思，重视反思对于教学水平提高的重要性，但是教学反思中最为关键的自我批评却仍然比较缺乏。有国外学者认为："教师自我提高的第一个障碍是由我们如何社会化的方式所引起的。我们大多数很少参与不仅仅是掩饰，而是为了消除那些弱点的自我评价。有时候我们进行了非建设性的自我批评，但我们很少把这种行为同自我提高的建设性计划联系起来。"（Good & Brophy，2002：581）如果汉语国际教育师资自我批评的意识和能力有不足，实际上反映的是师资培养中对此在认识上的不足。通常我们对正面引导汉语教学师资的专业发展强调得比较多，却比较忽视他们对负面因素反思的能力的培养。

有国外的学者还提出了师资自我提高的第二方面的障碍："自我提高的第二个障碍是，我们的学校经验常常强调分析思考（analytical thinking）而不是综合思考（synthesis thanking）。"（Good & Brophy，2002：582）综合思考能力的不足也会影响汉语国际教育师资对自己的认识和反思的深度，从而影响自我提高的最终结果。进行综合性的全面思考，有助于汉语国际教育师资发展和分析自身教学和专业发展中存在的问题，以便找到解决这些问题的具体对策，他们通过解决自身的问题在自我提高的同时也获得了提升自己的能力，这种能力的获得则更为重要。

强调综合性思考还有一个原因就是综合性思考富有建设性，在对具体教学问题进行分析的基础上，对教学活动所涉及的各方面因素进行综合性的考量，有助于汉语国际教育师资更有效地解决教学中的问题，提出并获取富于建设性的解决措施。"教师很少要求学生提出开创性的、实践性的建议，因为绝大多数教师在学习社会化的过程中就是被要求进行分析思考的，而且这样做还会得到奖赏。强调分析思考给了我们大多数人在尖锐地指出弱点方面大量的锻炼，但比较而言，在通过提出建设性的意见解决问题的综合思考方面，就没有什么经验了。"（Good & Brophy，2002：583）教师不仅要具有分析性、批评性的思考能力，其自身还有能力进行建设性的综合思考更为重要。他们具备了这样的能力，也才能引导和鼓励他们的学生同样进行建设性的综合思考，从而促进学生这方面相关能力的提升，综合性思考对学生们汉语学习的益处是显而易见的。师生之间利用综合性思考的成果开展良性互动，还可以使双方通过互相促进都获得自我提升。

### 2.1.2 汉语国际教育师资通过自主学习进行自我提高能力的培养

汉语国际教育要面对千差万别的教学情况，作为从事这项工作的师资要胜任所面临的各种教学情境就必须有学习能力，以便有针对性地找到适合具体的、不断变化的教学情境的教学对策。如果仅仅依靠师资培训时所获得的有关知识和技能开展教学，对于他们而言是远远不够的，不足以应对他们所面临的具体教学情况，而且教学的具体情况还会随时不断地发生着变化，没有自主学习的能力就不能适应教学中的变化。

教师最终必然要独自面对教学中出现的各种情况和问题，只有通过不断地学习才能自主地开展教学,所以教师具备自主开展学习的能力至关重要。在《欧洲语言共同参考框架:学习、教学、评估》里对"学习能力"这样进行了定义:"学习能力指对学习新知识体验的观察力、参与力和将新老知识融会贯通的能力。学习能力甚至就在学习的过程中得以发展。"(欧洲理事会文化合作教育委员会编,2008:103)汉语国际教育师资如果不进行针对教学的具体操作实践,就难以获得自主学习能力,实践操作在学习能力的发展中是第一位的,能力要靠具体的教学操作来发展,因为能力不是天赋因而不能自然生成,而要靠操作性的实践开发出来。在汉语国际教育师资培养的过程中要强化对自主学习能力的培养,要有意识地发展他们自主学习能力,最为关键的是为他们创造和提供教学实践的机会。

要想使汉语国际教育师资获得自我提高的能力,必须注重对他们的自主学习能力的培养。他们获得了这种能力也会在他们的教学中重视自主学习的重要性,并贯彻到他们的教学设计和教学操作中。"一旦'学会学习'被视为语言学习不可或缺的组成部分,学生的自主学习积极性将有可能得到激励。只有这样,学习者才会逐渐认识到个人学习方法的重要性,才会重视教师向他们提供的学习内容,才会注意发现最适合自己的东西。"(欧洲理事会文化合作教育委员会编,2008:135)可以看出,自主学习能力在语言学习过程中的重要作用。在汉语国际教育师资培养过程中如果重视了自主学习能力的培养,就会使受训师资也形成对这种能力的重视,并且在他们的教学里面对教学对象时也会去突出自主学习能力的重要性,并且给予机会发展学生的自主学习能力。

## 2.1.3 汉语国际教育师资专业发展中提升自我效能感能力的培养

教学评估固然可以有助于教师对自己的教学情况有一些客观的认识,但是这种来自外部的评估有其局限性,而且也并不能随时随地进行,教师对自身教学的评价和把握更多地还是要靠自身。汉语教学师资具备对自身教学效能的评估能力有助于他们对自己的教学有清醒的认知,因此培养汉语国际教育师资获得对自我效能正确认识的能力，并培养他们有能力提升自我效能感就显得尤为重要。

教育教学领域中教师自我效能感的主要研究者班杜拉提出了对该概念的定义："班杜拉（1977，1982，1997）提出自我效能是一个与行为和结果有因果联系的信念体系。也就是说，人们会对自己执行某些行动以达成预期结果的能力做出判断。然后根据他们的判断继续参与或不参与这些活动。"（德里斯科尔，2008：269）可见，自我效能感是一种复杂的、体系性的教师信念，它联系甚至支撑着教师的教学行为和结果。有学者还进一步指出了此概念具有广泛性的特点："班杜拉的自我效能概念是非常广泛的，指个体对于自身能够成功实施一系列事情的信念。Gibson & Dembo（1984）将之应用于教师职业心理研究，把教师效能感分为个人教育效能感和一般教育效能感两个层面，使教师效能感的概念更具操作性，教师效能感的研究逐渐走向深入。"（徐彩华，2012：234）随着研究的深入，对教师自我效能感的认识也在不断深入。对于教师教学上的自我效能感，有学者还提出："教师的教学效能感（the sense of efficacy），是指教师对自己影响学生学习行为和学习成绩智能里的一种主观判断。这一理论来源于班图拉（A. Bandura）的自我效能理论[①]。"（严明主编，2009：127）自我效能感的提升会促进人们发挥努力学习获得成就的积极性。教师在教学的过程中同样也需要有对自身教学的效能感，教师自我提高的能力中提升教学自我效能感的能力也是其中重要的组成部分。

教学效能感所能起到的关键作用在于，它不仅可以使教师获得成就感和自信心，而且会使他们进一步对学生的学习表现有更高的期望，而期望对人的激励作用是十分巨大和有效的。"效能感高的教师相信自己的教学能使学生成才，同

---

[①] 对班图拉的"自我效能理论"有学者概括为："班图拉认为一个人可能相信某种行为会导致自己所期望的结果（结果预期 outcome expectation），但是他不一定感到自己有能力进行这一行为（效能预期 efficacy expectation）。而人的行为更主要受人的效能预期的控制。效能预期越强烈所采用的行为就越积极，努力程度也就愈大越持久，同时情绪也是愈积极。"（严明主编，2009：127）

时也就对学生的成就基于较高的期望；对教学活动投入更大的热情，也更容易采取民主的方式；在遇到教学中的困难时，会想方设法积极寻找新的教育方法，探索更为行之有效的教育途径来克服苦难；并且不会因为周围环境的影响而将学生看作是不可教育或无教育成效。"（严明主编，2009：127）由于教学效能感可以激励教师继续向着正确的方向去努力，就可以使他们在获得充分自信的同时继续充满热情地不断进行自我提高。

汉语国际教育师资获得自我效能感时所能建立的自信心，对于他们顺利地开展教学是非常重要的。这种对自身教学的自信心涉及许多方面，有学者提出："汉语教师自信心的核心成分是对自己语言教学的评价及积极情绪体验。在语言教学评价中居首位的是对语言点讲解的自信，此外对教学的控制感以及课后反省习惯、良好的口语表达能力也非常重要。因此教师培养时要注意教学基本功的培养。"（徐彩华，2012：239）在汉语国际教育师资培养的过程中，要结合具体的教学能力的培养树立受训者建立教学自信心的意识和提升自我效能感的能力。

汉语国际教育师资获得的自我效能感对于他们的教学以及专业发展有着许多有益的作用，因此还应当对这个问题进一步深入研究，在下一节对此问题再进行一些分析。

## 2.2 汉语国际教育师资提升自我效能感对其专业发展的有益作用

如果在汉语教学中汉语国际教育师资获得的自我效能感较高，就可以给他们的教学带来积极的影响。汉语教师的自我效能感还因他们所开展的语言教学和文化教学的双重作用而具有自身的特点，而且与他们的教学经验有着密切的联系。汉语教学中教师的自我效能感较高，会对他们的教学有着促进和激励的作用，会促使他们做出更为有效的教学决策，从而对学生施加积极的影响以形成对学生的激励作用。自我效能感高还有树立汉语教师教学自信心的积极作用。教师提高自我效能感的途径在于全方位的自我提升。

### 2.2.1 汉语国际教育师资所应具有的自我效能感的特点

教师在教学的过程中面临着很大的心理压力，他们的自我效能感对他们纾解心理压力有着重要的积极作用，教师的自我效能感也因此可以带来教学上的积极成效。教师的自我效能感还对他们的教学行为有着多方面的影响，班杜拉对此进行了比较全面的总结："自我效能信念：'影响人们现在执行的行动进程，影响在指定的活动中投入多大的努力，影响在面对阻碍和失败时能坚持多久，影响他们从逆境中恢复的能力，影响他们的思维方式是自我阻碍的还是自我帮助的，影响他们在应对高负荷的环境要求时体验到多大的压力和抑郁，以及影响他们所能实现的成就水平'（Bandura，1997：3）。"（德里斯科尔，2008：269）教师的自我效能感是支持他们顺利开展教学的重要精神心理因素，汉语国际教育师资在汉语教学中自我效能感的特点也值得关注和研究。

自我效能感虽然是心理方面的因素，但对人们的行为有着重要的影响，甚至会进一步决定着人们做事的成败。自我效能感之所以重要，"因为它是集情绪情感、认知观念和信念为一体的复合心理现象。虽然它的外在表现很'简单'，就是个体对自己某些方面的信念和自信心，实际上却是个体长期社会实践活动结果的心理反映，是环境、行为、认知三要素长期相互作用的结果，是相对稳定的，对个体行为有比较强的预测力。"（徐彩华，2012：235）可以说，自我效能感所涉及的方面是非常广泛的，同时也是行为个体心理特点的集中体现之一，对个体行动的结果有着重要的决定性影响。教师的教学活动（尤其是课堂教学活动）要面临瞬息万变的情况，他们的教学行为要随时能够应对各种挑战，在教学过程中不断出现的困难局面要求他们有强大的心理支撑力才能克服，没有较强的自我效能感根本难以应付。

## 第二章 汉语国际教育师资培养过程中自身发展问题的解决

处于教师队伍行列中的汉语国际教育师资同样需要自我效能感帮助其顺利完成教学任务，但他们的自我效能感又有自己的特点，有学者认为："汉语教师教学效能感的特点是：以汉语教学的自我评价和积极感受为核心，同时兼有文化交流工作的特点。"（徐彩华，2012：239）可见，汉语师资自我效能感具有语言教学和文化教学双重性的特点，此外他们的自我效能感还有一个重要特点在于：与其教学经验有着直接的紧密联系。这一特点从有经验的教师与新手教师的差别方面可以看出："汉语教师的教学效能感直接指向教学经验，教学经验是较高教学效能感的来源。专家型教师感觉自己能有效地控制课堂。他们对教学效果、语言点讲解比较满意，觉得自己初步形成了教学风格，对教学有更多的积极的情感体验，有胜任感、成就感，并且对事业有忠诚度。新手教师虽然对自己的外语能力比较肯定，但总的教学效能感不高，他们对教学还有一定的负担感。"（徐彩华，2012：237）教师的自我效能感的获得实际上是一个逐步积累、不断增长的过程，是不断对教师自己的教学效果有正面的确信之后才能逐渐树立起来的，是经过成功的教学实践的不断验证的结果。汉语国际教育师资如果注意多发挥自我效能感的作用，就可以使自身胜任汉语教学工作的能力不断提高。

### 2.2.2 汉语国际教育师资自我效能感对教学的促进和激励作用

汉语国际教育师资自我效能感的高低不同，对他们如何看待和对待汉语教学过程中的困难和挫折有着明显不同的影响作用。对这一方面的作用有学者就指出："Bandura（1994）指出，自我效能高的人将挑战与问题视为要去征服的任务。对于有兴趣的活动，他们有强固的承诺去完成。他们不轻易被挫折或失意打倒，总能很快地恢复精神，整装再战。相反的，自我效能低落的人回避挑战，并认为困难的任务是他们能力之外的挑战。他们很容易感到挫败，因为他们太过看重负面的结果，所以需要很长的时间才能从失败中恢复。"（柯传仁、黄懿慈、朱嘉，2012：80）显然，经过对比可以发现自我效能感高的教师具有坚强的心理素质和乐观看待挫折的心态，他们能够积极主动地去克服困难，他们的教学活动较易形成良性循环，这是自我效能感对他们的教学行为形成促进作用的结果。

汉语国际教育师资具有较高的自我效能感还会促使他们作出更为有效的教学决策，这是因为教师能够对自身的教学效能有正确的认知。教师这种对教学效能的正确认知会使他们形成对教学结果有较高掌控能力的信念。"在某种程度上，教师的效能观（teacher's efficacy）对教师的教学决定、课程决策会产生重大影响，随后对学生的成绩会有影响，教师的效能观包括教师影响学生表现潜力的一般观念，也包括教师对提高自己班上学生成绩的能力的个人看法。教师的效能观会影响他们怎样与千差万别的学生相处，即在一个班集体内学生的方式、态度和行为都完全不一样。"（Good & Brophy，2002：131）教师对自己教学决策的效能有较高的把握，就能促使他们做出有针对性的教学决策，也使他们对自己的教学决策有信心，他们的具体教学行为也就能够进一步去贯彻落实其教学决策，从而取得良好的教学效果。

汉语国际教育师资的自我效能感较高，不仅对他们自身的教学活动有激励作用，而且还会通过他们积极的教学态度和成功的行为给他们的学生带来积极的影响。自我效能感高低不同的教师对学生的影响作用是不同的："效能感高的教师相信他们有能力成功地激发学生和教育学生。效能感低的教师认为没有哪个教师会对学生起重要影响（因为学生的动力和表现主要依赖于家庭环境），也许有的老师有这种本事但他们自己则没有（假定原因在于他们缺乏必需的知识或技能）。"（Good & Brophy，2002：134）如果教师能够认识到自我效能感的积极作用，这种认识也可以称为是对自我效能感的一种积极性的元认知。教师自信有能力通过自己的努力对学生们产生有成效的积极影响并会取得一定的成果，他们就会主动地与学生接触互动，从而对学生施加这种积极的影响。教师通过促进和激励学生学习所取得的良好效果，也会回馈教师获得更高的自我效能感。

### 2.2.3 汉语教学中教师的自我效能感对于树立教学自信心的作用

汉语国际教育师资要面对的教学情境和教学对象经常变动不居，这也使他们经常处于面临新挑战的情况，特别是在海外开展汉语国际教育时，要进行的是汉语作为外语的教学活动，所面临的困难和挑战尤其巨大，除了教学内容和课堂管理等方面所要面临的工作压力外，还要面对跨文化交际中的互相理解和互相沟通上的困难等种种问题。在面临众多困难和巨大挑战的情况下，汉语教师自身对教学和课堂管理工作的自信心尤为重要，这种自信心的树立也需要依靠汉语教师对自身效能感的确认。

自我效能感与教师的自信心有着直接的关系，如果教师的自我效能感高就可以带来在进行课堂教学和课堂管理时的良好表现，对此有国外学者进行了分析："效能感高的教师比较自信，在课堂里的表现轻松自如，与学生的互动比较积极（表扬、微笑），很少消极（批评、惩罚）。在营造课堂的有效学习气氛方面比较成功，很少被动防范，比较能接受学生的不同意见和挑战，在激励学生争取成就方面十分有成效。"（Good & Brophy，2002：134）自我效能感高使教师有了自信心，就可以产生出积极、良好的教学表现，对学生的学习也可以形成良好的影响和鼓励、激励作用。

汉语国际教育师资树立教学的自信心以及提高自己的自我效能感的途径在于要全方位地进行自我提升，这也就对汉语教师提出了较高的要求。有学者认为："深厚宽广的知识面（如对语法、历史、汉字方面的学习）以及对文化比较的关注、对工作意义的认同、良好的工作态度、较高的外语水平和个人才艺等等，都有利于教师获得较高的教学效能感。"（徐彩华，2012：239）汉语教师获得较高自我效能感的基础，就在于对自身各方面能力和知识的积累和提高，更为重要、更为核心的则是由对汉语教学的热爱和事业心而形成的坚定、高效完成教学工作的信念。

## 2.3 教学反思在汉语国际教育师资自身专业发展中的重要作用

汉语国际教育师资的专业发展只有通过教师对自身教学的反思途径才能很好地完成,教师的专业发展仅依靠教学经验的积累是不够的,要通过反思进行理论提升。汉语国际教育师资的教学反思要与教学实践联系在一起,形成实践性理论,并通过这种实践性理论指导其教学实践。教学反思在国际汉语教育师资专业发展中有着多方面的重要作用:(1)有助于教师打破惯性的教学思想和行为;(2)有助于教师进一步开展专业学习;(3)有助于教师承担起推进教学变革的责任。

### 2.3.1 提升对自身教学的反思能力是汉语国际教育师资专业发展的重要途径

汉语国际教育师资在教学中要面临千差万别的具体教学情况,教师自我发展的过程中也要面临许多困难,只有通过不断的反思才能克服这些困难,在克服了这些困难以后教师的专业能力就可以得到发展。教学反思能力涉及教师多方面的个人素质,提升教学反思能力与教师的专业发展有着直接的关系,有学者就此提出:"由于个体的自我意识和教学活动丰富且复杂,教师的反思能力受到知识、观念、动机、情绪、情感等个人因素的影响,同时环境因素也可使教师反思能力具有多方面的内容和表现的多样化。教师只有不断加强自己的反思意识,掌握一定的反思方式,积极地参与反思,才能最终实现自我的发展和提高。"(严明主编,2009:127)可见,教师对教学的自我反思能力更为重要的作用是使其能够顺利完成教学任务,以及从根本上保证其在专业发展上的提升。

汉语国际教育是汉语教学在新形势下大发展的结果,如果作为教学活动核心的教师根本就没有教学发展变革的意识和愿望,那么期望他们的教学能适应汉语国际教育新形势的美好愿望也就会落空。而在教师的专业发展中教学反思才是最为重要的途径,因为教师的发展变化唯有通过教师自身来进行,外部其他的努力都必须通过教师本人意识和行为的变化才能发挥作用。

## 第二章 汉语国际教育师资培养过程中自身发展问题的解决

教师对教学的反思能力实质上也是其教学适应力和胜任力的重要组成部分。至于教师如何对自身教学的反思进行具体的操作，有学者认为："反思（reflection）是一种内省的过程，在这个过程中教师以一种自我批评的眼光来审视自己的教学行为和教学理念。通过这个过程教师可能会发现一些问题，或一些值得深究的议题，或希望对某些方面做一些改变，或尝试一些新的方法。从中教师可能确定一个研究题目，开展'行动研究'（action research）。事实上反思是教师发展的一个先决条件，而研究是教师发展一个理想的途径。"（孙德坤，2008：82）看来，教师进行的反思首先是要发现自己教学中的问题，然后通过对教学的研究探寻解决问题的途径，并在教学实践中进行多方面的反复尝试，这样才能使教学反思落到实处并深入、持久地进行下去，从而最终取得较大的成效。

尽管汉语国际教育是一个实践性很强的学科，但是教师的发展仅停留于对教学经验的简单、线性的积累是远远不够的。"美国心理学家波斯纳（G.J. Posner）认为，经验只有经过反思才具有保存的价值。没有经过反思的经验是狭隘的经验，形成的是肤浅的认识。因此，一个教师成长的公式：成长＝经验＋反思。教师通过反思意识到自己的教学观念、信念（信以为真的事物），不断检视自己的行动是否反映了这些信念。"（严明主编，2009：127）显然，汉语国际教育师资教学经验的积累要与对教学的反思结合起来，他们通过对教学的反思才能够提升对汉语教学的深入认识，也才能使他们实际教学中的操作完成得更好，从而真正获得自身的发展。汉语国际教育师资进行教学反思的具体方法有很多，有学者就提出："如果教师仅仅满足于获得经验而不对经验进行深入思考，那么他的发展将大受限制。汉语教师可以通过日记、课程观摩、集体讨论和行动研究等方法，在学校、合作教师和研究者等外部支持下，对自己的教学经验进行反思，形成良好的实践性知识，以改善教学，并最终成长为优秀的汉语教师。"（江新、郝丽霞，2011：7）可见，汉语教师对教学的反思可以有多种途径和方法，可以适用于不同的教师个体，这些都可供教师根据自身的特点选择使用。在汉语国际教育师资培养的过程中,也应结合受训者的具体情况有意识地培养他们选用或综合运用各种教学反思方式的能力。

### 2.3.2 汉语国际教育师资的教学反思要与教学实践紧密联系在一起

汉语国际教育的学科特性和工作性质决定其具有实践性强的特点,无论是实践性学科的发展,还是汉语教学师资工作能力的提升,都需要通过反思汉语教学的实际操作的途径来进行。"国际汉语教育作为一门有很强实践性的学科,与反思有着天然的密切关系。国际汉语教师的专业发展应不再局限于'传播知识—接受知识'的框架中,'知识''技能'等各项'素养'不应该仅仅通过传递的方式来获得。"(王添淼,2010:29)教师的专业发展并不是通过知识的传递和获取就可以完成的,教学是一种实践性的技能,技能并不能仅仅通过传授而掌握是显而易见的。由于教学内容、教学对象和教学条件等等原因,汉语国际教育对教师教学技能的要求更高,教师更要依赖对自身教学的反思来进行专业发展。

目前有关专家学者对教师教学理论认知形成过程的看法也在发生着变化,他们认为教师通过与教学实践相结合而动态建构的自身理论才是真正有意义和有价值的,这种理论也被有些学者称为"实践性理论"。"在 Alexander 看来,教师的实践性理论应当立足于不同的知识类型:a)思辨性理论(他以此指代那种在教学领域中由思想家所构思而成的理论),b)经验性研究的发现,以及 c)从事教学实践的教师们的经验性知识。不过没有哪一种知识类型可以被视为知识的唯一来源。(Alexander,1986:145—146)。"(库玛,2013:13)实践性理论的概念突破了历来理论与实践相互对立的认识,突显了教育教学的特点并切合了教育教学的实际,尤其是切合培养学习者语言交际技能的汉语国际教育的实际。作为在全世界广大的地域开展的汉语国际教育,实践性理论在这一专业领域中有着重要的地位和指导意义。同样,作为在这一广泛而重要的实践性教学活动中的重要参与者,实践性理论在汉语教师自身的发展中,也有着重要的地位和作用。

## 第二章 汉语国际教育师资培养过程中自身发展问题的解决

在汉语国际教育的教学实践中,教师将要面对复杂多变的教学情境,在采取灵活应对的各种教学策略时,必须以在教学实践中形成的相关教学理论为指导。"国际汉语教师为了应用既定理论和技能来解决问题,必须具备可将理论与技能类别和实践情境特性相联结的能力。问题设定和问题解决是实践者持续地与实践情境进行'反思性对话'的过程。"(王添淼,2010:27)汉语国际教育师资提升将教学理论与教学实践相结合的能力要以对教学的反思为主要途径,要以结合实践的教学理论为支撑,要最终发展出自己独到的对教学的深入认识。

对教学的反思和理论研究要结合教学实践,对汉语国际教育中教学理论的研究如果不能最终落实到教学实践中去,只是形成了理论研究的自循环或内循环,对教学实践和教师专业发展毫无益处的话,这种理论研究将会毫无价值。

### 2.3.3 教学反思在汉语国际教育师资自身专业发展中的具体作用

对汉语国际教育教学实践进行深入的反思,在教师自身的专业发展上有着多方面的重要作用,我们在这里主要论及其中的三个方面:(1)有助于教师打破惯性的教学思想和行为的作用;(2)有助于教师的进一步开展专业学习的作用;(3)有助于教师承担起推进教学变革责任的作用。

#### 2.3.3.1 教学反思有助于汉语国际教育师资打破惯性的教学思想和行为

当教师的教学年深日久之后,难免出现因循守旧、自我复制、照本宣科、单调重复等情况,教师自身的专业发展也会因此而停滞不前、受到阻碍。这种单调乏味的教学生涯,使教师失去了自我发展的动机和动力。有学者认为这是过分注重教学操作技术所带来的后果:"技术主义取向被认为是'被动、单调、缺乏挑战性的,久而久之,教师会对如何教学失去新奇感和兴奋感'(Kincheloe,1993:204)。之所以出现了反思型的教学思想,其中部分原因就是对技术主义教学观一成不变的教学设想和僵化的教学理念所作出的反应。"(库玛,2013:4)提出培养反思型教师的主张,就是为了打破以往只注重教学技术操作层面的那种认识，教学反思有助于打破教师教学上的僵化、保守和不思进取。可以说，这也与中国儒家传统学习思想里的"吾日三省吾身"是相通的，即使是普通人也需要对自己的行为不断进行反思，何况是肩负培养学习者重任的教师。

教师的教学如果只是按照固定的程序重复地进行操作而毫无创新性，其后果将是灾难性的。因为教学所面对的具体情况是千差万别并且不断变化的，对外汉语教学和汉语国际教育中的情况特别是后者尤其如此，教师如果不能灵活应对和及时调整，从而使其教学具有针对性，那么教学工作能否顺利开展将是令人担忧的。教育学家杜威就特别强调不要使教学成为一种单调重复的活动："Dewey的眼里，教学不应只被视为一系列预先决定、预先排序的过程，还应是一种基于学术思想，能针对具体教学环境作出不同反应的活动。"（库玛，2013：5）由对教学的新型认知也引发出了对教师地位和作用的新认识："教师不再被视为现成知识的被动型传播者,而应被视为问题的解决者,他们具有'对过去进行批判性、想象性思索，展开因果联想，发掘探索性原则，进行任务分析的能力；也应具备展望未来，进行前瞻性规划的能力'（Dewey，1933：4）。"（库玛，2013：5）基于反思的教学活动实际上是要发挥教师的主动性和创造性，使他们在开展教学工作时积极主动地发挥其能动性，这样才能有效地解决教学中层出不穷的具体问题。反思是整体运作的，"反思型教学是一种强调创造性、艺术性以及对教学环境敏感性的整体式教学途径"（库玛，2013：5）。在动态的教学实践过程中，新问题是随时会出现的，那种认为只要按照教学程序进行教学就万无一失、一劳永逸的想法是十分天真的，对新入职的教师来说尤其有害，这种不正确的认识在教师培训阶段如果已经形成或固化，将会对教师的终身发展造成极其不利的影响。人们常说"教学是一门艺术"，但是如果不发挥教师教学的创造性，教学的艺术性也将无从谈起。汉语国际教育师资创造性的养成和发挥，在其初始培养阶段就应当重视起来。

汉语国际教育师资可能会因跟不上时代和教学的发展而形成"积习难改"

## 第二章 汉语国际教育师资培养过程中自身发展问题的解决

的惯性,教学反思可以成为突破这种专业发展瓶颈的利器。反思可以使教师打破陈规,更主要的是这样做有利于他们的教学,最终也将有利于学习者的学习。

#### 2.3.3.2 教学反思有助于汉语国际教育师资进一步开展专业学习

教师开展教学反思,实质上也是一个不断进一步开展专业学习的过程,通过这种结合教学实际的专业学习可以使他们更好地发展自身。"通过以课堂为导向的教学行为研究,积极参与问题解决型的活动,追求反思型教学理念,教师们将能够不断挖掘他们自身的学习潜力,并进一步调动他们学生的学习潜力。"(库玛,2013:6)如果教师不能不断学习新知,而只能因循守旧,何以能够带动他们的学生产生对学习的浓厚兴趣并发挥出其学习的潜力?反思型教师的行为接近中国古代哲人所认识到的"学而时习之"的学习本质,而教学又必然要为学习者的学习服务,所以教学反思也必然就会接近教学的本质。

在教学反思中发现的问题要想得到解决,教师以往所具有的专业知识和教学经验不足以支持他们对问题的解决,这就必然迫使他们要进一步对教学规律进行探寻,这就可以调动教师们进一步开展专业学习的积极性。教学中层出不穷地出现的新问题,就成了激发教师进一步开展专业学习的契机,也为教师的专业发展指明了与教学实践相结合进行反思的方向。

至于教学反思应当在哪个阶段进行,有学者提出教学反思要在教学完成之后来进行的看法:"教学后阶段[①]是教师完成教学后进行总结、自我反思、自我评价的阶段。在此阶段,教师总结经验,这一阶段主要是反思能力。"(张洁,2007:27)需要补充的一点是,教学反思的目标所指向的是在下一步的教学实践中对教学的改进,朝向这样的目标去做就可以使教学反思不仅获得不断推进的动力,也可以形成教师教学和自身专业发展的良性循环。

---

[①] "我们可以将对外汉语教师的活动首先按照教学的顺序区分为教学前、教学中和教学后三个时间段,在这三个时间段里,教师的活动有所不同。"(张洁,2007:25)

2.3.3.3 教学反思有助于汉语国际教育师资承担起推进教学变革的责任

对外汉语教学目前已经转变为汉语国际教育，身处这一重大变革时代的汉语师资也要完成自身的转型，向着适应汉语国际教育的专业发展方向来转变。而且作为身处教学实践第一线的汉语教师，也肩负着推进汉语教学变革的责任。有国外的学者提出了"转换型知识分子"的概念，实质上也是为了突出强调教师的这一重要责任和使命："将教师视作转换型的知识分子[①]，这不仅要求教师具有社会政治意识，而且要确定他们能够遵循这种社会政治意识，因此，这一角色概念已不再局限于课堂教学的范畴了。作为一名转换型的知识分子，教师承担着双重任务：他们要努力推进教育发展，同时还需努力实现个人的转型。"（库玛，2013：8）汉语国际教育师资不仅有责任完成自身的转型，而且要带动和引导更多的同行进行这样的转型，从而促进汉语国际教育事业的发展。

推进教学变革要涉及很多方面，但是汉语国际教育作为新兴的事业，在需要汉语教师进行事业开拓的过程中也为教学变革提供了前所未有的良好机遇。汉语国际教育师资进行教学反思，要注意吸取以往开展教学反思过程中的一些经验教训，对于这方面的经验教训有学者进行了总结："反思型教师教育运动至少也存在着三方面的严重缺憾：首先，反思型教师教育运动主要关注教师角色及其自身发展，将反思当作是一个关涉教师以及教师反思能力的内省式过程。这一运动忽视了教师与学习者、教师同事、教学策划者、教学行政管理者之间的互动。其次，反思型教师教育运动关注教师的课堂上的行为，但是对于那些影响或重塑教

---

① 国外学者提出"转换型知识分子"的概念，其目的就是号召教师在教学变革中要发挥积极的作用："为了凸现这样一种革命性的教师角色，Giroux 将之称为'转换型知识分子'。在他 1988 年出版的《作为知识分子的教师：迈向学习的批判性教育学》（*Teachers as Intellectuals: Towards a Critical Pedagogy of Learning*）一书中，Giroux 就指出'教师和教学行政管理者承担着转换型知识分子的角色，他们所发展的教育学，不仅反对传统教育的霸权支配，而且赋予学生知识和技能，使他们能够以批判者的眼光看待今后的社会，并教育他们积极投身于转换型的活动中'（Giroux, 1988: xxxii）。"（库玛，2013：8）

师反思实践的社会政治因素重视不够。第三，除了对教师过度依赖教学理论权威的做法表达不满之外，反思型教师教育运动并未在多大程度上改变这一现象。"（库玛，2013：7）这些经验教训对汉语国际教育师资的启发是，教学反思并不是仅局限于对教师自身行为的反思，还要联系与教学活动相关的各方面的人员，要把反思的视野扩展到社会生活的方方面面，才能够使推进教学变革的使命顺利完成。

对教学实践的反思可以促进汉语国际教育师资自身的专业发展，而且教师是能够胜任进行出色的教学反思的。有学者分析了教师在教学反思上可以有的一些作为："在批判性教育家看来，教师是'一些能够并且愿意进行教学反思的专业人士。他们反思那些能够活跃教学实践的思想原则，他们会将教育原理和教学实践与更广泛的社会问题联系起来；他们相互合作，共同分享教学思想；他们依据教学工作的实际情况而行使权力，他们在教学中体现出了一种更美好的、更具人性生活的教学理念'（Giroux & McLaren，1989：xxiii）。"（库玛，2013：8）这里提出的看似只是一些美好的愿景，但实际上通过教师们在教学实践中的不懈努力也是不难实现的。

有学者对反思型教师的定义进行了总结，这对汉语国际教育师资对自身进行定位和进一步努力的方向都会有所启发："综合国内外学者的看法，反思性教师就是能够借助先进的教育教学理论及他人的教学经验，积极主动地对自身教育教学观念及其实践活动进行批判性地思考、分析、研究和改进，以不断提高自己的专业水平的教师。"（黄晓颖，2007：18）反思的本意就是要提倡教师们不依赖所谓的教育教学权威和现成的理论，要通过自身的探索来完善对教学的认识和设计，这样才能真正对他们的教学有益，并且也会对其自身的专业发展带来极大的益处。

## 2.4 反思型汉语国际教育师资的特点和培养策略

汉语国际教育师资经过专门培训和自己的努力成为反思型教师,是汉语教师专业发展的一种重要的途径。在汉语教学中教师的教学反思,具有直接结合自己的教学实践有针对性地总结自己教学中规律的特点。教学反思具有引领汉语教师超越日常教学促进他们成长的作用,以及促使他们主动反思的目的意义和采取措施改进教学的工具意义,还有形成理论和指导实践的意义。培养反思型教师有着通过打破习惯做法进行反思、建立教师专业共同体互相交流和引导教师深入、全面思考等具体策略。

### 2.4.1 汉语国际教育师资在汉语教学中进行反思的特点和内容

汉语国际教育师资要想使自己成为反思型教师,就必然要在教学过程中持之以恒、持续不断地进行反思,而且要使自己的教学反思获得成效并从中有所收获,这样才能成为一名反思型教师。汉语国际教育师资所进行的教学反思,是要借助先进理论的指导对自己的教学进行批判性的反思,既要总结自己教学的优点,也要查找自己的不足,而且深入分析自己的不足之处加以改进是更为重要的。

教学反思并不是就事论事地仅进行教学总结,而是要对自己的教学进行研究,这种研究是与自己的教学实践相结合的,但所反思的主要是教学中带有规律性的问题。"反思性教学即'教学主体借助行动研究,不断地探究与解决自身和教学目的,以及教学工具等方面的问题,将"学会教学( learning how to teach )"与"学会学习( learning how to learn )"结合起来,努力提升教学实践的合理性,使自己成为学者型教师的过程'(熊川武,2002)。"(王添淼,2010:28)教师通过教学反思可以自我剖析自己教学的指导思想和具体操作,明确理解自己教学行为的深层原因,在此基础上可以更充分地把握自己教学改进的方向和教学创新的

## 第二章 汉语国际教育师资培养过程中自身发展问题的解决

目标及路径。

汉语教学的主要教学目标是培养学生掌握汉语交际技能，教学中语言技能培训与语言教学内容的结合会呈现出复杂的局面，这就要求汉语教师要有多样化的教学方法和手段供选择并且能够灵活运用。汉语教师通过不断反思才能寻找到并不断灵活调整教学的方法和手段，而他们自身的教育经历和外语学习经历也同样可以给他们的教学反思带来很大的帮助。有学者就提出："你必须通过反省自己早期作为学生的经验，对什么样的教学算是恰如其分的教学的信念，自己作为教师的教学经验并学会从其他教师的教学中得到启发，从而超越理论和研究。"（Good & Brophy，2002：579）汉语教师尽管可以借鉴他人的理论研究成果，但是教学反思最终还是要得出自己的结论，而且这种教学反思的结果更有针对性和指导意义，同时也因与汉语教师自己的教学实践紧密结合而更具有应用的可靠性。

### 2.4.2 教学反思对于汉语国际教育师资专业发展的作用和意义

一名教师在其成长的过程中要面临着不断出现的挑战、困难和挫折，但也应看到出现这些问题，实际上也是教师改进自己的教学从而获得专业发展的良好契机。有学者认为教学反思对教师的专业发展有积极的作用："反思性教学帮助教师从压抑性的、常规性的行为中解放出来，让教师以一种深思熟虑、目的明确的方式去行动，为分析和发展教师的学与教提供了立足点，是加强教师专业发展的一个基本过程。"（王添淼，2010：28）汉语教师也要面临许多日常性的教学操作，极容易陷入这些重复性的日常教学活动而难以对自己的教学开展反思，如果我们目标明确地提倡和号召大家成为反思型教师，就可以引导他们主动地超越日常教学活动，有机会通过教学反思进行专业发展。

对于汉语国际教育师资专业发展过程中教学反思的意义，有学者进行了总结，认为有目的意义和工具意义两个方面："反思对国际汉语教师的意义体现于两个方面。首先，反思本身就具有'目的意义'。反思是主动性的，正是在反思中，国际汉语教师体认到自我的价值与地位，从而驱使自我寻找教学环境中出现的各种问题。在此过程中，教师的能动性与主体性得以彰显。其次，反思具有'工具意义'。借助反思，国际汉语教师深入挖掘各种问题形成的原因并采取策略。'反思自己的教学实践'进而发现问题，乃是'改进教学'的前提条件。"（王添淼，2010：28）我们认为教学反思对于汉语国际教育师资专业发展的意义，还应当包括理论意义和实践意义。处于教学第一线的汉语教师对自己教学的反思，可以使汉语教学理论研究的发展直接联系到汉语教学的前沿，教学理论与教学实际的紧密结合可以使理论研究更有价值和指导意义。教学反思可以使汉语教师的教学实践以更为明晰的目标来进行，使他们不但"知其然"而且"知其所以然"，使他们的教学实践可以在理论的指导下更好地开展。

### 2.4.3　培养反思型汉语国际教育师资时的一些可选策略

有时，很多教师习惯于对习以为常的教学情况和操作不假思索地接受，对其不进行或不再进行进一步的思考。培养反思型教师就要有意识地打破教师已经形成惯性的教学行为习惯，促使他们主动地多进行反思性的活动。教育学家杜威认为教学反思有助于打破教师习以为常的"惯常性活动"。"Dewey将惯常性活动与反思型活动作了区别。惯常性活动主要是指那些对传统抱着不加批判的信念，始终不渝顺从权威的活动。而反思型活动则是在一种有意识的、审慎的思考激发下所形成的活动，'这是一种对任何有基础的理念或实践，及其所引起的后果进行有意识的、审慎的思考'（Dewey，1933：4）。"（库玛，2013：5）不断地进行思考虽然是很辛苦的，但是不进行反思就难以改进或推进教学，教学中不断出现的新问题必然会迫使教师对自身的教学活动进行反思，并由此对教师自身的专业发展产生积极的影响。

在汉语国际教育师资培养以及他们将来在教学中继续进行专业发展的过程

## 第二章 汉语国际教育师资培养过程中自身发展问题的解决

中,建立教师专业共同体[①]也是培养反思型教师的重要途径。有学者认为教师专业共同体能够发挥作用是因为教师之间各有差异:"教师每时每刻都要和学生接触,产生各种各样的教学经验,遇到许许多多的教学困境,如何应付不同的教学困境,帮助学生取得进步,不同的教师在教学观、学生观以及处事方式上都会存在差异。"(王添淼,2010:29)对教师之间的差异应当很好地加以利用,充分发挥其作用。教师之间的差异和教学中的困惑可以促使他们产生迫切的与他人交流的愿望和需求,而他们解决教学中问题的目标又是共同的,这使他们可以形成目标一致的共同体。"通过教师学习共同体这座桥梁,使教师内心深处和潜意识中的知识和经验转化为显性知识,得到确认、整理并系统化,与其他教师共同分享和相互促进,进一步提高教师在专业发展过程中的反思和协作能力。"(王添淼,2010:29)教师共同体的形式可以是多种多样的,主要是能够有效地达到通过教师之间的互相促进、互相激励和互相帮助完成对各自更出色的教学反思的最终目标。

对于教学反思的内容,有学者认为并不是泛泛地思考教学,而是要对自身教学的各个方面深入地进行思考:"并非所有关于教学的思考都是反思型教学。如果一个教师从不思考那些指导他或她工作的目标和价值,从不审视自己所处的教学环境,从不检验所应遵循的教学设想,那么我们就会认为这样的教师并没有进行反思型教学。"(Zeichner & Liston,1996:1,转引自库玛,2013:5)可见,对教学的反思是综合而全面的,并且还应该是深入的,不能仅仅停留在教学的表层现象上。汉语国际教育师资除对这里已经提及的课堂教学过程中的各种教学问题进行反思以外,对教学目标、教学价值、教学环境、教学设想等一系列的内容

---

[①] 对于"教师专业共同体"有学者提出的定义是:"教师专业共同体是建立在教师专业化浪潮的基础之上,以学校为基地,以教育实践为载体,以共同学习、研讨为形式,在团体情境中通过相互沟通与交流最终实现整体成长的提高性组织。这种组织一般以学校为单位,是在学校的日常教学活动中形成的;也有的是校际或区域间的职业联合体。"(王添淼,2010:29)

也应该进行反思，这对教师们更好地开展教学反思从而成为反思型教师有很好的促进和帮助作用。

## 2.5 汉语国际教育师资提升通过反思深化教学认识和教学运用能力

汉语国际教育师资要想获得更好的专业发展，就要有意识地提升自己利用教学反思的能力。通过教学反思可以使师资们深化对教学的认识，还可以把教学反思的成果运用于教学实践，当他们有能力以教学反思的成果指导教学实践的时候，他们的教学水平也会随之获得提升，所以在师资培养的过程中要重视对他们这方面能力的提高。

### 2.5.1 汉语国际教育师资要有能力通过反思提升对教学的理论化认知

汉语国际教育师资在进行教学反思的操作过程中，要自主和自觉地反思自己的教学情境和教学情况，力求更好地、更明确地建构自己关于教学的认知，而且这种认知要最终形成对教学的理论化认识。有学者对此强调指出："需要谨记的是，如果缺乏持续自我反思和自我修正的能力，那么一名被当作被动型技术工的教师就很难进入转换型知识分子的教师角色。成功实现这一角色转换的重要一点在于，教师要有能力和意愿超越他们在正式的教师教育中所被动接受的专业理论，去努力思考和建构他们自己的教学理论。"（库玛，2013：10）这里所提出的"转换型知识分子"的概念[①]，实际上就是在提倡教师要成为具有自我反思能力的角色，有能力把自己教学实践中的亲身感受转换为自身的教学理论，而不是仅仅像一个技术工人那样只会按照别人画好的图纸进行加工，也就是只会照搬他

---

[①] 关于"转换型知识分子"的定义可参看本书 2.3.3.3 部分中的脚注 8。

## 第二章 汉语国际教育师资培养过程中自身发展问题的解决

人已经创造出来的现成教学理论。对于"转换型知识分子",有学者还指出:"将教师看作转换型知识分子的想法主要源于一些被称之为'批判性教育家'的著作中。这些教育家主要包括了诸如 Henry Giroux(1988),Peter McLaren(1995),Roger Simon(1987),以及一些语言教学专家,如:Elsa Auerbash(1995),Sarah Benesch(2001)和 Alastair Pennycook(1998)等人。他们这些人都深受巴西思想家 Paulo Freire 的教育哲学思想的影响。……Freire 不遗余力地支持社会政治的解放事业,主张通过教育的民主化进程来为个人增权赋能。"(库玛,2013:7)可以看出,教师成为转换型知识分子有助于他们形成对教学的深入思考,有助于他们以明确的意识和指导思想对教学进行批判性的反思,这样做才能形成并非人云亦云的教学反思成果。在汉语国际教育师资培养的过程中,要注意使他们有能力超越通常的一些教学理论,而有能力发展出他们自己有关教学的理论认识。

汉语国际教育师资的教学反思不能只停留在对教学经验的回顾和叙述上,要有能力通过反思对教学经验进行概括和总结,最后上升到对教学规律的认识和把握,在关注理论学习和以教学理论为指导的基础上,形成自己对教学的系统性的深入认识,最终形成教师个人对教学的理论性认识。

汉语国际教育师资对教学的反思要注重理论化的思考过程,而不能只关注现成的已经有了成果的理论。有学者对"作为产品的理论"和"作为过程的理论"加以了区分:"Alexander(1984,1986)曾将理论视作静态的成品以及动态的产生过程,并加以区别,这一做法值得借鉴。作为产品的理论指的是一个人学科的内容知识。作为过程的理论指的是需要理论化的智力活动(也即思想过程)。可以这样恰当地说,Alexander 使用'理论化'这一术语来指代作为智力活动的理论。而作为智力活动的'理论化'并不是理论家所独享的专利,教师们也应该有能力这样做。"(库玛,2013:13)作为"后方法"教学理念的倡导者,库玛通过其一再呼吁教师们打破理论建树只属于教学研究专家的传统观念,倡导教师们建立起自身理论建构的自信心，使他们最终发展出个人理论化的思考能力和思考成果。

要打破理论只能由教学研究专家学者来研究和发现的传统认识，实际上每个教师都有自己的自觉或不自觉的对教学的认识，只是他们的认识需要通过对教学实践的反思帮助他们检验其认识是否正确，需要对正确的认识进行确认和巩固，对不正确的认识进行调整和改进，也需要更进一步系统化、理论化地对他们的认识进行总结，使之明确和深化，以便更有效地和更全面地指导教师的教学实践。汉语国际教育师资在这个过程中也形成了自己钻研教学、探索教学的主动性，从而提升自己的教学水平。教学反思的根本目的其实还是为了汉语国际教育师资的教学实践服务。

### 2.5.2 汉语国际教育师资在教学反思过程中转变对教学的认识并顺利成长

随着社会经济和现代技术的不断发展，教育教学也在不断发展，作为从事教育教学工作的教师也要不断适应这样的变化发展，对教学的反思也是教师适应这种发展变化的重要途径之一。汉语国际教育师资可以在对教学的反思中转变对教学的传统性认识，有学者就指出："培养反思性教师被认为是对传统的技术型教师观及以胜任为本的教师教育的反动。[①] 技术理性主义的教育观把教育教学看成是一个传授系统，即用别人设计好的课程达到别人设计好的目标的知识传授系统，而教师基本上承担了技术人员的角色，即手段—目的的中介人。这种教育观使得教师们的视野被狭隘地限定于科目内容及传授方式上，教师仅仅是一个操作工人。"（黄晓颖，2007：18—19）以前往往存在着教学就是传授知识的认识，教师的角色就是一个现成知识的传授者，学生也是一个现成知识的被动接受者，在教学的过程中教与学双方都毫无自主性和创造性，仅是在照搬现成的知识，显

---

[①] 卢真金. 反思性教学及其历史发展[J]. 全球教育展望，2001，（2）.——原注

## 第二章 汉语国际教育师资培养过程中自身发展问题的解决

然这种对教与学的认识存在着很大的偏差,偏离了教育教学培养勇于探索、勇于实践的人才的根本目的。仅仅把教学看作一种传授性活动的传统认识,也使教师的教学活动变得机械和单调,这种教学操作的方式已经不能适应时代发展对教学的需求,所以教师要进行角色转变,而实现角色转变的首要因素就是转变对教学的传统认识。对教学的新认识不再将其看作一种仅仅是技术性的操作活动,教师的教学工作也不是一种技术性工种。教师在教学的过程中可以在进行反思的同时充分发挥自己的创造性,以此带动和示范给所教的学生们也能够在学习的过程中充分发挥自己的创造性。在汉语国际教育师资角色转变和教学观念转变的过程中,教学反思有着十分重要的促进作用。

汉语国际教育师资的成长过程要借助于以往的学习和教学经历中所获得的经验,因为这是与他们自身情况结合得最为紧密的切身经验。切实可感的经验对教师进行教学反思的帮助最大,也最为直接。"作为一个教师,为了理解你目前的教学信念,对自己的经历(如作为孩子、作为学生、作为师范生的经历)进行反思是有用的。反思经验(对自己的或阅读其他老师的故事)会激发起自我透视和建构新的教学目标或新方法。最后,从多渠道讨论自我评价、自我改进和教职工的发展怎样阻碍或促进教师的个人和专业发展,取决于计划目标和反馈的质量。"(Good & Brophy,2002:586)汉语国际教育师资的教学信念和教学操作在许多方面都会受到自己以往学习经历的影响,但教学反思也不能仅局限于自己的个体经验,还要学习借鉴他人的经验,因此汉语师资要通过直接或间接等多种方式开展相关的交流,来补充和完善自己的教学反思。

### 2.5.3 汉语国际教育师资要重视以教学反思的成果指导教学实践能力的提高

汉语国际教育师资不能为了反思而进行反思,而是要把反思的成果应用到其教学实践中去,用以指导教学实践,这样就使他们的教学实践成为一种"反思性实践",这样做也可以更好地提升他们教学实践的水平。"而'反思理性'推行的是'实践—反思—开发—推广'模式,它假设,'在实践中遇到的问题非常复杂,需要特定的解决办法'。所以,它认为教师必须通过各种形式的'反思'以促进自己对于专业活动及相关事物更为深入的'理解(understanding)',发现其中的'意义'(meaning),促成所谓以'反思性实践'(reflective practice)为追求。(曲铁华、冯茁、陈瑞武,2007)"(王添淼,2010:26)在汉语国际教育的教学实践中,汉语师资会遇到多种多样的具体教学问题,这些问题并没有现成的解决答案,甚至没有现成的教育教学理论可以帮助他们解决问题,这就需要他们根据具体的教学情境对自己的教学实践通过反思摸索出解决问题的具体办法,他们也只有充分发挥自己的创造性并依靠自己的努力才能寻找到问题的解决途径,只有这样才能应对教学过程中层出不穷的新问题。汉语国际教育师资在教学实践里遇到的问题要找到专门的具体解决方法,而对教学的反思是重要的途径之一。这样一来,汉语教学师资就不仅仅是在完成教学任务,而是要以解决问题为目标导向把多样化的反思结合进教学实践里面去,使得汉语教学成为反思性的教学。

汉语国际教育师资以教学反思的成果指导教学实践,可以提升教学实践的质量,所形成的"反思性教学实践"也成为一种优质的教学实践。有了教学反思的成果运用于教学实践,就可以使得教学实践不再是盲目的,而且在教学反思的过程中汉语师资也提升了教学实践的能力和水平。教师如果真正实行了这种有效的教学反思,也就可以成为"反思性实践者",这就使他们不同于一般的教学实践者,具有了很强的能动性和主动性去思考自己在教学实践中的不足之处,进而能够不断地改进和提高自己的教学,自我反思这样就成了教师自我提升的重要途径。"'反思性实践者'是唐纳德·舍恩在上世纪发表的《反映的实践者——专业工作者如何在行动中反思》一书提出的概念假设。他认为'反思性实践者'是复杂情境中能动的问题解决者,这一概念为认识教师形象提供了新视角,凸显了教师作为能动的实践者的主体性和主动性。"(王添淼,2010:26)作为"反思性实践者"的教师实际上已经不同于以往只关心自己的教学活动的教师,而是将反思带进了教学的过程中,而且他们的反思也并非只是单纯地对教学进行思考,而是与教学实践有着密切的联系,这种联系是要有益于教学和对教学有指导性作用的。"在这里,反思被看成一种植根于教师内心的、致力于不断丰富与完善教学实践的力量,教师不再是由外在技术与原理武装的'技术熟练者',而是在实践中并通过实践不断建构和提升自身经验的'反思性实践者'。"(王添淼,2010:26)教师的角色在反思性的教学实践活动中也产生了转型性的变化,在这个过程中对反思的认识也得到了新的深化,也能够更好地把高质量的教学反思成果用以指导教学实践。汉语国际教育师资提高了用教学反思的成果指导教学实践的能力,也可以使他们教学水平的提高有了切实的保证。

## 2.6 实践性知识在汉语国际教育师资专业发展中的重要作用

"实践性知识"最初的提出是相对于"理论性知识"而言的,"在中国,陈向明(2003)根据教师知识实际存在方式的不同,把教师知识分为理论性知识与实践性知识,认为'理论性知识通常可以通过阅读和听讲座获得',包括'学科内容、学科教学法、课程、教育学、心理学和一般文化等原理性知识',实践性知识'是教师真正信奉的、并在其教育教学实践中实际使用和(或)表现出来的对教育教学的认识'"(江新、郝丽霞,2010:395)。"实践性知识"的概念看似自相矛盾,因为所谓"知识"一般都是对实践的一种理论化的概括和总结的结果,但是这是传统上对知识的认识,新型的知识概念之一是强调与实践的紧密结合,而且实际上在一些实践性强的学科领域里的知识概念充满着实践性的特点,汉语国际教育就是这样一种学科,因此在汉语国际教育师资的专业发展过程中实践性知识的作用值得探讨。

### 2.6.1 在汉语国际教育师资专业发展中的实践性知识的定义和特点

在汉语国际教育师资的专业发展中，要想使他们重视和培养实践性知识，首先最为重要的就是界定清楚"实践性知识"。有学者提出："教师实践性知识（practical knowledge）指教师在教学实践中使用或表现出来的对于教学的认识。它融合了教师个人的观念、价值、技能、策略、情感等因素。"（江新、郝丽霞，2010：395）可以看出这种教学中的实践性知识，实际上是对教学的一种认识，这种认识与教学实践是密切联系着的。有学者还进一步指出："实践性知识指教师在自己的教育教学实践中形成的一种在特殊情境中知道应当做什么和如何做的知识，它是教师真正信奉和运用，并能解决实际问题的知识（参见陈向明，2003）。"（江新、郝丽霞，2011：1）实践性知识是关系着在教学实践当中解决实际问题的知识，这种实践性知识指导着教师们在教学中的具体操作。同样，汉语国际教育师资面对的教学中也有着丰富的实践性知识在指导着他们的教学实践，但是他们的实践性知识有正确与否和水平高低的差别，实际上这也就是合乎汉语国际教育规律或者合乎教学规律在程度上有差别的表现。

教学当中的实践性知识实际上是教师们各自所独有的个人化的认识，而且这种知识与通常的知识不同，不是对一般教学规律的总结，而是教师个人通过对自己的教学经验进行总结而得出的。"实践性知识的概念最早由 Elbaz（1981）提出，她认为这是教师以自己独特的方式拥有的一种特别的知识，强调教师知识的'实践性'。Clandin（1985）提出'教师个人实践性知识'的概念，强调教师实践性知识的'个人'特点，Golombek（1998）也使用这一概念。"（江新、郝丽霞，2010：395）虽然是个人化的知识，但是其形成规律还是有迹可循的，汉语国际教育师资也要重视和把握总结自己实践性知识的规律，有意识地反思和总结自己的实践性知识，从而提升个人对教学的认识水平，自觉地以这种个人化的实践性知识指导自己的教学，使自己的专业发展做得更好。

教学中的实践性知识具体包括哪些内容也是值得探讨的，有学者对实践性知

## 第二章　汉语国际教育师资培养过程中自身发展问题的解决

识的具体组成部分提出了自己的看法："教师实践性知识的构成包括以下六个方面的内容（参见陈向明，2003）：教师的观念、教师的自我知识、关于学生的知识、情境知识、策略性知识和批判反思知识。"（江新、郝丽霞，2010：395）可以看出，教师应当具备的有关教学的实践性知识包括的方面很多，内容还是很丰富的，这对汉语国际教育师资的专业发展有着很好的启示作用。

汉语国际教育师资对于教学过程中存在的实践性知识应当把握其特点，以便能够有意识、有目的地归纳和总结自己的实践性知识。对于实践性知识的特点，有学者认为："实践性知识具有五个特征（参见杨翠蓉等，2005：1）：1）情境性，即它在特定的教学环境中产生；2）具体性，即它是具体教学情境的具体回应；3）综合性，即在教学过程中各种知识相互作用，知识不是根据类型而是根据问题来组织的；4）经验性，即它受个体工作、生活经验的影响；5）情感性，即它不是纯客观的，每一位教师实际所拥有的知识都具有价值、情感、审美等特征。"（江新、郝丽霞，2010：395）由这里所提出的这些实践性知识的特征可以看出，实践性知识带有鲜明的源于教学实际、鲜活生动的特点，一定是来自教学第一线的实践，是对教学实践的概括和总结。

教学当中的实践性知识还带有另一重要的特点，就是内隐性的特点。"有些实践性知识属于内隐知识，不能通过语言、文字或符号进行逻辑的说明，只能在行动中展现、被觉察、被意会（参见陈向明，2003）。"（江新、郝丽霞，2010：395）作为隐性知识的实践性知识是不能被直接传授的，因此要想使被培养的汉语国际教育师资掌握实践性知识，只有通过强化他们的教学实践一途，让他们可以自己去体会和总结。"实践性知识是一种缄默知识（tacit knowledge），这类知识隐含于教学实践过程之中，更多地要与教师自己的思想和行动过程保持一种'共生'的关系，它是情境性和个体化的，难以形式化或通过他人的直接讲授而获得，只能在具体的教育实践中发展和完善。"（王添淼，2010：26）由于实践性知识是隐性存在的，汉语国际教育师资要在汉语教学的实践中去感受、体会和总结，在师资培养工作的过程中要多提供给他们教学实践的机会，除了安排他们参加各种教学实习工作以外，还可以有多种途径增加他们教学实践的机会，例如举办教学基本功比赛、参与出国汉语教师或志愿者选拔等各类与汉语教学相关的活动，都可以从不同的途径促进汉语教学师资参与教学实践。

### 2.6.2 实践性知识在汉语国际教育师资专业发展中的重要作用

汉语国际教育学科带有非常强烈的实践性特点，而从事这方面工作的汉语师资的专业发展也因此带有很强的实践性特点，他们的专业发展必然要以他们在汉语教学实践中所获得的经验以及对经验的总结为基础。有学者对此提出："教师实践性知识是教师专业发展的主要知识基础。"（江新、郝丽霞，2010：394）提倡重视汉语师资对实践性知识的掌握，是不同于以往教师发展的一种新理念，这种知识不同于以往只强调知识是对实践的理论化概括，而是重视教学知识与实践的紧密关联，对教学知识的认识实际上发生了很大的改变，因而与此相关的汉语教学师资培养工作也需要发生观念上的转变。"传统的教师培训课程主要向教师输入外在的教学理论和技能，而教师的内在知识却没有得到应有的关注。随着教师教育领域研究的不断深入，研究者开始认识到，教师实践性知识在教师教学活动中起关键作用。它依赖于教师过去的经验，存在于教师当前的教学生活中，并预测着教师未来的教学活动。"（江新、郝丽霞，2010：394）可以看出，这种基于教师自身教学实践的经验积累和认识发展的实践性知识，更切合教师自身发展的需求，对教师的专业发展也会产生重要的影响。

许多学者认为，实践性知识在汉语国际教育师资的专业发展中占有重要的地位："对外汉语教学活动是实践性和情境性的，对外汉语教师的专业发展不能仅局限于抽象概念的学习，而应是在具体的课堂情境中，在专业不断发展的过程中，关注教学实践中所产生的那些知识。"（王添淼，2010：26）但是在汉语国际教育师资的培养工作中实践性知识的掌握还没有受到重视，"目前对外汉语教学的师资培训重视理论知识的传授，忽视教学技能和教学策略的培养，忽视教师的实践性知识的获取"（江新、郝丽霞，2011：6）。实际上汉语师资的实践性知识与他们要从事的汉语教学工作有着直接的紧密联系，而且是他们应当掌握的知识系统中的重要组成部分。"作为一名合格的教师，不仅要掌握本体性知识（专业知识），以及能够促进课堂教学顺利进行的条件性知识（如教育学和心理学知识），还应掌握实践性知识，即关于课堂情境和与之相关的知识。[①]"（王添淼，2010：26）汉语师资要想成为具有良好胜任力的教师，教学能力是他们必须掌握的核心能力，而这种能力与教学的实践性知识有着紧密的联系，在他们专业发展中的重要作用不容忽视。

### 2.6.3 重视在培养过程中提高汉语国际教育师资获得实践性知识的能力

与教学相关的实践性知识实际上与教师的教学行为和行动是联系在一起的，不仅是一种理性的认知，更是一种感性的体验。"教师的实践性知识'存在于人的过去经验之中，存在于当前的大脑和身体之中，存在于未来的计划和行动之中。知识不仅在"大脑中"（in the mind），也在"身体中（in the body）"，"在我们的实践中"'（曲铁华、冯茁、陈瑞武，2007）。"（王添淼，2010：26）实践性知识必然与教师的教学实践直接相连，在汉语国际教育师资培养时培训者首先要有意识地提高受训师资获得实践性知识的能力。"教师培训者要认识到，'实践性知识既来自教师自己个人经验的积累、领悟（直接经验），同行之间的交流、合作（间接经验），也来自对'理论性知识'的理解、运用和扩展'（陈向明，2003：107）。应当认可、理解教师具有自己独特的实践性知识，'教师不只是知识生产线终端的被动消费者，他们也是知识的生产者，每时每刻都在生

---

[①] 对于教师专业发展中所应掌握的知识，也有学者提出了三分法："还有学者（辛涛、申继亮和林崇德，1999）从知识的功能性出发研究教师知识的构成，认为教师知识可以分为本体性知识、条件性知识和实践性知识等三类。"（江新、郝丽霞，2010：395）

产着自己的实践性知识'(陈向明,2003：111)。"(江新、郝丽霞,2010：402)要想提高汉语国际教育师资获得实践性知识的能力,离不开他们对汉语教学实践的参与,只有在这一过程中他们才能有机会获得实践性知识,也才能通过这一实践过程提高他们在这方面的能力。"教师的技能不是完全靠传授就能获得的,更多的要在教学实践中生成。我们根本无法按照一个模式去培养出能适应复杂多变的教学情境的教师。这在我们对外汉语教学中表现得尤为突出。"(黄晓颖,2007：19)提高汉语国际教育师资这方面的能力,在师资培养的过程中是无法直接给他们以帮助的,只能是给他们提供尽可能多的实践机会,让他们自己去提高。实际上这是最为有利于也是必然的汉语教学师资专业发展的途径,以往的汉语教学师资专业发展的经验也证明了这一点。"即便是对外汉语专业毕业的研究生,在教学中,尤其是初上讲坛时,也有这样或那样的问题。只有经过一段教学实践的磨砺后,才能渐渐学会应对复杂多变的课堂情境。"(黄晓颖,2007：19)新手教师都要经历这样一个过程,才能有很好的自我发展,但是如果他们能够认识到实践性知识的重要性并且有意识地在教学实践的过程中提高自己的相关能力以及弥补自己的不足之处[①],这对他们的专业发展是大有益处的。

## 2.7 开展行动研究对汉语国际教育师资专业发展的重要意义

行动研究在汉语国际教育师资专业发展中的应用,有助于提高他们的汉语教学水平。行动研究所具有的多样化、开放性的特点,适合汉语国际教育中的广大教师结合所面临的多样化的教学情境开展研究并提高教学水平。行动研究的易于开展也给汉语教师的参与带来了极大的便利性,并且能够促进教师对自己的教

---

[①] 有学者把新手教师与专家教师进行了比较："新手教师与专家教师实践性知识的差异,主要表现在自我知识、情境知识、人际知识和教学反思等四个方面。"(江新、郝丽霞,2011：2)这里所提及的"差异"实际上也指明了新手教师专业发展应当努力的方向。

学进行反思。汉语教师在实施行动研究时，要坚持实践性、开放性、灵活性等原则，这样才能真正促进自己的专业发展。

在教育教学领域里开展的行动研究，实际上是教师专业发展的重要途径之一。有的学者对行动研究的定义可以印证这一点："行动研究是指实际工作者，或者与专业研究人员合作，在实践中，通过行动与研究的结合，创造性地运用教育理论研究和解决不断变化的教学实践情境中的具体问题，从而不断提高专业实践水平的一种研究。"（吴慧、沈郁文，2008：89）这种行动研究开展的目的，是通过教师对教学中出现的问题在采取解决行动的同时还进行相关的研究，在把教学行动与研究结合的过程中提高教师的专业水平。

在面对外国学习者的汉语教学中，教师的教学操作面临着跨语言、跨文化的双重难题，更需要教师有较强的专业能力和教学水平，行动研究在汉语教学中的应用有助于教师专业教学水平的提高。

### 2.7.1 行动研究具有适合汉语国际教育师资专业发展的特点

行动研究密切结合着教师们当下正在进行的教学活动，使得对于教学的研究对每一个参与具体教学工作的第一线教师们而言，不再是遥不可及的事情。"行动研究通过打破研究者与实践者、研究的问题与实践的问题之间的界限，一方面让研究者放下'架子'，能够切实进入实践；另一方面让实践者得到'提升'，不必等待研究者来解决问题。这样，教育不再高高在上，超越于日常教育生活之外。"（Arhar, Holly & Kasten，2002：前言1）可以看出，行动研究与教学活动的参与者直接相关，并非只有专业的研究人员才能够进行，可以使第一线的任课教师很容易投入对教学的研究中去，便于他们能够就近结合自己的教学实践开展研究活动，同时也有益于他们改进自己的教学行为和提高自己的教学水平。

行动研究具有易于实行的特点，教师在进行这种研究时不会受到很多限制，对于刚开始任教的新手教师而言也同样没有限制而易于着手进行。"正如一位行动研究学者所言：'行动研究与所有已知的研究类型都不一样。'行动研究并无一定之规，其丰富性和多样性超越以往任何一种研究范式。"（Arhar，Holly & Kasten，2002：前言2）在作为新兴学科的汉语国际教育领域，新教师特别多的情况正适合于开展行动研究，行动研究的多样性也适于他们所面临的多样化的教学情境，使他们能够有针对性地选择适合具体教学情境的研究方法和内容。

行动研究具有开放性的特点，不仅研究内容和方法具有开放性，而且投身其中的参加者也是可以面向所有教学实践参与者而开放的。从有学者所总结的行动研究的四大特点中也可以发现这一特点："它具有四大特点：1）研究主体是教育实践工作者，包括处在教学第一线的教师和教育行政人员；2）研究对象来源于教育实践，是广大教师在教育实际工作中碰到的问题；3）研究目的是解决教育实践中的问题，改进教育工作质量；4）研究过程的开放性，边行动边研究，根据理论的发展，以及对教学实践的反思，对研究与行动及时进行调控。"（吴慧、沈郁文，2008：89）行动研究开放性的特点，也可以使新教师放下认为教学研究高不可攀的思想负担，勇于尝试、大胆探索，开拓出汉语教学实践和研究的新路径。而且行动研究具有灵活性的特点，教师在教学实践中的研究可以不断调整，对教学实践的改进也有及时的指导意义。

### 2.7.2 汉语国际教育师资在汉语教学中开展行动研究的作用

行动研究强调与教师教学活动的结合，是教师随时可以在自己的教学过程中开展的，具有易于开展的极大便利性。"行动研究是教师根据自己教学的实际情况，在自己的课堂中进行研究，授课过程也是研究过程，无须另找实验时间与实验对象，这无疑给教师带来了极大的便利，解决了科研时间不足的问题。"（丁安琪，2011：44）行动研究的做法实际上降低了教学研究的门槛，通过教师参与研究自己亲身经历的教学活动而提高其教学水平，从而促进了教师的专业发展。

行动研究的作用还体现在促进教师对自己教学的反思上，这种反思针对的

## 第二章 汉语国际教育师资培养过程中自身发展问题的解决

是教师自己教学过程中出现的问题,通过发现问题、分析问题和解决问题有意识地反思自己教学中的不足,通过问题的解决而获得教学能力和水平的提高。"通过行动研究,教师在自己的教育教学实践中发现问题、分析原因,自觉地在实践中探寻困惑和问题的解决方案,在改进教育教学的实践中认知教育、改善教学、反思自我。行动研究的上述应用途径与目的与汉语国际教育培养'高层次、应用型、复合型'人才的目标相契合,是一种值得应用和推广的研究模式,……"(冯丽萍,2012:9)行动研究对于教师专业发展的促进作用,也对汉语国际教育师资培养有着重要的意义,因为这是一种有效的新手教师专业发展的途径,使他们即使在指导力量不足的情况下和环境中,经过自己的努力、依靠自己的反思仍然可以使自己的教学水平获得提升,所以应当培养他们具备行动研究的能力。

行动研究还有多方面的应用价值,教师在进行专业发展时可以加以利用,有国外学者对此论及了一些:"利伯曼(Liberman)注意到行动研究可以用作寻求各种各样目标的手段,其中包括提高教师的反思性、增强与大学教师的互动、提高教师地位的效能、减小研究与结果用于实践的差距、合理化实际课堂事件的专业价值。"(Good & Brophy,2002:604)行动研究的这些应用价值,都有利于教师在搞好教学工作的同时也进行专业发展。教师充分发挥行动研究的作用,可以在教学实践中不断探索、勇敢尝试,使教学实践带有了研究的意义,也提升了教学行为本身有益于教学研究和教师自身发展的价值。

### 2.7.3 在汉语教学中汉语国际教育师资具体开展行动研究的一些策略

行动研究针对的是具体的教学实践,因此也要求汉语教师要把自己的研究与具体的教学情境直接关联起来,这也是与汉语国际教育的特点直接相关的。"国际汉语教师教学实践中的每一个行动均与行动所发生的场域构成相互影响,具有很强的情境性和不确定性。"(王添淼,2010:27)在每一个具体的汉语教学环境中,汉语国际教育的情况都具有自身的特点,教学中许多情况的发生是无法预先估计的，许多问题的出现同样也是无法预计的，这就需要汉语教师有及时应对的能力，这种能力的发展离不开教师对自己行动的判断，行动研究必然主要是针对教师自己教学行动的研究。

行动研究实践性强的特点要求汉语国际教育师资要有意识地发挥自己的主动性、主导性，更加积极地投身教学研究之中，使研究活动与自己的教学实践直接结合。"行动研究要以教师为主体，让教师在研究过程中发挥主体作用，自己确定研究课题，制定行动和研究计划，实施行动，收集、研究反馈信息并调整行动，评价结果以及应用研究结果。"（吴慧、沈郁文，2008：89）注重实践、注重应用是汉语国际教育师资开展行动研究时应当注意的原则，要注意使自己的研究不脱离教学实践，并且把研究的成果再次运用到教学中以反复印证、不断提高，这样才能达到行动研究的目的，也才能真正使自己的专业水平得到提高。

行动研究具有适应教学不断变化、不断发展的特质，汉语国际教育师资的行动研究也要有意识地追求不断的变化和发展。"教育对象是不断发展变化的，不同时空条件下，具有不同的表现形式。教育行动研究正是以课堂为阵地，对特定时空条件下的教育情境进行考察，揭示某一教育对象与其背景之间，以及教育现象内部各构成要素之间的本质联系，从而创造性地解决某一教育实践问题。"（吴慧、沈郁文，2008：90）行动研究也要求汉语教师发挥自己的创造性，并且在研究的过程中也给他们的创造性发挥提供了充分的机遇和空间。

汉语教师从事行动研究要坚持开放性的原则，这种开放性使得汉语教师的行动研究不再局限于个人化的研究，而是强化了他们与其他同行之间的合作交流。有学者就提出："（行动研究）要求我们行动研究者坚持开放性原则，在行动中不断反思与改进行动，共同研讨教学过程中出现的新问题，通过大家的理解、反思和交流，使教师将自己学到的新理论与自己的教学实践相结合，形成既符合新课程理念又符合本校实际的课程思想和实践。"（吴慧、沈郁文，2008：90）汉语国际教育师资之间开展合作交流，可以使他们的行动研究视野更加开阔、内容更加丰富,在互相激励、互相促进中共同提高教学水平,共同完成每位教师的专业发展,使汉语国际教育事业的整体水平得到普遍的大面积提升。

# 第三章　汉语国际教育师资发挥学习者作用能力的培养

在汉语国际教育师资的专业发展中，充分发挥学习者的自主性和自身创造性能力的提高是至关重要的。汉语国际教育师资在发挥学习者自主性方面有着至关重要的作用，要努力提升自身发挥学习者学习自主性的能力。汉语国际教育师资发挥自身教学创造性也是非常重要的，而他们发挥自身创造性能力的发展与发挥学生的创造性是密不可分的，而这又与发挥学生的自主性密切相关。

培养汉语国际教育师资提升学生群体化技能的能力，首先要培养他们建立良好的班级群体的能力，其次要培养他们利用群体帮助学生心理成长的能力，还要培养他们帮助学生发展良好同伴关系的能力。

汉语国际教育师资帮助学习者有效学习能力的培养，主要应从两个方面着手：（1）汉语师资提升学习者合作与交流技能能力的培养；（2）汉语师资帮助学习者建立有效学习策略能力的培养。

激发学习者的学习动机是汉语国际教育师资应当培养的重要能力，要培养他们充分认识到学习者学习动机的重要作用，培养他们在激发学习动机上积极主动地有所作为的能力，以及通过创造性的工作激发学习者内部动机的能力。

在汉语国际教育中只重视学习者的智力因素对他们学习汉语有不利的影响，培养汉语国际教育师资提高发挥学习者非智力因素作用的能力，有着重要的意义和作用。汉语国际教育师资发挥学习者非智力因素作用的能力具体包括以下这些方面：培养学生建立学习自信心的能力、帮助学生战胜恐惧激发潜能的能力、激发学习者适度竞争的能力、提高学习者参与度的能力等。在汉语国际教育师资培养的过程中，加强对师资这些能力的培养可以发展他们的胜任力，使他们更好地利用学习者的非智力因素顺利完成汉语国际教育的教学任务。

## 3.1 汉语国际教育师资发挥学习者自主性和自身创造性能力的发展

汉语国际教育的大发展也使得这项事业充满着挑战性，但这一特点也给汉语国际教育师资发挥自身的创造性提供了充分的空间和条件。作为教学活动核心的汉语师资要获得自身的发展，实际上是要依靠作为教学对象的学生学习自主性的充分发挥才能获得他们自身的发展。充分发挥学生学习的自主性，也离不开教师充分发挥自己的创造性。在汉语教学师资自身的专业发展中，培养和帮助他们掌握充分发挥学习者自主性和发挥自身创造性的能力是至关重要的。

### 3.1.1 汉语国际教育师资发挥学习者学习自主性能力的发展

#### 3.1.1.1 汉语国际教育师资形成对学生自主性在学习中作用的明确认识

汉语国际教育师资要想发挥学习者学习的自主性，首先就要厘清和明确认识到学习自主性概念的内涵。有国外学者对此给出了明确的界定："Holec（1981）在递交给欧洲委员会的报告中将自主性界定为'一种担负起自己学习责任的能力'，也就是对自己学习的各个方面能做出决策的能力。他认为这种决策能力包含五个方面：①确定学习目标；②决定学习内容；③选择学习方法和技巧；④监控学习过程；⑤评估学习效果。"（丁安琪，2010：157）这里所提及的与学生学习的自主性相关的决策能力，实际上就是在学习的过程中由学生们自己作出与学习有关的决定。"Holec指出，'具有自主性的学习者有能力做出所有跟自己正在进行的或打算进行的学习有关的决定。'（Holec，1981：3）。"（丁安琪，2010：157）看来，学习者的自主性主要体现在由他们自己做出决策，而且这种决策要涉及学习的各个方面和全过程，所以汉语国际教育师资一定要在教学实践和教学具体实施阶段，都要设法给学生们创造机会使他们自己做出学习决策。

我们认同这种对自主性的界定和分析，以及这里所体现出的对学习者有能力具备学习自主性的信心，这种对学生自主性的认识在有关的学者那里也得到了广泛的认同。"Holec 对自主性的界定有着广泛的影响。Bergan（1990）就比较认同 Holec 关于自主是一种能力的观点，认为自主学习的特点是学习者乐意自我管理学习，以服务于个人的需求和目的。这要求学习者有能力并愿意独立自主，而且作为一个富有社会责任感的人与他人协作。"（丁安琪，2010：158）学习者具有自主性是一种能力，同样汉语国际教育师资发挥学习者的学习自主性也是一种能力，培养他们掌握这种能力也是促进教师专业发展的重要内容。

3.1.1.2　汉语国际教育师资在充分发挥学习者学习自主性中的作用

尽管我们提倡充分发挥学习者的学习自主性，但是这并不等于对学习者的学习可以放任自流，因为他们并不能天然地就具备作出正确学习决策的能力，汉语国际教育师资在帮助学习者有能力顺利进行自主学习的过程中有着至关重要的作用。"即便是在我们所讨论的自主学习中，或者说在提高学习者自主性的学习中，教师的作用也不可忽视。在学生自主学习的过程中，教师可以帮助学生制定计划，给他们提供学习材料；协助他们对自己的学习进度及学习效果进行评估。教师还可以通过个人魅力影响学生，增强学生学习动机等。"（丁安琪，2010：162）汉语师资在充分发挥学生的自主性时，是可以有多方面的作用和有着多方面的工作要做的，所以学生们开展自主学习时并不等于汉语师资就无事可做了，相反仍然有许多工作要做。

汉语国际教育师资如果能够充分发挥学习者的学习自主性，可以给学生们的学习带来别开生面的良好效果。例如，在小组学习中"如果教师让各小组自己选择学习内容、目标、方法，自定学习步调（正如小组调查法和小组辅助教学法所强调的那样），自我监控合作情况（正如小组调查法和共同学习法所强调的那样），在制订基本分、成功标准时与学生商量，学生就会感到'这是我自己的选择，我必须对我的小组负责'，从而更加努力地完成任务。"（伍新春、管琳，2010：227）可以看出，汉语国际教育师资在学生学习的过程中是要充分放手的，要放手让学生自己去选择并作出决定，但是汉语师资在此过程中并非无所作为，他们可以在学生学习过程的起始和关键阶段与学生商量和帮助学生进行决策，同时在学生学习的各个环节鼓励他们，帮助他们确定正确的学习决策和操作，帮助他们克服学习中的困难和障碍，在这些方面教师都是可以发挥其作用的。

3.1.1.3 汉语国际教育师资提升自身发挥学习者学习自主性的能力

汉语国际教育师资想要充分发挥学习者的自主性，就要调整自己以往已经习惯了的、经常采用的教学方式，采取减少介入学习者学习的教学策略。有学者就指出："教育是一个提供帮助的行业，教师常常不可遏制地去帮助遇到困难的学生，不论是在概念理解上，工作完成上，或与组员合作上。但是，德尚和欧利里（Dishon & O'Leary，1998）指出，因为干预，'我们拒绝了给学生提供从失败中和从他人身上学到东西的机会。而且我们经常过度劳动，让人筋疲力尽'"（Jacobs，Power & Loh，2005：110）。教师对学生的呵护，如父母对孩子一般，很有可能会形成过度保护，教师的"包办代替"会弱化学生依靠自己解决问题的能力，阻碍了他们创新能力的发展，对学生的成长发展是十分不利的。在学生们开展小组活动、合作学习时教师应该避免过多的介入和干预，同时也要做好自己应该做的但与传统教育教学工作形态不同的工作。

汉语国际教育师资要提升充分发挥学习者学习自主性的能力，就要充分认识和了解自主学习的实质、意义和作用，尤其重要的是他们要明确自己在学生自主学习的过程中应扮演的角色和应发挥的作用。所以，汉语教学师资要注意自己的一切教学行为的最终目的都是为了使学生能够在学习的过程中走向独立，以此为宗旨加以贯彻并通过在教学实践中的不断探索，他们就能够提升自己在这方面的能力。例如，为了建立学校与学生家庭的良好沟通关系，教师可以让学生参与家庭事务，为家长提供帮助，在这方面可以提出的任务如：让学生进行家庭旅游计划相关信息（旅馆、航班、旅游景点等等）的搜集；再如：教师还可以布置学生完成家庭购物、修建、外出用餐等等活动的策划，调查学校周边的情况等等一系列的任务。通过让学生们完成类似这样的一些任务，汉语国际教育师资在培养学生学习自主性的同时，也提高了自己在这方面的能力。

### 3.1.2 汉语国际教育师资发挥自身教学创造性能力的发展

#### 3.1.2.1 在教学中汉语国际教育师资发挥自身创造性的必要性

语言教学的目标是培养学生的交际能力，而能力的培养并不能像知识教学那样机械地照本宣科（其实现在知识的教学也早已不再是照本宣科了），而是要由学生亲身参与交际操练，由教师纠正学生的偏误，逐步发展学生正确的理解和表达能力，因此教师在教学过程中要面对事先无法预知的学生的各种偏误和问题，灵活地进行处理。有学者论及了语言教学中教师要发挥教学创造性的原因："在科学性基础上教学方法和课堂活动要灵活多样，综合运用，互相补充。只要效果好，使用容易，能激发学习者的兴趣的都是可取的。要针对自己的学生和不同的教学情景做调整，让教材、课程设计、内容、方式方法为教师服务；教师为学生服务。因此教师要有创造性，如创造性地运用教材，创造性地组织课堂活动，创造性地把所有的学生都发动起来，使他们都进入对语言学习或习得的状态。"（温晓虹，2008：272）汉语国际教育师资在教学中发挥创造性，最为根本的目标是为了更好地完成教学任务，所发挥的作用是能够更好地服务于学生的语言学习。

提倡汉语国际教育师资在教学中充分发挥其创造性，实际上也是为了使他们能够摆脱传统上单一的知识传授者的角色和作用，从而成为一名创造性教师。"创造性教师成为适应多种新角色的'博而不精的人'。这些新角色包括，敬业的教练，经验丰富的导游，启蒙的学者，聪明的法官，智力的催化者。"（Ng，2005：18）在世界各地蓬勃开展的汉语国际教育要面对多样化的学习者，就更需要汉语师资能够成为这样的多重角色,这样才能够更好地适应当地教学的需要,同时也可以更好地完成自己的专业发展。

3.1.2.2 汉语国际教育师资发挥教学创造性与发挥学生创造性密不可分

汉语国际教育师资要想具备能够发挥自己创造性的能力,首先并不是要处处凸显自己的创造性作用,而是要努力支持学生们开展创造性的活动。"创造性教师必须支持(work with)学生的学习活动,而不像权威教师一样,阻碍(work against)学生的学习活动。"(Ng,2005:21)传统上带有权威性的教师往往强化的是自己的创造性,而忽视学生们创造性作用的发挥,这样一来教师的创造性倒是发挥充分了,但学生们发挥创造性的机会就被挤占和剥夺了,所以教师创造性的发挥首先要体现在充分发挥学生们的创造性上,这也是在这方面的一个重要的衡量指标。

汉语国际教育师资要想努力成为创造性的教师,既要充分发挥学生在学习过程中的创造性作用,当然也要有能力使教学能够在被掌控的情况下顺利地进行。有学者提出:"支持而不是阻碍学生学习活动的创造性教师在爱护学生和维护纪律之间保持一种微妙的平衡。他(她)赢得学生的尊重和信任,使学生感到是意志自由的人,而不是受控制的人。这个归功于学生的心理安全感,心理安全感是提高创造力和学生冒险倾向的关键因素。"(Ng,2005:22)汉语师资必须宽容地看待学生种种不同寻常的创造性行为和成果,这样才能给学生创造出一个安全地发挥其创造性的环境,同时教师的掌控作用也是这种安全性环境建构的重要组成部分。

3.1.2.3 汉语国际教育师资发挥创造性与发挥学生的自主性密切相关

要想发挥学习者的创造性,汉语国际教育师资就要提供给他们一些创造的空间,要发挥学习者的创造性就要使他们能够在教学过程中(特别是在课堂上)有机会发挥其自主性。有学者就提出:"当创造性教师为学生创设了创造性课堂学习气氛后,他(她)应该悄悄地走开,发挥创造性问题解决过程对学生的吸引力。只有当学生需要帮助时，他（她）才能进入。"（Ng，2005：25）所以，我们认为教师在教学的过程中要发挥其创造性与发挥学生的创造性是密切相关的，而这又与发挥学生的自主性密不可分，学生们获得了学习的自主性才能充分发挥自己的创造性，他们也就能够更加愉快地和更加乐于投身到学习之中。

只有创造条件充分使学生享有学习的自由和自主，他们才能形成在学习上的主动性和能动性，汉语国际教育师资也才能发挥出自己的创造性，更好地完成自身的教学任务。有学者提出："创造性课堂上，学生认为自己是一个意志自由的人，而不是受控制的人（pawn）。一个意志自由的人在参与某些活动中能体验到内心自由的感觉。即他（她）参与学习活动是因为他（她）希望、喜欢和高兴等等。"（Ng，2005：17）汉语教学师资也可以由此受到启发，首先使自己成为意志自由的人，不要受传统的教学习惯的束缚，这样才能具备发挥创造性的能力，同时把自身教学创造性的发挥建立在使学生们发挥自主性的基础上，与学生们的自主性捆绑在一起，形成教与学具有一致努力方向的利益共同体。

## 3.2 汉语国际教育师资提升学生群体化技能能力的培养

在教育教学过程中发挥学生群体化的作用，已经成为当前学校教育的主要潮流。有学者就群体化问题指出："群体化过程是 21 世纪学校教育的前沿问题。群体技能和协同工作是敏感性教学（Sensitive teaching）[①]、创新课程和合作学习的基础。"（Schumuck & Schumuck，2006：前言Ⅲ）可见，学生群体化技能的发展是当前许多新型教学方式得以顺利进行的重要条件，汉语国际教育能够顺利开展也离不开教学班级中学生群体化技能的养成，因此培养汉语国际教育师资提升学生群体化技能的能力也是十分重要的。

---

[①] 指在教学中对学生做出敏感的、随机的、主动的回应。——原译者注

### 3.2.1 汉语国际教育师资建立良好的班级群体能力的培养

目前绝大部分的汉语国际教育的教学活动与其他领域的教育教学活动一样，是在班级制教学的课堂上进行的，因此汉语国际教育师资就面临着建立良好的班级群体以保证教学顺利开展的重任，可是班级群体内部的结构并不是单一的而是有其自身的复杂性。"班级的社会结构由正式和非正式的规则组成。正式的规则即指教师、学生、管理者和家长的官方规则；非正式规则是指领导者、朋友、被孤立者和被拒绝者的非官方规则。"（Schumuck & Schumuck，2006：37）这正式与非正式的两部分规则共同构成了班级群体的行为规范，是教师在建立班级群体时不能忽视的，如果只侧重或偏向某一方面都会带来不利的影响，这样一来教师所建立的班集体将会存在缺陷，其中的隐患很可能会在其后的教学进程中爆发出来，从而对教学造成不利的影响。

建立怎样的班级群体，教师可以有不同的选项，教师行为取向的不同也会形成不同的结果。在正式与非正式的交往之间保持合理的比例，是建立有利于教学的理想班级群体的良方。"班级生活的一个显著的功能就在于教师认定的正式和非正式交互作用的比例是合理的。着重强调官方课程和管理纪律规则的教师通常不会鼓励学生的开放性，也不会证明学生差异的价值。寻求与学生有更多非正式交互作用的教师倾向于鼓励对个体差异给予更多的正确评价，强调一个更为宽松的群体气氛。"（Schumuck & Schumuck，2006：37）这里所强调的是教师要与学生更多地进行非正式的交流，在这种交流的过程中教师对学生的差异加以认可并进行正面的评价，这样所带来的班级群体中宽松的气氛会使所建立的班集体是较为理想的，所以教师在班级中开放和宽松地对待学生是非常重要的，在汉语国际教育师资培养过程中要注意使他们具备这样的意识与能力。

汉语国际教育师资要有能力利用教学班级中学生之间的非正式关系，提高教学班级中学生群体化的能力。"在班级里，非正式特征即影响方式或学生相互之间的关系被散发开来。这些非正式的关系经常与正式过程执行的方式有着重要的关系,其中很多被认为是一种情感上的支持,能提高班级的群体化过程,如彼此拥有的朋友数量或相互帮助、相互鼓励的愿望。"(Schumuck & Schumuck,2006:40)汉语教学师资充分利用班级中学生群体的非正式关系,对在班级群体中开展依托于群体性活动的正常教学是十分有利的,教师所发起和推动的学生之间相互的积极影响和作用同时也可以带来良好的班级建设结果。

### 3.2.2 汉语国际教育师资利用学生群体帮助学生心理成长能力的培养

学生的群体化技能实际上是他们心理发展和心理成长的重要组成部分。作为学习者非智力因素的重要组成部分的健康心理,也是学生获得学习成功的重要影响因素。"学校中同伴群体生活是发展学生自我概念的一个重要部分。当学生所处环境中的核心人物以支持的方式回应学生时,学生健康的自尊能够得到提高。"(Schumuck & Schumuck,2006:28)在汉语国际教育的课堂上同样也需要关注学生的心理成长,而利用班集体发展学生的群体化技能也是汉语国际教育师资应有的重要职责,这也会有利于汉语国际教育的顺利开展。

人们有着强烈的需要得到他人认可的共性心理需求,而学校教育中的班集体是获得这种心理满足以便达成学生心理成长的重要场所,同时也提供了促进和帮助他们心理健康发展的良好契机。班级的环境对学生心理发展和人格成长都有着重要的作用,实际上对所有的人而言社会群体对他们的心理健康成长都是重要的。"所有不同年龄阶段的人,事实上,都依赖于他人对自己的满意和奖励,这有助于他们感觉到这样做是值得的、受人尊敬的,还依赖于他人对自己的惩罚和不赞同,这让他们认为自己的行为是不适当、没有价值的,从根本上说,他人既能使个体感觉到可靠和快乐也能感到疏离和不开心。"(Schumuck & Schumuck,2006:28)充分发挥和利用好班级群体在学生心理成长、人格完善甚至世界观建设等方面的作用,有助于汉语国际教育的顺利开展,在汉语国际教育师资培养时应当注重他们在这方面相关能力的培养。

### 3.2.3 汉语国际教育师资帮助学生发展良好同伴关系能力的培养

在教育教学的过程中师生关系固然重要，但这是从教师的角度比较容易形成的认识，可在学生那里却并非如此看待此事，对学生而言，同伴之间的良好关系更为重要。"学生视教师角色为指挥和控制他们的行为，给他们布置工作。学生关注的是他们在同伴群体中所处的位置，而不是工作本身。事实上美誉同伴的社会关系是在教师和学生描述中都提到的日常程序中的一个重要的方面，但是学生把他们与同伴之间的关系看得比教师所认为的更加重要。"（Schumuck & Schumuck，2006：29）教师必须敏感地认识到学生群体内部关系的重要性，教师在开展教学和组织学生的学习活动时，必须利用好学生群体中间的这种关系，充分发挥学生同伴互助的作用。有学者建议："教师也可以创造环境让汉语水平高的学生为汉语水平稍低的学生提供学习帮助。根据社会文化学理论（Vygotsky，1978），这种互帮互助的学习进程对于帮助者和被帮助者的学习都是有益的。"（廖建玲，2013：85）汉语国际教育师资在汉语教学中还可以利用交互性的课堂教学方式，这对创造机会在学生群体中充分利用他们之间的同伴关系也是十分重要的[①]。

实际上无论在学校还是在校外，学生之间的接触时间和机会都要远远多于师生之间，学生群体中的同伴关系有着教师所难以取代的特殊作用，"当学生们相互之间给予和获取信息时，他们学到了与他人感情相通的、互利互惠的或咄咄逼人、带有敌意的、有社会隔阂的相处方式。同伴还可以相互帮助形成态度、价值观、志向和社会性行为。"（Schumuck & Schumuck，2006：30）学生同伴之间的这种特殊的关系是建立在特殊的情感关系基础上的，学生个体与同伴之间的

---

① 有关交互性教学方式在汉语教学中的重要作用，可以参看本文作者的论著《汉语初级口语课交互性教学方式》（知识产权出版社，2015）。

关系处理得不好，也必然会影响他们的学习，所以汉语国际教育师资要帮助他们获得与同伴建立良好关系的能力。

汉语国际教育在世界上许多国家和地区开设的初期通常是作为选修课而存在的，教师有时还要面临不同于固定班级制的"走班制"的教学情境①，所以汉语师资在汉语教学班级的内部培养学生的群体化技能和建立学生同伴之间的良好关系，对于汉语教学的顺利开展都有着重要的影响。

## 3.3 汉语国际教育师资帮助学习者有效学习能力的培养

汉语国际教育在世界上的顺利开展，离不开提高学习者的学习效率和效果，学习者的汉语学习取得了良好的实效，也可以使他们更有兴趣并坚持下去。所以帮助学习者获得有效的汉语学习成果就成为汉语教学取得成功的关键举措，而培养汉语国际教育师资具备帮助学习者有效学习的能力也成了培养工作取得成功的关键。

学习者能够有效学习所涉及的方面很多，在此主要关注的是培养汉语国际教育师资在帮助学习者有效学习方面的能力，因此主要论述两个方面：培养他们提升学习者合作与交流技能的能力，以及培养他们帮助学习者建立有效学习策略的能力。

### 3.3.1 汉语国际教育师资提升学习者合作与交流技能能力的培养

在语言的交际实践中，交际者之间的合作是交际获得成功的决定性因素，

---

① 汉语国际教育中的课堂教学，特别是利用任务型语言教学方式开展的教学，需要利用班级中学生同伴之间的互助合作，"走班制"的教学组织方式对班集体的固化和学生群体化技能的建立可能带来不利的影响，如果出现这样的情况，汉语国际教育师资就更有必要掌握相关的培养学生群体化技能的能力。

同样在语言学习中学习者之间的合作也是学习获得成功的前提和基础,师生之间和生生之间的互动性交流在语言学习中有着关键性的作用。但是语言学习者合作交流的能力并不是天然就具备的,需要教学者的精心培育。

对汉语国际教育师资而言,培育学习者在汉语学习过程中的合作交流能力也是不容回避的任务。有学者论及了任务型语言教学方式对学习者的合作交流能力的提升作用:"学生在与同伴的交流中学会合作学习、独立思考,在互动中学会交际。学生通过完成任务,在真实或模拟真实的情境中综合运用他们以前所学习的语言知识,创造性地使用语言。当学生需要运用他们以前所学习的语言知识去表达时,语言知识才能内化为运用的能力。这些体验与认识会促使他们继续努力,成为真正的自主学习者。"(龚亚夫、罗少茜,2006:30)学生的合作交流能力对他们语言学习的成功有着重要的作用,这种合作也可以促进他们各自的自主学习,使他们的语言学习步入良性循环的轨道。

可以看出:在任务型语言教学方式中[1],学生所需完成的语言学习任务相对于单项语言技能的训练而言是"综合性"的[2],相对于模仿性的语言技能训练而言是"创造性"的。在汉语国际教育师资利用任务型语言教学方式开展汉语教学时,在教学设计中就要布置给学生只有通过合作才能完成的任务,这就迫使学生们使用所学的目的语进行交流,因为完成任务的最终成果要体现为汉语输出,从而在完成语言学习任务的同时也促进了他们使用目的语开展合作交流能力的提升。

在采用任务型语言教学方式时,完成语言学习任务的全过程对学习者的合作交流能力都会有促进作用,例如:在学习者完成学习任务进入最终的报告合作

---

[1] 有关任务型语言教学方式的作用以及与汉语国际教育师资培养的关系,可参看本书第六章的相关论述。
[2] 在海外开展的汉语国际教育中,由于新拓展的汉语教学领域大多属于面向社会大众或中小学生的非专业性、普及型、速成性的汉语教学,因课时等教学条件的限制,大多数所开设的课程类型属于入门或初级的综合性汉语课程,因而任务型语言教学方式是比较适宜于海外汉语国际教育的教学情境的。

成果阶段，也仍然是可以促进合作交流技能提升的良好契机："策划报告是一个合作学习的过程，需要其他成员积极参与，需要有人提供建议，有人撰写报告，有人校对文稿，尽量使语言准确、得体，体现不同交际语码的语体风格。"（程可拉，2006：109）可见，任务型语言教学方式以及类似的教学方式是促进学习者合作交流能力提升的较佳途径，在汉语国际教育师资培养的过程中应当使他们能够借鉴或掌握任务型语言教学方式以及其他同样能够培养学习者交际能力的教学方式，在完成教学目标的同时还可以提升学习者合作与交流的技能。

### 3.3.2 汉语国际教育师资帮助学习者建立有效学习策略能力的培养

学习策略在获得学习成果中的重要作用自不待言，利用好学习者这一非智力学习因素对汉语国际教育也是十分重要的，但是学习策略并不能由学习者自主生成，因为学习者选择和建立适合其学习需求的、有针对性的学习策略需要教学者的帮助和引导。

要想帮助学习者选择合适的学习策略，汉语国际教育师资首先就要了解有效的学习策略，才能提出有针对性的建议。有国外的学者们提出了一些有效的学习策略："奈曼等人（Naiman, et al., 1978）的研究……表明，善学者共同使用的策略有五种。一、对待学习任务态度积极，能够主动地为自己创造机会。二、对语言的系统性特点有足够的认识，积极探索母语和第二语言的系统联系，利用语言规则进行猜测。三、积极使用所学语言进行交际和互动。……四、知道学习语言时会出现情感问题，并采取各种方法积极面对。……五、监控自己的语言表现，注意改正其中的错误。"（刘颂浩，2007：203）选择有效学习策略的能力，是汉语国际教育师资在建立学习策略方面能够起到帮助汉语学习者作用的主要体现。确定学习策略的有效性也需要有一定的标准，有国外学者认为确认学习策略是否有效要结合具体的学习环境："厄曼等人（Ehrman, et al., 2003：315）明确指出：'策略在本质上是中性的，无所谓好坏，除非把它放入特定的环境来考

## 第三章 汉语国际教育师资发挥学习者作用能力的培养

察。只有符合下面几项条件,才能认为是有用的策略:一、这一策略和正在完成的任务密切相连;二、在一定程度上,这一策略和学习者的学习风格互相吻合;三、学习者能够有效地运用这一策略,并且能够把它和相关策略联系起来。'"(刘颂浩,2007:204)学者们在这里提出的"几项条件"可以认为是确定学习策略有效性的几项标准,虽然这些标准不一定是不可更改的,也并不是只有这几条标准,但是可以作为汉语国际教育师资的参考。

由于学习策略的众多,就有必要对它们进行分类,这是便于教师和学生掌握学习策略的良好方式。有国外学者提出了对学习策略分类的一种认识:"窦恩印(Dörnyei,2005)对常见的分类方法进行综述后,认为可以将学习策略分为四种:一、认知策略,用以控制学习材料和信息,比如重复、总结、使用图表等。二、元认知策略,用以管理认知过程,主要包括对学习的规划、监控和评估等。三、社会策略,是一种人际行为,意在增加第二语言交际和练习机会。比如主动和母语者搭话、与同学合作等。四、情感策略,用以控制情感因素。"(刘颂浩,2007:204—205)从此处对学习策略的分类和举例中可以看出,学习策略也应是学习者认知因素的重要组成部分,汉语国际教育师资在发挥学习者这方面因素的作用时,不能忽视对于学习者掌握有效学习策略的培养。有学者认为学习策略的培训与日常的教学活动结合起来可以达到良好的效果:"策略培训需要包括这样几个方面,说明某一策略什么时候有用,使用方法如何,怎么评价使用效果,如何把这一策略迁移到相关任务和环境中。如果策略培训能够和日常教学有机地结合起来,效果最好(Ehrman, et al., 2003)。"(刘颂浩,2007:208)学习策略的培训与日常教学相结合可以给学习者带来直观的感受和切身的体会,更易于他们掌握。但学习策略最为主要的是要在学习的过程中运用,而在运用过程中能够灵活地调整实际上也是一种重要的策略:"善学者会灵活地对学习策略进行调整,并不拘泥于某一种甚至某一套策略。"(刘颂浩,2007:204)不拘泥的态度和灵活调整的能力体现着对学习策略的真正掌握,而这实际上也是对包括语言技能在内的任何技能真正掌握的标准。

对学习策略的真正掌握的标准也可以给我们的汉语国际教育师资培养工作带来启示，在培养师资发挥学习者在学习过程中积极作用的过程中，也要注意使他们拥有不拘泥的态度和灵活调整的能力，这样我们的师资培养工作才是成功的，方可对汉语国际教育事业的发展有所贡献。

## 3.4 汉语国际教育师资激发学习者学习动机能力的培养

激发学习者的学习动机对顺利开展汉语教学至关重要，同时这是汉语国际教育师资应当培养的重要能力，要培养他们充分认识到学习者学习动机的重要作用，培养他们在激发学习动机上积极主动地有所作为的能力以及通过创造性的工作激发学习者内部动机的能力。

学习动机对于学生取得良好学习效果的重要性自不待言，而且在语言学习方面学习动机的作用尤其突出。"Gardner 和 Lambert（1972）认为，语言学习动机与其他学习动机具有质的不同，因为语言学习远比掌握一项技能或知识要复杂得多。不仅如此，语言学习者对目的语文化与目的语人群的态度对他们学习目的语的动机会有显著影响，并直接影响他们的语言学习效果。"（丁安琪，2010：2）由语言学习的特殊性带来的学习动机突出的重要性，在汉语国际教育的海外教学实践中有着明显的反映，有些国家的学生学习动机不强所导致的课堂管理问题非常严重，学生违反课堂纪律的现象非常普遍，教师的汉语教学难以顺利开展。因此，激发学习者汉语学习动机的能力在汉语国际教育师资培养中就显得尤为重要。

### 3.4.1 培养汉语国际教育师资充分认识学习者学习动机作用的重要性

动机是人类心理的重要因素，也是心理学理论中的重要概念。对于"动机"这一概念，有学者总结为："动机（motivation）是不能直接观察到的主观体验，是指激起一个人去行动或抑制主观行动的一种意图、打算或心理上的冲动。动机是引起人去行动或者抑制这个行动的一种内在原因,是直接的推动力量。"(Good & Brophy,2002:290)动机与行动有着非常紧密而直接的关联,学习行为与动机也同样有着密切的关系,学习行为的开展也必然与学习动机紧密相连。

对于学习动机这一概念,有国外学者给出的定义是:"学习动机是学生发现学习活动有意义,并努力从活动中获得预期的学习成果的一种倾向。与主要作为对活动的情感反应的内在动机相反,学习动机主要是一种认知反应,要求学生领会活动意义,理解活动中形成的知识,并把这些知识与原有知识联系起来,掌握活动技能。"(Good & Brophy,2002:327)可见,学习动机是实施学习行为和完成学习任务的重要心理因素,是学习者愿意学习的起始动因,也是带来学习者持续学习动力的根本原因。

动机形成之后的进一步发展所形成的动因,把动机与人们进行实践的具体行为策略联系了起来。"心理学家从传统意义上讲是把动机概念用来解释行为的主动性、方向、强度和坚持性的。动因(motive)是构建来解释人们为什么在做他们正在做的事情的一个概念。动因把相关的目标(goal)概念(某种连续行为的直接指向)和策略(strategy)概念(用来达到目标因此实现动机或至少是对动机作出反应的方法)区分开来了。"(Good & Brophy,2002:294)可以看出,仅仅有行动的目标是不够的,人们需要有动机以及进一步的动因,才能真正有动力参与实践,投身具体的行动。汉语学习也是同样的,仅仅有学习好汉语的目标是远远不够的,激发起学习者的动机才能让他们真正有效地开展他们所期望的学习。

在汉语国际教育的师资培养中,培训者要有意识地引导受训师资充分认识到动机在学习中的重要作用,这实质上也是重视学习者因素的重要性,贯彻的是"以学习者为中心"的教学理念。

### 3.4.2 培养汉语国际教育师资在激发学习动机上积极主动地有所作为的能力

仅仅依靠学习者个体自己的努力，独自完成动机的形成是困难的，尤其对于汉语国际教育中经常面对的低龄学习者（小学生，甚至幼儿园的儿童），没有汉语师资的主动引导，形成和保持学习汉语的动机是很困难的。但是，如果汉语师资能够有所作为，目的明确、积极主动地去激发学习者学习汉语的动机，所取得的成果将使汉语教学的效果事半功倍。"最近十几年来发表的动机研究成果有不少都跟社会环境有关。他们根据不同的研究目的，提出了一系列影响动机的社会环境因素，如社会文化影响、教育背景影响、教室环境、同伴关系、教师的教学风格与教学方法、教学材料与教学内容、任务设计，等等（McInerney & van Etten, 2004; Volet & Järvelä, 2001 等）。"（丁安琪，2010：36）可见，动机的激发除了学习者的个人因素以外，还要涉及这样多的社会环境因素，必然要求教师整合和利用好这些社会环境因素，使之更有利于学习者汉语学习动机的激发。从汉语国际教育海外教学的实践来看，经过受训师资的努力，学习者的动机是能够逐步地被激发起来的，汉语教学师资是可以在这方面有所作为的，并且能够取得良好的效果。"教师对学生动机的影响是多方面的，从教师的个人品质、言语及非言语行为到他/她的课堂管理活动等都会直接影响学生学习动机的形成。教师要想增强学生的学习动机，一个重要因素是要跟学生建立良好的关系，要与学生相互信任、相互尊重；另一个重要因素则是热情。教师对教学越投入，学生就会越热爱这门课程。"（丁安琪，2010：27）这段论述从另一个角度看也可以认为，教师有机会在许多方面对激发学习者学习动机有所作为，当然，这也对教师提出了更高的要求，一方面要做好自己的教学工作，另一方面还要在建立与学生的良好关系上下功夫，这些都是激发学习动机的重要基础。

帮助学习者取得学习上的成功，也是维持学习动机的重要途径。有学者提出：

"期望×价值的动机理论①意味着,教师既需要帮助他们的学生欣赏学校活动的价值,也应该确保如果学生作出了合理的努力的话,就会在这些学校活动中取得成功。"(Good & Brophy,2002:296)汉语国际教育师资在教学中,除了努力完成好自己的教学任务,还应当有意识地以激发学习者动机为目的想方设法使学习者获得学习的成功,以学习的成功来激励学习者获得更多的学习动机。

### 3.4.3 汉语师资通过创造性的工作激发学习者内部动机能力的培养

动机应当是由学习者自身内部自主生成的,而不是由外部强加给学习者的,特别是不应当由教师强加给自己的学生。很多汉语教学师资都是在强化竞争的教学环境成长起来的,但是在这种教育文化的背景下很难意识到内部学习动机的重要性,而且可能难以意识到从外部所强加给学生的学习动机会妨碍和破坏他们自主形成内部真正的学习动机。

对于内部学习动机能够发挥学习者创造性的重要作用,有学者指出:"内在动机是创造性工作的关键,但不幸的是,它就像柔弱的花朵,很容易被外在的竞争性和表现取向的环境破坏。创造性教师应该通过在课堂上引发学生的成就心理状态解决这个问题。"(Ng,2005:115)看来,学生很不容易形成的内部学习动机是脆弱的,需要汉语国际教育师资认真对待、小心呵护。还有学者提出:"实际上,内部动机强的学习者更关注如何采用一种能让自己感到满足,并符合自己实际水平和能力的方式把语言学好。与外在动机强的学习者相比,这些内在动机强的学习者更愿意参与到有效的、创造性的思维过程中,使用更多的策略来

---

① 对于这种理论,有学者概括为:"习得动机方法可以用期望×价值(expectancy×value theory)理论来表示。这个理论认为,人们愿意对完成任务所付出的努力是下列两方面的产物:①他们期望成功完成任务的程度,如果人们专心的话(然后会获得任何成功完成任务所带来的奖赏)。②他们珍视这些奖励的程度。努力的付出被看作结果而不是期望与价值因素的总和,因为如果这两个因素缺了其中的一个就根本不可能对完成任务付出努力。"(Good & Brophy,2002:296)

解决遇到的问题。"（丁安琪，2010：35—36）内部动机强使学习者能够更为积极主动地开展学习活动，可以获得更好的学习效果。在培训汉语国际教育师资的时候，可以重点帮助他们掌握通过设计创造性的教学任务完成学生内部学习动机培育目标的能力。激发动机的具体做法可以是："运用有趣的主题，故事线索和场景。设计混乱和引发沉浸的任务。设计跨学科和目标明确的计划。课程与学生的日常生活相联系。保证学生完成预定活动需要的知识、充足时间和资源。最后，运用各种创造性评价量表评价学生的创造性表现。"（Ng，2005：115）鼓励学习者充分发挥自己的创造性，是激发他们学习动机的良好途径，汉语国际教育师资应当掌握这里所建议使用的操作策略，在教学实践中探索出适合教学对象和自身情况的具体教学对策。

## 3.5 汉语国际教育师资发挥学习者非智力因素作用能力的培养

学习者非智力因素的作用在语言学习的过程中有着重要的意义，因此培养汉语国际教育师资发挥学习者非智力因素作用的能力是十分重要的，应当引起培训方的高度重视。在语言学习中发挥作用的学习者非智力因素是多方面的，汉语国际教育的师资培养工作需要帮助受训师资掌握的发挥这些非智力因素作用的能力也是多方面的。这里主要想探讨的是：培养学生建立学习自信心的能力、帮助学生战胜恐惧激发潜能的能力、激发学习者适度竞争的能力、提高学习者参与度的能力等。

汉语国际教育师资应当具备帮助学习者克服学习过程中心理障碍的能力，为此要培养汉语国际教育师资帮助学生建立自信心的能力，使教师有能力通过自己的行动影响学生的心理和行为，在思想意识层面树立学生的自信心，并且给学生提供充分的机会获得成功从而使他们获得自信心。还要培养汉语国际教育师资

# 第三章 汉语国际教育师资发挥学习者作用能力的培养

有能力帮助汉语学习者去战胜对学习失败的恐惧心理,以便能够充分发挥学生们学习汉语的创造性潜能。

汉语国际教育师资培养工作要重视培养他们在汉语教学的过程中发挥学习者作用的能力。在利用竞争性游戏活动开展教学时,汉语师资要注意避免过分强化竞争可能会带来的不良后果,要使他们能有意引导学生把注意力放在竞争的过程上,引导学生们体验学习过程中的乐趣。还要培养汉语国际教育师资提高学习者教学活动参与度的能力,使他们有能力通过增强学习者学习责任感和自主性提高学习者的参与度,有效地发挥学习者在汉语学习中的作用。

### 3.5.1 汉语国际教育师资发挥学习者非智力因素作用的重要意义

以往国内的语言教学与其他学科的教学一样,都非常重视学习者智力因素的作用,这是传统的认为学习主要依靠智力因素的认识所形成的偏差,这种认识认为智力因素是学习的决定性因素甚至是唯一的因素,对其他的相关因素却比较忽视甚至完全忽略不计。但是新的有关研究发现,学生们仅依靠智力因素是不能完成学习任务并达到学习目标的,智力因素甚至不能列为学习的决定性因素,这在语言学习和语言教学中尤为明显。对此有学者指出:"传统的语言教学始终强调语言知识的理性教育,而对语言学习中的情感因素不加理会,仿佛唯有提高智力才能掌握目的语。然而关于语言学习的研究证明,第二语言的习得跟与另一种文化集团认同的强烈愿望以及解除自我羁绊的自觉努力有密切的关系,智力和才能的因素不是决定性的,情感上的积极态度才是必不可少的。"(章纪孝,1994:50)可见,学习语言除了要涉及对语言因素的学习外,还涉及对文化因素的理解和学习,所以作为非智力因素之一的情感因素在语言学习中起着不容忽视的关键性作用。

汉语国际教育要面对大量非成年的幼年或青少年学习者,非智力因素在这些学习者的学习中起着比成年学习者更为重要的作用,所以在汉语国际教育中充分发挥学习者非智力因素的作用就显得尤为重要，而培养汉语国际教育师资掌握发挥学习者非智力因素作用的能力也就成了不容忽视的重要课题。

在汉语国际教育师资专业发展的过程中，成功发展的师资也必然具备注重学习者非智力因素作用的自觉意识，而且他们在自身发展的过程中也必然会充分利用自身的非智力因素。对于教师非智力因素的重要性有学者提出："与'了解你的学生'紧密相关的是'了解作为教师的自己'。教育研究者一再告诫我们，学习发生在社会环境中（Vygotsky，1986），师生关系对学生的成就十分关键。有效教师同时也是那些自觉培养情商的人（Goldman，1995），他们特别注意自我觉知、自律、社会觉知和关系的处理。"（鲍威尔、库苏玛-鲍威尔主编，2013：21）充分利用学习者非智力因素的能力对汉语国际教育师资自身的发展是非常重要的，同时也是汉语师资充分发挥学习者非智力因素作用的前提，两者相辅相成。汉语国际教育师资经过培养掌握了注重学习者非智力因素的先进教学理念和教学方式，才能够胜任和顺利完成赋予他们的教学任务。

### 3.5.2 汉语国际教育师资帮助学生建立学习自信心能力的培养

在汉语国际教育中汉语是作为一种外语来学习的，学习者在克服学习外语的许多困难时，必然要经常面对心理上的压力甚至会形成心理障碍。当他们在学习汉语的过程中遇到困难和出现偏误时，会给他们带来很大的心理压力[①]，也会影响到他们最终取得学习的成功。

在语言学习的过程中，学习者出现心理压力过大的问题是时常存在的现象，

---

[①] 在语言学习过程中出现的偏误经常是以显性的状态出现，特别是在输出性的表达（口语表达、书面写作和翻译等）中尤为明显，这与作为较偏重接受性的专业知识学习迥然不同，因此在语言学习的过程中学习者要面临比学习专业知识更大的心理压力。在众人面前出现偏误的窘境以及克服语言偏误的压力，对学习者的心理承受能力是很大的考验，也对他们的自信心提出了很高的要求。

## 第三章 汉语国际教育师资发挥学习者作用能力的培养

学习者心理压力的问题需要在学习的过程中去解决，也只有通过他们成功的学习才能缓解和克服心理压力和心理障碍。汉语国际教育师资在开展汉语教学时可以在这方面有所作为，而且这也是他们责无旁贷的任务。帮助学习者建立学习汉语的自信心，就是克服学习中出现的心理障碍的有效措施。"我们知道当学生缺乏自信时，他们达到成功的能力就受到了限制。幸运的是，教师可以为增加学生的自信做许多事。首先保证一个学生在他的测验中做得很不错，接着，让他参与到课堂中，对他进行描述性表扬，并对班里所有学生持高期望值。"（Ciaccio，2005：78）我们认为，汉语国际教育师资可以有许多手段和方法帮助学习者树立自信心，在学习成绩方面的不苛求、正面引导性的期望、众人面前的公开表扬，甚至适度的奖励等等，都是建立汉语学习者自信心的有效手段。在培养汉语国际教育师资的过程中一定不能忽视他们应掌握这方面的能力，要专门进行培养，使他们全面掌握相关的技能，以便在今后的汉语教学实践中能够灵活地运用。

学习的成功在树立学习者自信心上有积极的作用，因此帮助学习者特别是低龄的孩子们获得成功，是汉语国际教育师资帮助他们建立学习汉语自信心的重要任务。学习上不能获得成功会导致很多心理问题的产生，"格林（Greene，1986：85）主张：孩子不成功时，他们可能经历'沮丧及其所带来的一系列令人脆弱的影响——压力、担忧、没有安全感、纪律松弛、害怕、双重人格、低自尊以及不自信。'这些年轻人中有些可能陷于自我否定和学习上自暴自弃的恶性循环"（Ciaccio，2005：91）。同样，汉语国际教育师资帮助孩子们建立学习自信心的关键是要尽全力让他们有机会获取成功，而不是屡受失败的打击。所以，在培养汉语国际教育师资时要树立起他们不苛求教学对象的明确意识，因为汉语国际教育是面向众多学习者而非只是面向精英的普及型教育，如果汉语师资使学生陷入了灾难性的恶性循环，对成功开展汉语教学而言也将是灾难性的。

在班级教学中，总会出现相对而言学习不够成功的学习者（也就是所谓的"后进生"），帮助他们建立学习自信心是汉语国际教育师资成功开展教学所要面临的关键问题[①]之一。有学者提出了解决这个问题的策略:"教师可通过澄清对学生的期望而创设一种积极的成功期待。害怕失败有时只是因为害怕未知的东西。由于学生会被行为表现要求和评价标准的详细讨论弄得不知所措,凯勒(Keller,1987)建议在学生已有准备并能理解要求时逐渐揭示或告诉学生教师对他们的期望。此外还要向学生演示复杂的、看来达不到的目标如何被分解成子目标和小步骤而变得更易于管理。"(德里斯科尔,2008:284)帮助学生化解学习中的困难以及充分表达教师对他们的期望,实际上所树立的就是教师对他们的信心,也是同时在采取具体的行动帮助学生们自己建立起对学习的自信心。汉语国际教育师资通过自己的行动影响学生心理,就是在思想意识层面树立学习者自信心的有效对策。

当然,只是在思想意识层面让学习者获得学习能够成功的信心还是不够的,还必须在他们现实的学习当中获得切实可感的真正成功,那么教师就要给学生充分提供通过他们自己的努力获得成功的机会,以便使他们能够获得切实的成功。但这并不是要求教师打包票让所有的学生都获得成功,有学者对此提出:"这并不意味着学生不应该体验失败。正相反,只要满足如下条件,失败体验也可以是建设性的:(1)在挑战性任务和学习者能力之间有良好的匹配,(2)学习者的行为表现是自我发起的,(3)学习者把失败归因于没有很好地使用学习策略(Clifford,1984)。"(德里斯科尔,2008:284)学习的失败在学习者的学习历程中也有着积极的作用,只是教师要主动引导学生正确地面对失败并通过自己的努力最终战胜失败获得学习的成功,只有这样他们的失败体验才能真正发挥其建设性的积极作用。教师的引导和帮助学生的行为和能力在此都是极为重要的,这也是关系到汉语国际教育事业的成败以及汉语人才培育成功率多少的大问题,

---

[①] 实际上,有国外学者同样提出了相关的问题:"对那些认为自己不能完成某一指定学习任务或如果尝试则害怕失败的学习者,如何树立起信心。"(德里斯科尔,2008:284)

在对汉语国际教育师资培养的过程中对此不能不加以重视。

### 3.5.3 培养汉语国际教育师资帮助学生战胜失败的恐惧并激发其潜能

在汉语国际教育中，汉语国际教育师资只有激发学习者的学习潜能从而使其在学习汉语的过程中发挥其创造性，才能带来良好的学习和教学效果。语言学习的过程实际上就是不断试错和纠正偏误以便最终达到正确理解和表达的过程，在汉语学习的过程中学习者要发挥其创造性就有可能要面临失败的风险。如果学生们在学习汉语的过程中出现了失败，他们就会产生恐惧心理："恐惧失败和否定评价是创造性问题解决过程中情感障碍的例子。这些情感障碍可以追溯到个人关于解决问题的主观情感。一个人头脑中有很好的观点，但是他缺乏在现实中实现它的勇气，因为他（她）对创造性观念产生无理由的恐惧。"（Ng，2005：148—149）汉语国际教育师资要在汉语教学的过程中营造一种激励学生战胜自己恐惧学习失败心理的氛围，这就要求教师要多正面鼓励学生，对他们多进行积极的评价，尤其是对低龄的学习者更要如此。汉语教师这样做了学生才能敢于发挥他们的学习创造性，也才能有良好的学习效果，他们的付出获得了报偿也才能激励他们不断地去战胜汉语学习过程中层出不穷的困难。

要使汉语国际教育师资能够正确地看待学生学习过程中出现的错误，不要视为"洪水猛兽"，要将学生的犯错误视为学生成长过程中必然会出现的现象，并且要积极地发现其中对于进一步学习的有利因素。有国外的学者就认为："犯错误是好事，特别是当我们尝试一些新事物时。这就是我们不仅通过成功进行学习，而且也通过失败来吸取教训，失败保证我们确定什么地方出了错误。我们的同学可能嘲笑我们笨拙，但是他们可能同样羡慕我们，因为我们敢于尝试新事物。"（Ng，2005：150）要想鼓励学生大胆尝试，汉语国际教育师资首先就不能墨守成规，要正确看待和积极引导学生的探索，并给予肯定和正面的评价，同时还要注意引导学生正确看待出错之事。汉语师资的鼓励对出错的学生有着最大的激励和引导作用，师资培训者应当提醒汉语国际教育师资对此建立明确的意识并付诸行动。

要想帮助学生克服自己内心中完成学习任务[①]时的恐惧，汉语国际教育师资可以采取这里所建议的这些措施："创造性教师应该鼓励学生说出从事任务时内心的恐惧，告诉他们这就是阻止他们参与创造性活动的VOJ[②]。他（她）应该要求学生用积极的思考和创造性地想象事物来证实对他们VOJ的破坏性批评。此外，在学生果断地采取创造性活动之前，他（她）应该给他们大量的机会去实践任务。"（Ng，2005：156）在汉语国际教育师资采取了多方面的针对性措施之后，汉语学习者有效地战胜了他们在完成汉语学习任务时的恐惧心理，才能进一步充分发挥他们的创造性潜能，也才能取得汉语学习的良好效果。

### 3.5.4 汉语国际教育师资激发学习者适度竞争能力的培养

在汉语国际教育的教学实践中，利用竞争性游戏活动开展教学是一种常见的教学方式，而且这种方式由于学习者的乐于参与而通常会取得良好的效果。激发学习者适度的竞争对促进学习者学习主动性的发挥有着积极的作用，汉语国际教育师资应当具备激发和利用学习者适度竞争的意识与能力，以便使适度的竞争能推动学习者在汉语学习的过程中更好地发挥他们的作用。

但是在汉语国际教育的特殊教学情境中，过分强化竞争可能会带来不良的后果，特别是在教育文化与中国差异较大的海外教学环境以及中国国内的国际学校等教学环境中，引入竞争要特别慎重，因此我们提出了适度竞争的概念，就是

---

① 例如，在海外汉语教学普遍采用的任务型语言教学方式中，学生面对全班同学或在更大的范围内报告自己或自己小组完成任务的成果时，就需要克服一些恐惧心理，尤其是对于那些缺乏这方面经验的学生。从另一方面看，也正是汉语教学给他们提供了战胜自身面对困难时恐惧的宝贵机会和经历。

② "这种最初你不愿意做的事情，然后你又因为没做而感到后悔的意识流就是你的VOJ。"（Ng，2005：152）

## 第三章 汉语国际教育师资发挥学习者作用能力的培养

为了在进行汉语国际教育师资培养时避免受训师资在教学中引入竞争活动时过分强化竞争，造成竞争中失利的学习者的挫折感，教师经过辛苦努力所建立起来的学习者对汉语学习的自信心（见本书3.5.2）又因受到竞争失败的打击而消失殆尽。因此，汉语国际教育师资在教学中引入适度竞争的机制时，应当注意避免给学生造成过大的压力。有学者就此提出："研究表明，在完成较简单的或中等难度的任务时，压力稍大有利于激发个体的动机，提高个体的效率；而在完成复杂任务时，较大的压力会使个体效率下降，复杂的任务适合在压力较小的情境中完成，而不适合在给个体带来较大压力的竞争情境中完成。"（伍新春、管琳，2010：364）在竞争性活动中引入复杂的学习任务带来的是竞争的激化，因为会有较多的学习者无法或较难顺利地完成学习任务而成为竞争中的失败者，实际上他们就成了强化竞争的牺牲品。避免采用过于复杂的学习任务就可以提高学习者的成功率，这是汉语国际教育师资在引入适度竞争的学习活动时特别要加以注意的。

　　过度关注竞争中所取得的结果，实际上也会导致教师和学生都容易形成过分强化竞争的倾向。在汉语国际教育师资培养的过程中，有必要提醒他们注意引导学生把注意力放在竞争的过程上，并尽力引导学生们体验竞争中的乐趣，把注意力放在参与竞争的过程中自己在学习上的收获，不要只以获取奖励作为竞争的最终目的。对此有学者提出："现在人们普遍认为，竞争不是为了争夺数量有限的奖励，而应该是享受激烈的竞争过程所带来的刺激和乐趣，通过相互比较而增强自己的优势，弥补不足的精益求精的过程。因此，竞争式学习的目标应该是关注竞争过程，尽情体验竞争的乐趣，发现自己的不足，学习竞争对手的长处，而不是关注结果。"（伍新春、管琳，2010：363）在学习者完成汉语学习任务的过程中，汉语国际教育师资应当对他们进行扶持和帮助，并且鼓励和肯定他们所做出的努力，而不是强化对竞争结果的评价和奖励①，这样就可以充分发挥竞争机制促进汉语学习的正向作用而避免造成不良后果。因此，汉语国际教育师资在设计竞争性教学活动时，要控制竞争的激烈程度，尤其注意避免引起学生之间的冲突和敌意等不良后果。例如，在教学设计时汉语师资要注重所安排任务的合理性和公平性，在实施竞争性教学活动时注重奖励的普遍性，以及在进行评价时关注和鼓励学生努力的程度而不是完成的结果等。

### 3.5.5 汉语国际教育师资提高学习者汉语学习参与度能力的培养

学习者在语言学习过程中的积极参与对他们的学习结果影响极大，也是教师能够顺利开展教学的前提条件。语言原本就是人类交流的工具，语言学习同样也需要通过交流才能完成，语言学习的这一特性决定着语言习得仅靠学习者个体难以独自完成，特别是表达性的语言技能（如口语交际技能和书面写作技能等）更是需要他人的及时帮助和纠正偏误。"语言学习的另外一个重要的条件是有交流的机会，即 Willis（1996）所说的'语言使用'（use）。语言习得的研究表明，学习者的参与与语言熟练程度的提高关系极大（Lim，1992）。"（龚亚夫、罗少茜，2006：9）如果学习者不参与或不能有效地参与语言学习活动也就难以有机会、有能力与他人交流，目的语（target language）水平的提高也就难以实现，汉语国际教育师资必须有能力保证在课堂教学以及课外活动的过程中学习者有较高的参与度。

语言学习过程中学习者的参与程度有高低的差别，这也会直接影响到汉语国际教育的教学效果。学习者的参与度不仅包括参与汉语学习学生的数量以及他

---

① 目前在语言教学中所提倡的"过程性评价"就是为了纠正只注重对学习结果进行评价的弊端，因为在语言学习中学生由于背景、条件等情况的不同而在学习起点等方面很可能会存在着差异，以往比较关注结果的评价方式对起点低的学生实质上是不公平的，不利于鼓励他们努力学习，对那些因学习起点高而未经努力就轻易获得奖励的学生的学习发展也是不利的。

们的出勤率，而且还包括他们在课堂内是否真正参与到学习活动之中的程度。而且，汉语国际教育师资还有可能要面对低龄的教学对象，甚至是学龄前的幼儿学习者，吸引他们对汉语学习的注意力以便提高他们的参与度是教师开展教学时的重要任务，因为低龄学习者保持持续注意力的时间极为有限，面向低龄学习者开展汉语教学时不能不考虑他们的心理特点。

汉语国际教育师资在组织安排教学时，可以采取让学生参与教学准备活动的策略提高他们的参与度。有学者认为学生参与教学时可以准备的内容是很丰富多样的："学生的准备应该包括对已学内容、已有知识的复习整理、对新的教学内容的预习、对教师教学准备的参与和必要支持、对教师安排的课前的教学准备活动的完成等。我们必须要求学生参与教学准备，而且学生的参与能大大提高教学效率和教学的针对性。"（鲁子问，2003：25）学生的参与对汉语学习而言有着积极的意义和作用，而且他们在参与的过程中所获得的成就感和主人翁的意识，也是促进学习的非智力因素的重要组成部分。

汉语国际教育师资在教学过程中提高学习者参与度的另一策略，是增强学习者的学习责任感和学习的自主性。在海外的汉语国际教育中通常提倡采用的任务型语言教学方式的目的之一，就是为了增强学习者学习责任感和自主性，在任务型语言教学中许多任务都需要学生们自主地去开发和完成，这就在赋予他们决策权的同时也把责任压在了他们的肩上。有学者建议让学生自己确定学习目标："一些教师在实施任务型教学时，让学生自己确定学习目标，而且这些目标还是可以协商的。学生根据自己的情况，制定出自己的发展目标并用书面的形式写下来。他们根据自己的选择，实现自己的承诺。……因为这些目标和要完成的任务是学生自己确定的，他们朝着自己确定的目标努力。这样，他们就有了自主学习的感受。而正如 van Lier 指出的，当学习者有了自主的感觉时，才能有责任感。"（龚亚夫、罗少茜，2006：19）让学生自主决定学习目标是他们自主学习过程中的一个重要的组成部分，汉语国际教育师资还可以采取促进学生自主学习的其他多方面的措施[①]，其目的都是通过增强学习者学习责任感和自主性提高学习者的参与度，这样也就能够有效地发挥学习者在汉语学习中的作用。

---

[①] 关于促进学生自主学习的其他多方面的有关措施以及任务型语言教学方式在汉语国际教育和师资培训中的作用等，可以参看作者的论著《汉语国际教育师资任务培养方式》（知识产权出版社，2015）。

# 第四章　汉语国际教育师资发挥隐性课程作用能力的培养

像教育教学的其他领域一样，在汉语国际教育中也同样存在着隐性课程，汉语师资应当有能力将其充分利用好。汉语教学中的隐性课程除了范围和内容的广泛，还有语言环境隐性发挥作用的特点，汉语教学师资应当有意识地对此充分加以利用。隐性课程发挥积极的作用需历时较长，汉语教学师资要有耐心等待隐性课程出现效果以便利用好隐性课程这方面的作用。隐性课程的内容很丰富，汉语教学师资在利用时可以有很大的行动空间，需要他们积极主动地探索开发汉语国际教育适用的隐性课程。

在实际开展汉语国际教育时，重视隐性课程的作用应当注意在教学过程中体现"以学习者为中心"的教育教学理念，安排和利用多样化的课程。对社会上各种汉语语言环境的利用也是帮助学生学习汉语的隐性课程，汉语师资应当设法发挥其作用。汉语国际教育师资要注意开发适合于学生汉语学习的各种隐性课程，在汉语教学中加强对隐性课程作用的发挥，以便获得更好的教学效果。

对于汉语国际教育中遇到的低龄汉语学习者，内隐学习（implicit learning）的方式更适于他们的汉语习得特点。内隐学习方式在汉语学习中可以发挥重要的作用，内隐学习有利于对语言用法的掌握，可以促进学生对言语技能的学习。但是汉语教学中的内隐学习也要注意与外显学习的结合，因为外显学习适合成人善于掌握语言规律的学习特点。培训汉语国际教育师资利用内隐学习方式的能力，应充分利用经验交流、案例分析、虚拟现场等有效的方式，依靠现代教育技术完成培养的工作。

## 4.1 汉语国际教育师资对汉语教学隐性课程作用的发挥和利用

提及学生的课程学习，人们通常的概念就是学生去学校或其他教学机构学习安排好的课程，但是实际上学生所能学习的课程并不仅仅局限于这些，还要包括其他类型的并非已经由学校或家长安排好的课程，例如：隐性课程。在汉语国际教育中，汉语教学师资同样也可以在学校或教学机构开设的汉语和中华文化课程之外，发挥和利用好隐性课程的作用。

### 4.1.1 对在汉语国际教育中存在的汉语教学隐性课程的定义

隐性课程是相对于显性课程而言的，显性课程比较容易理解，就是通常教学单位所开设的正常教学课程，与此相对，隐性课程并非是一般概念下的课程，而是既在通常的课程教学过程中存在，又是以显性课程为基础及整个大的教学环境为依托额外学习到的内容。"据马云鹏（2002）的阐释，隐性课程也叫隐蔽课程、无形课程、潜在课程等，是指学生在学习环境（包括物质环境、社会环境和文化体系）中所学习到的非预期或非计划性的知识、价值观念、规范和态度，是计划表上看不到的课程。"（黄晓颖，2011：81）汉语教学的隐性课程也不例外于这种隐姓埋名地存在着的课程，对学生的学习同样也有着重要的影响，应当引起汉语国际教育师资的关注。

隐性课程与显性课程的区别还是需要汉语国际教育师资进一步加以明确的，这对正确和深入理解汉语教学中的隐性课程十分重要。显性课程是直接地由教师呈现给学生们的课程，而隐性课程则并非直接呈现给学生们，而是通过潜移默化的途径和方式影响到学生的学习。虽然教学者可以有意安排隐性课程，但是学生并非是在有意识的情况下学习隐性课程的，而且隐性课程也不采取知识传授的方式开展教学。汉语国际教育在进行汉语教学时既要进行汉语知识的传授，更要注重学习者言语技能的训练，与此同时还要适当进行中华文化的传播，这些教学内容既可以安排显性课程开展教学，同时也可以利用相关的隐性课程达到一定的教学效果。

隐性课程实际上仍然是存在于学校的教育环境中的，并且是与显性课程相关联并以之为基础的。隐性课程虽然可能是有意或无意地服务于学生的学习而隐蔽地发挥其作用，但是学生能明显地或不太明显地感受到这种作用带来的学习成果。同时，汉语国际教育师资对隐性课程存在的这种特性却是应当了然于心的，并且应当积极地进行充分的利用，挖掘隐性课程的潜力，发挥其应有的作用。

### 4.1.2 在汉语国际教育中隐性课程发挥其作用时的特点

隐性课程具有对学习者长期潜移默化的作用和影响的特点，这使得隐性课程发挥作用要有一个比较长的时间历程，短时间内可能不会有明显的效果，汉语国际教育中的隐性课程就是如此。汉语国际教育作为一种语言教学，其中也隐含着许多中华文化的因素，除了汉语本身与中华文化密不可分以外，更好地开展汉语教学也要充分利用中华文化的各种有利因素，而这些有利因素是可以隐性地存在于语言课程之中的，这些中华文化因素也有利于显性的汉语课程的学习。考虑到隐性课程在汉语教学中的存在以及其积极作用的发挥要有一个较为长期的过程，汉语教学和中华文化传播也不能急功近利，因此汉语师资不能在教学过程中急于要使学生很快就达到较高的教学目标，这也就是说不能要求学习者很快就掌握较高水平的汉语并且深入理解中华文化。如果汉语教学师资急于求成，反而可能会带来事倍功半的结果。

汉语国际教育中的隐性课程具有与显性课程互相促进的特点，因此汉语师资要注意使隐性课程与显性课程相配合。要想发挥汉语国际教育中隐性课程的积极作用，汉语师资要有意识地在充分发掘和利用好汉语课程中的隐性课程因素外，还要充分利用好一些显性的中华文化教学（如中国书画、中国歌曲、中国影视等）对汉语课程教学隐性的积极促进作用。两个方面的显性课程（汉语教学、中华文化）都具有隐性地促进另一方发展的积极作用，汉语课程中的文化因素（语言上、内容上等方面的）和中华文化课程中引发学习汉语兴趣、激发学习积极性的因素都具有互相促进的作用，汉语教师应当注意充分利用好这种隐性的影响作用，形成良性循环的学习和交际上的互动。汉语国际教育师资要有耐心看到隐性课程发挥作用，并且有目的地充分利用好隐性课程的作用。

### 4.1.3 汉语国际教育师资对隐性课程的有效利用能力的培养

隐性课程的内容要涉及许多方面，也正因为如此而给汉语教师在开展汉语国际教育时对隐性课程的有效利用提供了很多的选择，这同时对汉语教师高质量地完成教学工作提出了更高的要求。一方面，汉语国际教育在海外开展教学时要适应当地的教学和管理特点，要注意适合当地学习者的学习风格；但是另一方面，中国汉语教学具有自己优秀的传统和独具的特色，是针对和适合汉语和中华文化的特点的，在教室布置、课程设计和考核、教师教学和课堂管理等等许多方面都有所体现，这些中国汉语教学的传统和中国教育教学的特点，都可以对外国学生产生隐性的影响，汉语国际教育师资可以有意识地借助和强化这些方面的影响。而且，还可以把显性课程的汉语教学与这些方面的隐性课程结合起来，为学生创造更好的汉语学习条件和环境。

汉语国际教育师资在利用隐性课程时可以有许多作为，需要积极主动地探索开发适用的隐性课程，克服不利条件的限制，开发出各种与汉语学习有关的文化活动，充分发挥教师自己的主观能动性和积极性。"隐性课程可对显性课程起到补充强化的作用。如与学习密切相关的墙报、中国歌曲卡拉 OK 大赛、中国文化知识和汉语知识竞赛、汉字书法比赛等，都会对显性课程所学知识起到补充强化的作用，有利于提高学生的汉语水平。"（黄晓颖，2011：83）隐性课程所具

## 第四章 汉语国际教育师资发挥隐性课程作用能力的培养

有的间接学习效果对于显性课程直接的汉语学习有很好的辅助作用,可以巩固和强化显性课程里学生的所学。显性课程的学习内容和时间都是有限的,语言学习只有反复强化才能克服遗忘而取得良好的学习效果,隐性课程能够从另外的一个方面起到这样的作用。

汉语国际教育师资尤其不应忽视的是,其个人本身也是隐性课程的重要组成部分,学生们有时候会将汉语教师看作汉语和中华文化的代表,当然也是他们模仿和学习的对象。汉语师资个人本身的表现全面反映了其能力和素养,在开展教学时需要考虑和照顾的方面也是非常多的。"教师的教法教态、学识气质、衣着打扮、性格人品以及声音字迹等诸方面,以及学习气氛是轻松愉悦的还是紧张沉闷的等,都会对学生学习的积极性产生不同程度的影响。"(黄晓颖,2011:82—83)汉语国际教育师资的一举一动,对学生具有全方位的隐性影响,在许多方面对学生们起着示范性的影响作用。汉语师资的个人表现会在许多方面直接或间接地影响学生的学习和课堂教学显性课程的最终效果,所以应注意首先从自己这里开始起步利用和发挥好隐性课程的作用。

汉语国际教育师资要达到对隐性课程有效利用的目标,还要注意充分发挥学生的积极性,实际上隐性课程更强调学生的作用和作为。有学者就提出:"在内容方面,隐性课程重视知、情、意的整体性学习;在来源方面,除了教材教科书之外,也重视公众教育背景因素对学生学习的影响,即学生的学习经验已由显性课程强调有计划的学习经验,扩展到学习的整体生活体验(参见靳玉乐,1996:12)。这对以培养语言交际能力为目标的对外汉语教学来说,具有启发意义。"(张红蕴,2009:72)汉语师资充分利用学生已有的经验并充分挖掘学生的能力以发挥这些隐性因素的作用,有利于帮助达到显性课程培养学生汉语交际能力的教学目标,这其实也是显性课程和隐性课程的共同目标。

## 4.2 汉语国际教育师资发挥汉语教学隐性课程作用的再探讨

汉语教学界对隐性课程的作用一直认识不足，这也是由于受到传统的课程观念影响而根本没有考虑到课程还要分为显性的课程与隐性的课程，没有关注到在显性课程之外所存在着的隐性课程。有学者在论及这种情况时，指出了在汉语教学中存在这种情况的原因在于："我们对除显性课程以外的影响学生发展的其他因素探讨不够，认识不足：对外汉语教学'单一课程观'。"（张红蕴，2009：67）在汉语教学中存在的这种对课程认识上的局限，也就限制了有关的教学者和研究者对隐性课程的认识和有效利用。

在汉语国际教育中开展汉语教学时，隐性课程所能发挥的作用不容忽视，汉语师资们发挥隐性课程的作用应当得到应有的重视，有些问题值得进一步加以探讨。

### 4.2.1 隐性课程的出现体现了对教学课程的一种新认识

隐性课程的提出，实际上代表着对教学课程的一种新认识，是随着对学生在课程学习中能够发挥更重要作用的新认识而产生的。这种新认识并未局限于显性课程对知识和技能的传授，而是将对学生学习影响的因素扩大了，而且这还是一种对学生在学习的过程中并非只是被动地接受知识和技能，而是主动地从多方面、多渠道吸取知识、增长技能的新认识。这种对隐性课程的新认识更加重视学生在学习中的作用，更能够落实"以学生为中心"的教育教学新理念。在这种教育教学理念的影响下，以往只关注显性课程作用的传统观念受到了冲击，对学生所学的课程也有了新认识，在教学中能够安排和利用的课程也变得多样化了。

既然学生可以在课程学习里发挥更主动、更重要的作用，那么如果在汉语国际教育的课堂上仍然进行呆板的语言训练，不但不能发挥隐性课程的作用，还会造成反效果，使学习者对显性课程的学习都会产生厌倦，根本就难以达到教学

## 第四章 汉语国际教育师资发挥隐性课程作用能力的培养

的目标。重视和开展隐性汉语课程的教学和利用,可以使汉语国际教育师资更加重视满足学生多样化的学习和心理需求,使课程的教学不再枯燥乏味,使学生的主动性和自主性可以得到更好的发挥。

提出隐性课程的理念并且在教学实践中贯彻实施,是由于对课程本身的认识也发生了新的变化,课程不再局限于学校里正式开设的,学生在校内校外的所有体验都可视为课程。实际上,对于来华学习汉语的留学生而言,隐性课程并不局限于学校校园内的所有经历和体验,社会上的各种汉语语言环境以及在其中的体验同样是帮助学生学习的隐性课程。即使是在海外开展的汉语国际教育,在海外的汉语学习者也仍然可以借助和利用很多途径和机会接触到汉语和中华文化。在中华文化走向世界在海外日益广泛传播的形势下,在汉语国际教育日益在国际上不断扩展、孔子学院和孔子课堂在全世界不断建立的良好局面下,在网络汉语教学资源和教学手段不断发展的条件下,海外的汉语学习者利用隐性课程学习好汉语和中华文化的可能性极大地增强了。

隐性课程没有在汉语教学界受到重视,也是因为这种新的课程观念根本没有进入汉语教学理论所能关注的视野。课程观念存在局限性的根本原因还是因为对教学的认识也存在着局限性。"长期以来,我们一直……把对外汉语教学单纯看作传授汉语知识、培养汉语交际能力的纯理性活动,只重视学术性的显性课程,而忽视以培养非理性为主要内容的隐性课程。"(张红蕴,2009:67—68)汉语教学界如果没有认识到隐性课程的作用,就不能发挥其在帮助学生学习汉语上多方面的重要作用,比较突出的就是不能充分利用汉语环境对学生学习汉语起到辅助的作用,使学生汉语学习的效能受到不利的影响。美国外语教学界提出的"5C"[①]概念中就包括"社区"(Communities),体现着对隐性课程作用的认识和重视,

---

[①] 美国的《外语学习的标准:为 21 世纪做准备》(*Standards for Foreign Language Learning: Preparing for the 21st Century*)中提出了"5C 标准"(5Cs Standards),包括:交际(Communication)、文化(Cultures)、贯连(Connections)、比较(Comparisons)和社区(Communities)。

这也给我们的汉语国际教育以启示。

### 4.2.2 汉语师资在汉语国际教育中对隐性课程的开发

汉语国际教育师资重视隐性课程的作用,就体现在开发出适合自己汉语教学情境和条件的隐性课程,这种隐性课程的开发不能脱离汉语教师所处的现实环境。无论是在中国境内开展的对外汉语教学还是在世界范围内开展的汉语国际教育,汉语师资所处的教学环境复杂度很高,是千变万化、多种多样的,因此汉语师资要有能力因地制宜地结合具体的教学情境和教学条件开发隐性课程。这样做也可以使汉语国际教育师资对隐性课程的开发更有针对性,由此而带来隐性课程发挥作用的有效性。在海外对汉语教学中隐性课程的开发,还应当与当地学校所开设的显性课程结合起来,统筹规划,协同发展,以期取得更好的教学效果。

营造有益于学生汉语学习的中华文化环境,也是汉语教学隐性课程开发的一个重要方面。开展汉语国际教育的汉语师资应在完成日常的汉语课程教学之外,想方设法建构中华文化环境,例如在教室物理环境的布置方面,如果有条件就应该充分地加以利用,教室的布置可以充分展示与汉语学习相关的中华文化元素,这方面可以利用的资源非常多,有学者就提出:"如教室里贴上中国山水画或书法作品,有意无意之间会使学生因感受到中国书画的魅力而对中国文化产生兴趣。"(黄晓颖,2011:82)在海外汉语国际教育的教学实践中,汉语师资还应该经常在教室里展示学生们亲手制作的带有中华文化元素的作品,使学生们不但可以获得成就感,还对中华文化更加熟悉和亲近。另外,汉语国际教育师资还可以利用学校和社区相关的文化活动以及中国传统和当代节日的机会,充分展示中华文化的风貌,以期对学生形成隐性课程的教育教学作用。可以认为,隐性课程对学生的汉语学习有着多方面的促进作用,有益于学生们熟悉汉语和中华文化,消除他们对这些学习对象的陌生感,拉近他们对于所学内容的情感距离。

汉语国际教育师资对隐性课程的开发,不仅要着眼于直接作用于学生汉语学习的物理样态的隐性课程的开发，而且还要着眼于各种无形但又有益于学生汉语学习的隐性课程的开发和利用。有学者对此提出了一些具有参考价值的具体建议："营造一种既严谨有序又活跃民主、既文明礼貌又积极进取、既热爱学习又情趣盎然的校风、班风；建立起一种十分融洽和谐的、令人愉悦的师生关系、生生关系以及学生与教辅人员、学生与食堂宿舍的工作人员之间的关系。"（黄晓颖，2011：85）由此可以看出，隐性课程还可以建立良好的教学人际关系，这也可以对学习汉语的学生们的心理造成积极的影响，创造和谐融洽、令人愉悦的汉语学习情感环境，汉语国际教育师资要注意在这些方面更好地发挥隐性课程的作用。

### 4.2.3 在汉语国际教育中汉语教师对于隐性课程特点的利用

范围广泛及不受限制是隐性课程的特点之一，除此之外汉语教学的隐性课程还有自己的特点，外国学生的汉语学习会受到目的语环境的隐性影响，在中国本土和海外的某个区域或小范围内存在的语言环境之中有隐性课程的大量存在，汉语国际教育师资不用担心缺乏利用隐性课程的条件，反而应积极地想方设法利用和开发好隐性课程。

既然隐性课程语境是不再局限于课堂上的那些有意组织、系统开设的课程，显而易见隐性课程的范围和内容要广泛得多，超越了学校里的课堂教学而延伸到宽广的汉语和中华文化的天地之中。汉语国际教育师资应当注意在利用好隐性课程的积极因素的同时，也要注意避免隐性课程的一些负面作用。因为隐性课程范围的广泛和内容的庞杂，也存在着对学生产生负面影响的不利方面，这也应当引起汉语师资的重视，要注意区分积极的和消极的隐性课程内容，充分利用和发挥好隐性课程的正面作用，从而对学生的汉语学习产生积极的影响。

## 4.3 汉语国际教育师资利用内隐学习方式开展汉语教学能力的培养

汉语国际教育是对传统的对外汉语教学多方面、多领域的发展，其中就包括教学对象方面的扩展，以往的对外汉语教学主要面对的是成年学习者，汉语国际教育的教学对象拓展到了非成人的中小学生，甚至包括低龄的儿童汉语学习者。

对这些低龄的汉语学习者，显然不能采用针对成年人的教学方式，以往直接教授汉语的显性教学方式不再适用，需要采用与此相对互补的内隐学习（implicit learning）方式。有学者论及了内隐学习方式的作用："内隐学习是一种凭经验自动进行的学习，是不知其所以然而然。内隐学习机制保证了正常儿童都能够通过接触获得完美的语言能力。"（刘颂浩，2007：59）可见，内隐学习对于非成人学习者更具有效性。显然，在他们的内隐学习中可以间接地习得语言，与此相反的直接灌输式的汉语教学反而并非是最有效的教学途径和方式。这种有效的内隐学习方式也包括唱歌、跳舞、做游戏等非传统的语言教学方式，这些对儿童教学对象而言反而更有效。

### 4.3.1 内隐学习方式在汉语学习中可以发挥重要的作用

内隐学习是学习理论中的重要概念，它的提出是对学习理论的一种重要的拓展，是对人类学习的新认识、新理念。内隐学习与外显学习有着明显的区别，即使是从它们在语言教学领域中的定义也可以看出其不同之处："如何定义内隐学习和外显学习，学者们有很多不同的意见。哈丁斯（Hulstijn, 2005：131）的定义是：'外显学习是一种输入处理，意在分析输入信息中是否包含规则，如果是，这些规则应该如何表述。内隐学习不包含这些意图，是对输入的无意识处理。'艾利斯（Ellis, 2005：306）则给出了如下定义：'在流畅地理解和表达时出现的语言学习，称为内隐学习。在有意识地商讨意义进行交际的过程中出现的语言

## 第四章　汉语国际教育师资发挥隐性课程作用能力的培养

学习，是外显学习。'"（刘颂浩，2007：139—140）尽管不同学者对内隐学习和外显学习的定义有所不同，但是对于两者之间的区别都是不加否认的，它们各自具有的显性和隐性的不同特点也是非常明显的。

在语言教学中培养学生的交际能力是主要的教学目标，但是学生的交际能力并非只是亦步亦趋地模仿教师才能掌握，内隐学习也可以在学生交际能力习得的过程中发挥重要的作用。"内隐学习所获得的知识不容易受外界因素的干扰，也不随时间的推移而减少，即内隐学习所获得的知识更加稳定、耐久。内隐知识的这种特征，是语言学习者形成实际交际技能的重要基础。"（王荣英，2008：55）由于内隐学习是在学生头脑内部生成的，与显性的学习方式中的外部灌输明显不同，学生对所学的掌握情况要更加牢固，这种学习方式特别有利于学生掌握汉语交际技能，在汉语学习中可以发挥更重要的作用。

在学生的语言习得中内隐学习能够起重要作用的原因在于，内隐学习是发生在学生要通过大量的实际运用来掌握目的语的情况下，而语言技能的掌握也必须通过语言交际实践中的大量运用。"大部分语言习得是通过对用法的内隐学习获得的，大部分语言知识是内隐知识。语言当中，有成千上万个结构以及与这些结构相连的规则。在规则的抽象过程中，频率起了主导作用。语言习得是对这些结构和规则的逐个学习。"（刘颂浩，2007：178）语言习得的特点与内隐学习的特点是高度契合的，故此内隐学习才可以在语言习得中发挥其作用。尤其是在汉语国际教育中，师资在很多情况下要面对低龄的学生开展汉语教学，直接进行汉语知识的教学和汉语技能的训练显然不适合低龄学生的心理特点，内隐学习正好可以发挥作用，使学生们在与汉语相关的内隐学习活动中更有效地习得汉语。

### 4.3.2　汉语国际教育中的内隐学习也要注意与外显学习的结合

在汉语国际教育中，汉语师资也会面对成人学生，他们的心理特点和学习机制显然不同于低龄的学生，成人的语言学习主要依靠外显学习的方式。对此有学者提出："对于成人外语学习而言，内隐机制已经不再起作用，成人必须借助'解决问题系统'（problem-solving system）。这是一种'外显学习'（explicit learning）方式，是有意识的、主动控制的过程。"（刘颂浩，2007：59）外显学习更适合成人的学习规律和心理特点，他们对语言规律的理解和掌握能力更强，可以帮助他们更高效地掌握所学语言，所以外显学习更适合于他们，更能发挥他们的所长。

语言本身具有规律性的特点，外显学习拥有帮助学生系统地学习语言规则的作用，而且对成人进行语言规律的教学也更适合他们的认知特点，直接进行语言规律的教学可以适合他们能够学习抽象性内容的特点，但是这是就语言教学的内容而言的，至于教学方式还要遵循语言学习和教学的规律，精讲多练。有学者提出："语言学习主要是内隐学习。但是，单靠内隐过程，第二语言的很多方面是无法学习的，或者学得非常慢。……显性教学能够加快习得的速度，比隐性教学更加有效，其效果也能够得到保持。外显记忆还能够引导学习者通过类比有意识地生成新的话语，固定语以及陈述性语法知识对这一过程有帮助。"（刘颂浩，2007：179）学生对语言规则的掌握有助于他们更有效率地学习语言，也有利于他们在语言交际实践中运用相关规则举一反三地扩大自己的语言使用。

但提及外显学习的重要性，也并不意味着内隐学习在成人的语言学习中没有机会发挥其作用，实际上这两者之间是互有关联的。"内隐系统和外显系统彼此分离却又互相合作。……在每一项认知任务中，在每一个学习事件上，有意过程和无意过程都动态地参与了（意识活动主要在认知过程的初期发挥作用）。内隐知识和外显知识的接口是动态的。"（刘颂浩，2007：179）汉语国际教育师资在汉语教学中开展和利用内隐学习时，也要注意与外显学习的结合，这两种明显不同的学习方式可以在语言学习中发挥不同的作用，它们各自的特点正好可以互相补充，共同促进学生的语言水平的提高。至于这两者之间何者重要，汉语国际教育师资要根据具体的语言学习内容来确定，对此也是可以进行动态调整的。

### 4.3.3 培训汉语国际教育教学师资利用内隐学习方式的能力

汉语国际教育所要面对的每个教学环境和教学对象都会具有其特殊性，汉语师资所面临的教学情境会有很大的差异，内隐学习的方式因其非显性的特点而具有灵活性，因而也具有很强的适应能力，恰好可以针对这种教学的特殊性并能适应这种很大的差异。"国际汉语教育是一个有着特殊性的领域，教师面对的教学对象具有独特性。区域的差异可以造成教学方法的不同、文化的差异可以造成教学内容的不同、师生的差异可以造成教学风格的不同。有经验的汉语教师都会适应不同教学环境，运用丰富的隐性知识来提高教学效率，……"（张建民，2013：286）可见隐性知识在汉语教学中的重要性，汉语国际教育师资要努力掌握这些隐性教学的知识和手段，使自己善于带领学生利用内隐学习的方式学好汉语。

师资培养机构应当重视培养汉语国际教育师资利用内隐学习方式的能力，有意识地承担起这方面的责任，利用有效的途径和办法开展培训工作。有学者就提出："从目前的研究和实践可以看到，经验交流、案例分析、虚拟现场可以比较好地将隐性知识用显性化的方式呈现出来。"（张建民，2013：286）汉语国际教育师资要掌握教学中的隐性知识，就需要师资培训者能够使受训者切身感受到、体验到隐性教学知识的作用，使他们能够通过亲身的经历去掌握，从而有能力去运用这些隐性教学知识开展帮助学生利用内隐学习方式的教学活动。

现代教育技术的发展给培养汉语教学师资掌握隐性教学知识提供了便利的手段，使汉语师资有机会直接观摩、体验内隐学习方式的效能。有学者提出了采用课堂实录的方式："隐性知识显性化的过程中，课堂实录是一种比较好的呈现形式。现代教育科技的发展，促进了课堂实录情景创设的准确性。由于可以从多角度来拍摄优秀教师的教学过程，显示其课堂教学和管理的技艺，教学过程中的部分隐性知识会较好地呈现出来。"（张建民，2013：286—287）现代教育技术使难以捕捉的内隐学习方式能够呈现出来，使汉语国际教育师资能够直观、详细地感受到，应当在汉语教学师资培养的过程中充分利用好。现代教育技术的不断发展，可以为汉语国际教育师资培养提供更多的技术手段，应当设法多加发掘和创设，以使受训者能够更好地掌握隐性教学的方式，提高他们在这方面的能力。

# 第五章　汉语国际教育师资新型教学评估能力的培养

传统的教学评估方法已经不能满足汉语国际教育师资培养的需求，需要对他们进行新型评估方法和评估能力的培养。最近涌现出的"新评价方法"对汉语国际教育师资掌握新的评价方法有很好的启示作用。对他们要专门进行适应汉语国际教育发展的新型教学评估能力的培养，使他们掌握新型的评估方法，以适应时代的发展和教学的需求。

汉语师资只掌握传统的教学评价方式，难以应对汉语国际教育的各种教学情境，他们需要掌握更多的新型教学评价方式。在汉语国际教育中师资应掌握真实性评价方式，以便更好地评测学生的真实汉语水平；还应有能力利用学生同伴评价的方式，激发学生更多地参与到学习活动之中；还可以采用团体等级评价的方式，汉语师资可以因此而避免评价结果的主观性。

在世界各地开展汉语国际教育时，需要汉语师资开发新型的教学评估方式以适应汉语教学工作在世界各地普遍开展对教学评估方式创新的迫切需求。汉语师资可以利用现代教育技术发展新型的汉语教学评估方式，在这方面新教师可以同样发挥多方面的作用；汉语师资还应注意发挥学生参与教学评估的作用以创造新型的教学评估方式；他们也要创造能够对学生学习汉语开展积极鼓励的新型教学评估方式；汉语师资也可以利用任务型评估方式创建新型的汉语教学评估方式。

在汉语国际教育中选取任务型教学方式有其适用性，在进行任务型教学方式的教学评估时，汉语师资可以尝试采用简短评价任务、事件任务、表现性任务和持续性任务等方式进行教学评估。这些任务评估方式既有评估的针对性又有较高的评估信度和效度。

## 5.1 汉语国际教育师资新型教学评估能力培养的重要性

随着教育教学的不断发展,教学评估①的方法已经发生了很大的变化,汉语国际教育的发展也对教学评估提出了发展的新要求。如果在培养汉语国际教育师资时,仍然只是让他们掌握传统的教学评估方法,会使他们不适应汉语教学和教学评估方法发展提出的新要求,因此要着力培养汉语国际教育师资发展新型教学评估的能力。

### 5.1.1 传统的评估方法已经不适应汉语国际教育师资培养的需要

传统的评估方法侧重于评估那些容易被评估的知识类的内容,对学生进行这样的评估显然是不够全面的,会带有片面性的弊端。有学者就指出:"传统的评价方法注重对信息结果的测查,而且这种观点在一些人的头脑中根深蒂固,因为他们坚信'只有能够被测查出来的知识,才有被教的价值'(Hart, 1994)。这种观念指导下的课程内容,仅仅考虑到教给学生容易被测查出来的知识,却忽视了那些对学生来说真正重要的东西。测验对教师怎样教、学生学什么有着深刻而广泛的影响(Eisner, 1994)。"(Norton & Wiburg, 2002:254)评估对教学和学习都有着重要的影响,在知识的获取已经途径多样并且日益容易的今天,注重知识评估的传统评估方法已经不能跟上时代的发展,已经不适应汉语国际教育师资培养的需要。

在教育教学不发达的情况下,传统的评估被迫采用过分重视评估学生所掌

---

① 对于"教学评估"这一术语,通常也称"教学评价",但也有许多学者选用"教学评估"这一术语,本书暂且也使用教学评估。在引文中有一些学者使用的是"教学评价",本书为尊重引文作者,对引文不加改动。

握知识的方法，基于这种评估方法所形成的教学模式也同样带有问题。有学者就指出了这样的问题并且提出批评："人们对传统标准化测验的种种弊端进行批评的同时，也对从这种评价方法中产生出来的教学模式提出了批评（Scoenfeld, 1991）。因为在这种评价观点指导下的教学给学生的都是一些概念和很浅显很表面的学习过程，强调低水平的技能、事实性的知识和对程序的记忆。"（Norton & Wiburg, 2002: 258）传统的评估方法所要求的教学内容和教学方法都是低水平的，这种评估方法本身也是低水平的，已经不能适应社会和教育发展的需要，也已经不能适应汉语国际教育大发展的需要了。

### 5.1.2 "新评价方法"对汉语国际教育师资掌握新型教学评估方法的启示

随着世界上教育教学的不断发展，许多新型的评估方法涌现出来，对我们在评估方法方面进行借鉴和创新可以有很多的启示。"20世纪90年代之后的教育评价和以往的做法有了显著变化，出现了很多新的评价方式——档案袋、操作实验、标题评价等，使用这些方法考察的都是高水平的认知技能。"（Norton & Wiburg, 2002: 258）实际上这些"新评价方法"都是相对比较复杂的评估方法，可以更加深入地考查学生多方面的认知能力。这种"新评价运动"实际上从评价理念到具体的评价方法都发生了很大的变革，有学者就指出："新评价运动对学习和评价的观点从行为主义转向认知主义，所用的题目从纸笔测验到真实任务，从一次性的评价到多种途径多次的评价，对学习者的理解从单一性到多样性，从注重对个人的评价到注重对小组的评价。"（Norton & Wiburg, 2002: 260）可以看出，新型的评估方法与传统的评估方法相比在许多方面都有了很大的改变，这种改变也可以认为是全方位的。

在新型的教学评估方法之中，考试的评估方法已经不再是唯一的评估途径了。有学者就提及了多种的新型评估方法："新的评价方式有很多，包括：成就评价、档案袋评价、非正式评价、情境评价、对作品的评价等等。"（Norton &

Wiburg,2002:259）这些评估的具体方法，可以在对汉语国际教育师资进行培养时给师资培训者（教师教育者）带来很多的启示。

新型的评估方法在评估内容方面，也不再是只注重依据学生的最终答案进行评估，而是注重考查他们的能力。"新评价、真实性的评价、成就评价有时可以被看作同义词使用，因为他们所指的评价强调的都是学生归纳总结的能力而不单纯是选择一个答案。（Herman，Aschbacher，& Winters，1992）不管使用什么名词，这种评价的中心是把先前知识、现在的学习和相关技能整合到一起解决真实生活中的问题。"（Norton & Wiburg，2002:259）新型的教学评估要建立在学生富有真实性的学习活动的基础上，新型的教学评估要面向学生真实的学习生活，汉语国际教育师资要利用新型评估方法就要在这些方面进行变革。这种评估着眼于真实，有益于学生真正获得解决实际问题的能力，而不是为评估而进行学习。

汉语国际教育师资要充分认识到教学评估方法的变革，实质上显示出的是在教育教学发展的过程中对教学评估在深层认识上的转变。"现在我们通常用教育评价而不再用教育测验，前者较后者在两方面有了最突出的转向：一方面是从强调事实和技能转到强调高水平的思维。另一方面是从单一的标准化测验形式转到多种评价形式的结合使用。（Lim，1995）"（Norton & Wiburg，2002:258）汉语师资要完成新型评估方式的转向，就要在教学的过程中更加注重学生思考能力的培养，因而汉语教学评估的形式也就可以呈现出多样化以及多种评估方式的相互结合。

新型的教学评估方法更加注重学生的学习过程，因而汉语国际教育师资要注意在教学评估之时不再只看重学习的结果。"新评价方法的一个核心原则就是把学生问题解决的过程看得和结果同样重要，学习过程是一个动态的、富有情境性的、内在的，在一段时间内发展变化的行为活动。"（Norton & Wiburg，2002:263）新型教学评估方法更加注重对学生学习过程的评估，这种评估方法的出现实际上体现出对学生学习的新认识，学生的学习要经过一个动态的、不断发展的过程，因此对他们的评估也要有针对性地进行，汉语国际教育师资也因此要掌握这样的新型评估方法。

### 5.1.3 对汉语师资进行适应汉语国际教育发展的新型教学评估方法的培养

汉语国际教育面向的是世界各地多种多样的汉语学习者，其中必然要运用新的教学方式以满足和适应多样化的汉语学习需求，这也是汉语国际教育不断发展所要求的，因此对汉语师资掌握与此相适应的新型评估方式也提出了新的要求。

课堂教学中的评估方法的运用，不只是要对学生的学习成果得出评估结论，而且还是课堂教学的重要环节，甚至可以成为组织课堂教学的重要手段。有学者就提出教师的课堂评估在构成课堂交流中的重要性："课堂交流模式与其他交流模式相区别的一个特点在于，教师在回应学生的答案时往往采用评价的方式而不是给予答复或者表示肯定（Bellack et al., 1966）。巴洛克（Bellack, et al., 1966）在课堂语言的研究中发现，教师们将近三分之一的课堂行为都是在评价学生。"（Farrell, 2005：8）要使汉语国际教育师资重视教学评估这项工作，因为这是课堂教学重要的组成部分。要让他们能够考虑到被评价者的感受，那种非自我主导性的、被他人主宰性的评价会使学习者的自主性受到很大的压制。在对汉语国际教育师资进行培养的过程中，要想方设法使他们掌握较多的新型教学评估方法，以便他们将来更好地适应多种多样的教学环境。至于培养汉语国际教育师资时，应当让他们掌握哪些新型的教学评估方式，在下一节具体分析。

## 5.2 汉语国际教育师资应当掌握的一些新型的教学评估方式

对学生的学习进行正确的教学评估，在汉语国际教育中是非常重要的，也是汉语国际教育师资必须要掌握的专业技能之一。传统的教学评价方式是人们所熟悉的，但是面对汉语国际教育的特殊教学情境，这些评价方式已经不足以应对各种新的教学情境,因此汉语国际教育师资应当掌握一些新型的教学评价方式,以适应教学的新需要。

### 5.2.1 在汉语国际教育中汉语师资应掌握的真实性评估方式

真实性教学评估(也称真实性教学评价)的内容十分丰富,因此简单的定义难以解释清楚其内涵,有学者对真实性评估给出了描述性的定义,可以使人们对这种评估方式有较为全面一些的了解:"真实性评价的一般设计原则包括:把握基本学习活动的中心和对我们有意义的理解及能力;富有教育意义和吸引力;是课程的一部分,而不是除了'等级评定'以外没有任何其他目的的干扰;反映真实的生活、学科间的挑战;给学生呈现复杂的、不确定的、开放式的问题以及整合知识和技能的任务;经常终止于学生完成的作品或者学生的表现;是设定标准的,指引学生向更高、更丰富的知识水平前进;认可和重视学生的多种能力、各种学习风格以及各种文化背景。"(Hart,2004:17)可以看出,实施真实性教学评估的要点在于其融合于课程、开放性和真实性结合、依据学生的作品和表现进行评估等特点。这种评估方式显然不同于单独进行的传统教学评估,也避免了单一的依靠考试进行评估的偏颇。

真实性评估强调的是重视学生的特点,贯彻"以学生为中心"的教育教学理念。真实性评估更多地鼓励学生发挥其作用,"真实性评价呈现给学生的任务是有趣的、有价值的及与他们的生活密切相关的。真实性评价激励他们提出问题,做出判断,再次思考问题以及调查其他的可能性。它承认个体差异,提供多种选择。对许多学生来说,从这种评价方式中最大的收获可能是对学习、学校以及他们自己更加认可的态度。"(Hart,2004:20)真实性评估也给学生们提供了充分的展示其能力的机会,通过鼓励和激发学生们的良好表现,真实性评估更能衡量学生们的真实水平。汉语国际教育师资在面对学习汉语的外国学生进行教学时,如果掌握和运用真实性评估的方式,可以更准确地把握学生们的学习情况和他们的汉语水平。

对低龄的学生进行教学评估对教学者来说是一个难题,真实性评估具有把教学评估与学生的真实生活联系起来的特点,这也为汉语国际教育解决对低龄学生开展评估的难题提供了方便。"教师支持学生发现课堂学习与儿童'实际生活'之间的联系,教师协调这两者的关系,让学生感知到知识之间相互依存、相互联系。真实性评价有助于达到这个目的。这些联系为杰弗里和雷纳特·盖恩(Geoffrey & Renate Gaine, 1997)所谓的'热认知'的时刻(对学习发自内心地兴奋)做准备,是形成终身热爱学习的基础。"(鲍威尔、库苏玛-鲍威尔主编,2013:47)真实性评估有助于学生建立起各方面学习内容之间的联系,可以培养学生不断地学习的兴趣。开展汉语国际教育时培养学生的学习兴趣至关重要,是决定汉语教学成败的重要前提,汉语师资开展真实性评估对促进学生学习兴趣的作用应当充分发挥。

### 5.2.2 培养汉语国际教育师资利用学生同伴评估方式的能力

学生参与教学评估活动,也是不同于传统的教师完全主宰教学评估的一种新型的评估方式。学生参与评估时所评估的对象一般是他们所熟悉的同学,他们作为同伴会比较了解所评估对象的情况,因此这属于一种同伴评估的方式。有学者提出了诸多学生同伴评估方式中的一种:"为了让同伴评价成为评价过程的一个更正式的部分,开发了许多技术。其中一种技术是让学生正式地相互批评对方的作品。在批评期间,被评估的学生陈述正在进展的作品,解释他们试图取得什么成就以及打算如何取得,其他的学生就什么可以继续、什么需要改进提供详细的反馈。"(Hart, 2004:105)作为同伴的学生在某些方面对同学比教师有更多的了解,他们的评估也因此会更准确。除此之外,学生参与评估还有促进评估者自己学习的作用,因为这些被评估的学习活动也是学生同伴都会参加的,评估给了他们不同的看待学习活动的角度,也可以使他们对学习活动有更深入的理解。

让学生参与教学评估,并不是为了减轻汉语教师的教学评估任务负担,而是为了达到更好的教学评估效果。汉语国际教育师资还可以把多种评估方式结合起来,使教学评估的结果也能更为客观。有学者就建议教师把学生自我评估与同伴评估结合起来:"可以通过许多方式让学生参与评价过程,也有许多这样做的理由。有些教师把自我评估和同伴评估作为评价计划的一个常规部分,他们发现,再也不用评改学生做的每份试卷了。更重要的是,在对自己或他人作品的评定过程中,学生开始承担越来越多的责任,他们开始内化评价标准并以这些标准作为自己日后努力的方向。随着评价过程中学生自主性的增加,他们将获得一种对自己的学习和成长负责的感觉。"(Hart,2004:98)汉语国际教育师资运用学生同伴评估的方式还可以通过赋予学生评价的职责实现增强学生学习责任心的目标,而这样做还对学生自己的学习有促进作用,所以汉语师资要设法利用好这种评估方式。

### 5.2.3 汉语教学师资在汉语国际教育中采用团体等级评估的方式

与前两种教学评估方式不同,这种团体等级评估主要由教师们来完成。团体评估是由多人参加的一种评估方式,其目的是减少个人评估时的主观性。"团体等级评定(group grading)是减少评分主观性的另一种方法,这种方法用多数人认同的判断来代替一个人的主观性判断。在这个过程中,个人评分的主观性减少到最小甚至被消除。"(Hart,2004:122)汉语国际教育的评估活动虽然也有不少的客观性评估,但是也难免有许多主观性的评估活动,如:对学生的输出性语言表达技能(说、写)的评估,常需依靠主观性的评估手段,要想避免评估结果的主观性,采取团体评估的方式是一条很好的出路。

团体等级评估的适用面比较广泛,通常是教师们集中进行评估活动,投入的时间可以灵活安排,根据评估工作的不同时间长短可以有所不同。"团体等级评定的参与者一般是教师,他们聚集在一起对大量的成长记录袋、表现样本或者测验进行评分。等级评定的时间视工作量而定,短的时候只用一天的时间,长的

## 第五章 汉语国际教育师资新型教学评估能力的培养

时候可能需要一周。"(Hart, 2004: 122)对参与团体评估的汉语国际教育师资要事前进行专门的培训,受训师资的主要工作是要掌握确定统一的评估标准的方法,以便保证开展评估工作时大家能够达成一致的评估标准。"团体等级评定从培训开始,在培训期间,参与者学习如何对表现、试卷或者成长记录袋进行评级,评级的根据是一套大家都同意的标准。通常等级评定者以团队的方式工作,每个团队由一位富有经验的领导者领导。"(Hart, 2004: 122)教师们所共同确定的统一的评估标准,应当获得每一位参与评估的教师的认同和领会,同时还要安排团体评估团队能有领导者来协调评估的整体工作。

保证团体等级评估实现客观性最为关键的,是确保评估标准的一致性。在团体等级评估中,汉语国际教育师资仍然是各自单独进行评估活动的,但是要想避免汉语师资的评估因为他们的主观性过强而出现偏差,就要确保让他们每一个人都参与到使评估标准达到一致的准备活动中来。有时这个过程并不是一次性就能完成的,有学者就提出了一种校正评估标准的具体操作方法:"在每个人都对样本进行评分后,团队成员聚在一起进行校准(calibration)。这包括比较每个人的评分,找出意见不一致的地方,然后达成一致意见。作为这个过程的一部分,等级评定者要对他们用来评分的标准进行严格的探讨。他们也可能要面对偏见,诸如对拼错的单词或者不规范的书写的厌恶。校准一直维持到整个团体在每个样本的评分上达成一致为止。这时,事先选出的那些样本就可以作为标准试卷或者基准样本,来对其他试卷教学评分了。"(Hart, 2004: 123)这种团体评估是要先确定评估对象的等级标准然后再具体实施评估操作的,评估标准的确定是首要的,这要经过一个反复校准的过程才能确定,其结果就是要形成一个标准的评估样本作为所有教师评估时参照的范本。应当创造实践或模拟的机会,培养汉语国际教育师资掌握这种确定评估标准和开展团体等级评估的能力。

## 5.3 汉语国际教育师资新型教学评估方式创新能力的培养

传统的语言教学评估方式常常依靠测验、考试等方式来进行，但在当前迅猛发展的汉语国际教育新形势下，以创新的方式发展新型的教学评估方式，才能适应汉语教学工作在世界各地普遍开展对教学评估方式创新提出的迫切需求。特别是在海外开展汉语国际教育时，教学评估的传统、方式和环境等方面都不同于在中国本土的教学评估情况，所以更有必要探索适合世界各地开展汉语教学所需的教学评估方式，结合当地的情况创造的评估方式才能更有针对性和适用性。

### 5.3.1 汉语师资利用现代教育技术发展新型汉语教学评估方式能力的培养

在当前世界上的语言教学评估工作中，现代教育技术的应用越来越广泛，这些新技术有助于形成新型的评估方法，促进语言教学评估的发展。有学者就提出："越来越多的证据表明，新技术的使用可以促进新评价方法的推广并使它变得更容易（Sheinold & Frederiksen, 1994），……"（Norton & Wiburg, 2002: 263）汉语教学的评估工作有的时候确实会让汉语国际教育师资感到负担比较重，但新技术所带来的评估高效率可以使教学评估工作更加易于开展，因此，汉语教学师资很有必要掌握利用现代教育的新技术发展新型教学评估方式的能力。

档案袋的评估方式就是一种新型的评估方式，与新技术的结合可以使这种评估方式更好地发挥其作用。有学者论及："新技术的应用可以和档案袋的评价方法配合起来使用，使用文字处理系统写出的文章和学生自己制作的多媒体文稿也可以组成一个档案袋；技术也可以为档案袋的创建提供条件和环境，储存和组织学生的工作，扫描艺术图片，保存声音文件；教师、学生和家长都可以对这些作品进行评价（Barrett, 1994）。"（Norton & Wiburg, 2002: 271）新技术可以使档案袋的形态变为电子化的，电子化的档案袋更易于汉语教师建立、整理和管理，而且档案袋的内容也因多媒体技术的应用而更加丰富，除了传统的文字材料以外，还可以保存有图片、音频和视频类的电子档案，有助于汉语师资更为便捷高效、全面立体地进行评估工作。利用电子资料易于复制和传播的优势，还可以使更多的人参与到教学评估的活动中来，由于有不同的评估视角存在就可以使教学评估得出的结果更加客观公正。

在开展汉语国际教育时利用现代教育技术开展教学评估工作可以有多方面的有益作用，有学者提及了其中的几个方面："申右德和弗雷德瑞克森（Sheinold & Frederiksen，1994）还强调技术可以帮助教师设计出更真实、更复杂的学习活动，可以把学生的作品复制下来，可以用各种新技术工具解释学生的作品，可以使更多的人参与评价活动，可以把计划或工作打印出来。"（Norton & Wiburg，2002：263）可以看出，利用新技术还可以帮助汉语师资更为便捷、有效地分析教学评估的结果，并且把这种教学评估的结果更直观地展示给学生。汉语国际教育师资利用现代教育技术在信息处理加工等方面的优势，可以更充分地发挥教学评估在促进学生学习方面的优势和良好作用。

## 5.3.2 汉语国际教育师资发挥学生参与教学评估的作用以创造新型的评估方式

汉语国际教育在新形势下要想在教学评估方式上有创新，就需要改变教学评估的主体和操作者只是教学者的状况，新型教学评估方式的创新更要注意发挥学习者在教学评估中的参与和作用。有学者就提出："在国际汉语课堂教学中，有些教师囿于中国传统教育理念，师生的等级观念非常强，以教师为中心或是主体的评价语是树立教师权威的重要保障。西方的教育理念则强调师生平等，学生早已习惯了自由、民主的课堂氛围。所以，处于被支配地位的学生主体便要反抗，对张口就是'必须怎样'或'应该怎样'的教育方式进行抵制和抗议。"（王添森，2013：118）为了适应汉语国际教育对新型教学评估方式的要求，汉语师资必须改变以教师为中心的传统教学评估理念，充分发挥学生参与教学评估的主动性作用，要相信和信赖学生参与教学评估的热情和积极性。

在传统的教学评估方式中，汉语师资出于帮助学生提高汉语水平的目的经常容易出现指出和纠正学生偏误的评估倾向，但是教师这样的评估做法对学生学习汉语往往会因打击他们的积极性而适得其反。"一些留学生最怕老师说'不对''不行'，一些学生甚至认为'中国教师总是喜欢批评学生'。实际上，在跨文化交往过程中，师生间需要进行意义协商，所谓的意义协商就是教师应该创造一种平等、民主、协商、和谐的氛围，在这种氛围中不同的文化属性才能得以并敢于彰显，从而实现异文化之间的相互理解，实现共通与共识。"（王添淼，2013：119）教学评估也涉及跨文化交际的问题，要解决好这方面的问题就需要汉语国际教育师资在教学评估的工作中通过师生之间充分协商的方式，把学生引入评估工作之中，这样才能解决汉语师资的教学评估工作"水土不服"并且让学生们不满意的问题。此外，汉语师资要有意识地调整自己，创造出师生平等的教学评估氛围，学生们的参与才能取得良好的效果，师生之间的合作也才能顺利进行并取得实质性的有效评估成果。

### 5.3.3 汉语国际教育师资要创造鼓励学生汉语学习的新型教学评估方式

在我国传统的教学评估中，教师往往很少对学生进行鼓励性的评价，受这种传统的教学评估方式的影响，有些面向外国学生开展教学的汉语师资仍然持有这种中国传统的教学评估理念和方式，与开展汉语国际教育时对教学评估的要求不相符合。"在中国传统文化中，教师有着特殊而崇高的地位，这种师生间的权力格局让某些国际汉语教师难以带着平等和民主走向学生，将学生当作独立的、有尊严的个体看待，所以，他们很少有鼓励性的评价，很少走下讲台，'走进'学生。这也正是造成很多中国学生在大庭广众面前讲话发憷、怕丢面子的主要原因。西方的教育理念则是以鼓励为主。"（王添淼，2013：119—120）汉语国际教育师资要想很好地完成教学评估工作的任务，就必须改变传统的教学评估理念

第五章 汉语国际教育师资新型教学评估能力的培养

和方式,形成新型的以鼓励学生积极学习为目标的教学评估方式。

汉语国际教育师资对学生采用鼓励性的评估,可以有促进学生更积极地学习的作用和效果,有关专家的研究已经证明了这种评估方式对学生的鼓励作用:"著名语言学家纽南(D. Nunan)通过研究表明,教师在进行积极反馈(positive feedback)时,不仅能使学习者知道他们正确地完成了任务,同时还能通过赞扬增强他们的学习动机,因此积极反馈比消极反馈(negative feedback)更有利于改进学习者的行为。(D. Nunan,1991)"(王添淼,2013:120)以鼓励学生积极学习汉语为主的新型教学评估方式,要求汉语国际教育师资在教学过程中对学生多进行积极的反馈,也就是对学生的正确的语言表现多加注意和鼓励,这样的积极反馈对学生的汉语学习可以有多方面的促进作用,也会有利于汉语师资最终实现其教学目标。

### 5.3.4 汉语国际教育师资利用任务型评估方式创建新型的教学评估方式

任务型语言教学是新型的语言教学方式,如果汉语国际教育师资采用通过学生完成任务的方式对他们的汉语学习情况和汉语水平进行评估,也可以形成创建新型教学评估方式的新思路。"国内实践表明,采用任务型语言教学可以较好地实现跨学科、综合学科的学习,使语言贯穿于其他学科学习。实施任务型语言教学有助于评价体系的完善。它可以使我们更新评价的观念——注重过程评价;调整评价的手段——各项技能的综合评价;充实评价的方法——以人为本的全面评价。"(龚亚夫,罗少茜,2006:278)汉语国际教育师资如果能够采取任务型语言教学的新理念从事新型教学评估方式的创建工作,可以带来教学评估观念、手段和方法的全面更新,这样做还可以丰富汉语师资的教学评估内容,使他们有更多的进行教学评估的选择和创新的余地。

语言教学走向综合是一个重要的发展趋势,而在语言教学评估中也越来越注重综合考查学生的语言能力。任务型语言教学的评估方式正是通过学生实际运用目的语完成任务来进行综合、全面考查的。有学者提出："要考查语言运用能力不能仅仅考查单项的语言能力，而需要综合地考查，也就是在实际运用语言的情况下，才能真正考查出运用能力。正如 Skehan（1998：171）所说的：能力如果不和语言的运用结合是没有意义的（competence which do not connect to language use are meaningless）。而通过完成任务则正是能体现出学习者综合能力并能预测他们今后能力表现的理想方法。"（龚亚夫，罗少茜，2006：284）汉语国际教育师资应当具备借鉴任务型教学评估的方式创建适合汉语教学中使用的新型评估方式的能力，在师资培养时要使他们有能力顺应和跟上世界语言教学评估的发展潮流，使他们所开发的教学评估方式更能适应汉语国际教育发展所提出的新要求。

## 5.4 汉语国际教育师资在任务型教学方式中的可选评估策略

汉语国际教育对以往的对外汉语教学的扩展，最为突出的表现就是对非成人的学习者开展汉语教学。这些非成人的学习者有许多甚至是低龄的学前儿童，对这些母语读写尚存困难的儿童开展汉语教学其难度可想而知，而尤为困难的是对他们进行教学评估。采用任务型教学方式对非成人的学习者有其适用性，那么开展任务型汉语教学评估中的问题又如何解决呢？我们试图探讨几种可选的教学评估策略，认为可以尝试采用简短评估任务、事件任务、表现性任务和持续性任务等方式进行教学评估。

### 5.4.1 汉语国际教育师资采用简短评估任务的方式进行教学评估的策略

不难理解所谓"简短评估任务"就评估任务的容量和篇幅而言是比较简短的，并非可以理解为任务是简单的，而且"简单"与否的判定尤其不能由教学者做出，因为学习者的感受和完成情况才是判定标准。对于简短评估任务，有学者提出："简短评价任务通常用来评定学生对某一知识领域的基本概念、程序、关系以及

## 第五章 汉语国际教育师资新型教学评估能力的培养

思维技能的掌握情况。这些任务通常用几分钟就可以完成,因此在一次评价中可以把几个简短评价任务结合使用。"(Hart,2004:73)简短评估任务适合汉语国际教育各个年龄阶段的学习者,尤其适合低龄的儿童汉语学习者的认知心理特点。任务虽简短但是在难易度上仍然是可以有所不同的,汉语国际教育师资可以根据教学对象的具体情况进行难易度的调整,同时也可以采用引文里所提出的灵活组合的方式调整简短任务的难易度。

汉语国际教育师资采用简短评估任务的方式开展教学评估时,最为关键的是如何设计这种简短任务。对于教师如何进行任务设计的具体操作,有学者做了说明:"大多数简短评价任务是从设计一个激发学生兴趣的刺激物(stimulus)开始的,这个刺激物可能是一个问题、一幅漫画、一幅地图、原始资料、图表或者照片等。接下来是对学生需要完成任务的解释。例如,可能要求他们解释、描述、计算、说明、预测、操作一个实验,或者发表自己的见解等。"(Hart,2004:74)看来,教师寻找合适的有关任务的基本材料("刺激物")是尤为重要的,这种材料实际上也是非常丰富和易于获得的,而且教师还可以根据教学评估的具体需要对其进行修改和调整。

简短评估任务通常采用的是真实的材料,但是选取这些材料时,汉语国际教育师资应当特别注意选取学习者熟悉的任务(即与他们曾经完成过的任务类型近似的任务)。"任务中自然真实的情景使得被测试者能很好地熟悉测试形式。被测试者曾经多次完成过这种任务。不要求额外的知识或技巧,儿童知道如何去处理这些积木。另一方面,如果要求他们用线按某种形式或顺序串小珠子,这是他们以前从未做过的,由于缺乏这项任务所需要的技巧或经验,将会严重影响他们完成任务,因此,将会很难清楚地估量他们理解语言信息的程度。绘画经常被用于小孩子或者程度比较低的受试者,同样地,绘画中的不熟悉因素也能引起同样的问题。"(Branden编著,2005:130—131)如果学习者由于不熟悉而无法完成任务,则不仅会使汉语国际教育师资的评估工作难以顺利完成,而且可能会影响到学习者学习汉语的兴趣,所以汉语教学师资们对此不能不加以重视。实际上汉语教学师资也不必过分担心学习者完成任务的能力,简短评估任务通常由学习者单独完成,这样一来他们所完成的任务也由于无须与其他学习者合作而完成的过程并不复杂因而降低了难度。

### 5.4.2 汉语国际教育师资通过事件任务的方式进行教学评估的策略

无论是描述一个事件还是经历解决问题的事件过程,对于学习者来说完成这样的任务显然要进行稍微复杂一些的操作,这样的任务就是"事件任务"。对于事件任务有学者提出:"事件任务(event tasks)是用来评价诸如写作流畅性和问题解决技能等更广泛的能力的。尽管事件任务经常以具体的学科领域为基础,但它们的设计不仅仅是用来揭示学生知道什么,而且还揭示他们应用知识的情况。通常这些任务需要一段更长的时间来完成。"(Hart,2004:81)对于事件任务我们可以理解为是比简短评估任务更为复杂一些的任务,适用于对认知能力和水平更高一些的学习者进行教学评估。

基于事件任务的复杂性稍强,因而其完成的方式也可以多样化,事件内容的丰富性和过程的复杂性可以容纳更多的学生采用团队和小组合作的方式来完成。"与简短评价任务通常是针对单个学生不同,事件任务经常让学生以团队或小组的方式来合作。评估可以依据教师的观察、学生的表现样本(performance samples)的得分、学生的自我评价、同伴评价等,或者将这些方面结合起来使用。"(Hart,2004:82)在进行事件任务评估的过程中,汉语国际教育师资在对学生最终进行评估的方式上也可以多样化,采用多元化的教学评估方式也可以使评估的结果更为客观公正。

### 5.4.3 汉语国际教育师资利用表现性任务的方式进行教学评估的策略

顾名思义"表现性任务"就是要通过完成任务表现出学生在语言学习方面

第五章 汉语国际教育师资新型教学评估能力的培养

的成就,当然在完成任务的过程中学生同样可以表现他们多方面的能力,但是语言能力是主要的表现目标。"表现性评价通过给学生呈现模拟真实世界的挑战和问题,把这种真实感带进课堂。在这样的任务中,解决问题的途径或答案不是唯一的。表现性任务是积极的评价,通常由学生合作完成。"(Hart,2004:69)可以看出,表现性任务的突出特点是其真实性,任务的完成目标可以调动学生们的学习积极性,同时据此进行教学评估也可以达到良好的评估效果。

表现性任务的形式也可以是多种多样的,但汉语国际教育师资在设计表现性任务时应当关注的核心问题是任务的真实性。"表现性任务和它们所服务的目标一样也是各种各样的。它们可以是用来评价具体知识和技能的简短的测验式任务,也可以是用来评价广泛的知识、过程以及能力的漫长而复杂的任务。这些任务由于是对真实生活情境和问题的模拟,因此它们或多或少都是'真实的'。"(Hart,2004:71)汉语国际教育师资在进行任务设计时只要贯彻了真实性的原则,具体的任务形式和完成方式是可以多种多样、灵活处理的。

### 5.4.4 汉语国际教育师资通过"持续性任务"的方式进行教学评估的策略

在运用任务型教学方式中的评估时,更为复杂的是通过持续性任务进行教学评估。通过持续性任务进行评估需要的时间相对来说很长,汉语国际教育师资可以在较长的任务完成期里对学生的情况进行持续性的关注和评估。"持续性任务(extended task)是一种长期的、多目标的项目,在一个学期或一个学习单元的开始可能就被分配下来。通常,在学生解决这些富有挑战性的任务时,教师会设计一些活动和里程碑式的事件来为他们提供支持。"(Hart,2004:88)持续性任务有着不同的形式,各自具有自己的特点。"许多持续性任务采取一个具体的学科领域的长期项目的形式,也有一些持续性任务用作一门课程结束时通过的仪式以及掌握程度的展示。"(Hart,2004:88)在较长的完成持续性任务的过程中,汉语师资是要一直支持学生们来完成这种持续性任务的,完成这种任务的实际目的主要是为了更好地开展教学评估，但是同时对学生的目的语学习也是极为有益的。

持续性评估任务实际上是综合性的任务，在完成任务的过程中学生们可以有机会充分展示他们各方面的能力，特别是在这种任务里给了学生充分展示其语言能力的机会。"这些持续性任务激励学生去表现他们所知道的和所能做的。这些任务集中在威金斯所提到的：'"探究和表达"的基本技能——一个要求怀疑、提问、解决问题、独立研究，创造产品或者表现，以及公开展示掌握程度的综合体。'"（Hart，2004：89）这种提供持续性任务的评估并不是一次性完成的评估，汉语国际教育师资可以在学生完成汉语学习任务的长过程中充分地了解学生的情况和水平，从而有机会进行公正客观和全面的教学评估，避免一次性的评估结果所造成的片面和偏失。当然，持续性任务面对的评估对象大多应属于汉语水平较高并且认知能力较强的学习者，这样才能使评估的信度和效度较高。

# 第六章　任务型教学方式与汉语国际教育师资培养

在以任务型教学方式培养汉语国际教育师资时，要使他们认识到实施任务型教学方式时制定任务大纲的重要性，而任务难易度的确定是顺利开展汉语教学的关键，同时还要注意培养汉语教学师资掌握任务型教学方式的具体开展方式。

任务型汉语教学之中包含着综合教学的理念，汉语国际教育师资贯彻这种教学理念的具体路径包括：（1）在汉语学习和教学的理念上树立综合的观念；（2）在教学中注重学习者语言能力的综合培养；（3）在教学课程和内容的安排上实行综合处理。这些具体的措施可以保障综合性汉语教学的顺利开展。

开展合作学习在汉语国际教育里有着重要的意义和作用，汉语教学师资要善于通过引导学生的积极参与来发挥小组合作学习方式的作用，这样就可以避免个别小组成员"搭车"（free-rider）的现象发生。同时，教师自身也仍然要在学生的小组合作学习中发挥其作用。

以建构主义教学理念作为理论基础使任务型汉语教学方式带有不同于以往汉语教学的许多新变化。建构主义以学生为主的教学理念所提供的理论支撑，使任务型汉语教学形成了以学生为课堂教学的主导、开展生生之间的互助合作学习、强调学生自主建构等特点。建构主义教学理念强调学习要通过有意义的活动来进行的新认识，使任务作为意义建构平台和支架成为学习的基础。建构主义强调赋予学生责任也使任务型汉语教学更能发挥学生的主动性。

## 6.1 以任务型教学方式培养汉语国际教育师资的一些相关问题

对于以任务型教学方式培养汉语国际教育师资，笔者已经进行了一些论述[①]，尽管已经以专著的形式进行了较大篇幅的论述，但是由于论著篇幅仍然是有限的，还有一些研究课题没有涉及，而这些内容对汉语国际教育师资培养而言也是十分重要的。

### 6.1.1 汉语国际教育师资要认识到制定任务型语言教学大纲的重要性

研究任务型语言教学的许多学者都强调了任务大纲的制定对于任务型语言教学的重要性。任务大纲既是具体实施任务型语言教学的关键，同时也是学习难点所在。有学者就提出："大纲问题不解决，任务型教学很难做到有章可循。这必将大大影响其可操作性，也将导致认识和操作上的混乱。"（魏永红，2004：150）任务大纲的制定比结构大纲要困难得多，而且困难要有非常多倍。这与任务型语言教学的特点是密切相关的，任务的教学安排不像语言结构那样已经有了一些顺序。另外，任务大纲编写不易，在教学中操作实施更难。

开展汉语国际教育时，特别是在海外开展教学时，汉语师资经常会遇到需要采用任务型语言教学的情况，任务大纲的确立对于顺利开展教学至关重要，所以必须培养他们了解甚至善于利用和制定汉语教学的任务大纲。任务大纲有其不同于以往的特点，应当注意使汉语师资深入认识这一点。"指导任务式教学法的大纲是过程式大纲，这种大纲的主要内容是学习者为了达到某一目的而进行的一系列行动。它的重点从语言知识向学习过程转移，从结果向方式转移，它关注的是学习程序，它试图在教学内容与教学法之间架起桥梁。"（张美霞，2009：44）

---

① 可参见笔者所著《汉语国际教育师资任务培养方式》（知识产权出版社，2015）。

任务型教学方式中所采用的过程式大纲不同于内容式大纲，有时会使汉语国际教育师资在教学实践里难以理解和适应，在教学过程中也难以操作，所以必须对他们的理解和教学操作进行培养。

#### 6.1.2 任务难易度的确定是汉语国际教育师资开展教学的关键

可以认为任务是开展任务型汉语教学的核心，其中任务难易度的确定又是汉语国际教育师资开展教学的关键，有学者对任务难易度的确立提出了"难度适中"的看法，认为难度适中对学习者的语言学习有许多好处："任务难易适中使学习者更容易处理他们所关注的资源，从而吸引注意，平衡语言表现，减少对词语和交际策略的依赖。此外，影响任务难度的因素还涉及参与任务的人数多寡、具体任务与抽象任务、开放任务与封闭任务、收敛任务与散发任务、计划任务与非计划任务、此时此地任务与彼时彼地任务、提取信息任务与转换信息任务、熟悉信息与陌生信息等（Foster and Skehan，1996）。"（程可拉，2006：7—8）任务难度适中实际上与语言教学以培养学习者交际能力为主要目标是相一致的，但是难度的确立并不是一件易事，从引文中也可以看出影响任务难度的因素是非常多的，通过考虑诸多因素而确立任务难度并非易事。而且，影响任务难易度的因素还不止这些，有学者就提出："任务的难易可表现在以下几个方面：（1）参加任务的人数：参加任务的学生人数越多，任务就越容易完成；（2）任务的抽象性：任务越抽象，对学习者来说就越难完成；（3）对任务信息的了解程度：对关系任务和学习目标的信息了解得越多，任务就越容易完成；（4）对任务的准备时间：有时间准备的任务比没有时间准备的任务难度小。"（严明主编，2009：189）学者们所提出的这些任务难易度确定标准，在培养汉语国际教育师资掌握任务难易度时有很好的借鉴参考价值。

在培养汉语国际教育师资时，必须重视使他们具备辨别和确定教学任务难度的能力，其中不容忽视的是，要使他们充分认识到任务难度的适中与教学对象的具体情况和特点是密切相关的。对此有学者指出:"其实,完成任务并不一定全部需要复杂的语言和句型结构,任务型教学也并非一定要把所有的教学活动都设计得如同真正生活中的语言活动一样。……儿童在学习语言的初期,只要有一两个词的交流,一个任务就完成了。即使从未学过英语的学生也可以完成任务,实际上,任务型语言教学可以从学生学习的第一天就开始,可以从字母教学开始。"(龚亚夫,罗少茜,2006:162)要注意提醒受训的汉语国际教育师资对任务的理解不要狭窄,使他们能够根据教学对象的具体情况,特别是低龄学习者的年龄和心理特点,选择难易度合适的汉语教学任务。

### 6.1.3 培养汉语国际教育师资掌握任务型汉语教学的具体开展方式和步骤

在具体实施任务型汉语教学时,开展任务型汉语教学方式的选择十分关键,对此有学者提出了一些指导性原则:"我国任务型教学必须以情景为支撑、以学生为中心、以任务为主线、以合作为原则、以技术为手段。"(程可拉,2006:193)我们认为在培养汉语国际教育师资时,也可以参照这样的原则来指导汉语教学师资们掌握任务型教学方式的具体开展方式。

汉语国际教育师资们只了解任务型语言教学的开展原则是远远不够的,还要使他们切实地了解和掌握任务型教学方式的具体开展步骤。有学者提出了"任务性交际建构七步法"[①],在教学中具体的开展步骤为:"准备(Preparation in Affection and Schema),搭建(Platform-Building Based on Tasks),一次建构(Personal First-Level Construction),呈现(Presentation in Skills and Information),二次建构(Personal Second-Level Construction),提升(Practice for Promotion),展示(Performance for Production)。"(郭跃进,2008:67—68)这些具体的教学实

---

① 对此有学者提出:"'任务性交际建构七步法'就是这种主观见之于客观的学习思想的一种表达方式。它吸收'交际途径'(功能法与任务型教法)和'建构主义'的思想精华。因此具有交际性、探究性、建构性、过程性、产出性和创新性的特点。"(郭跃进,2008:67)

施步骤可以给汉语国际教育师资们带来很多启示，使他们在备课和具体实施汉语教学时可以在有所依凭的同时进行自己的创造。

## 6.2　在实施任务型汉语教学中贯彻综合教学理念的具体路径

语言教学走向综合是当前的发展潮流，形成这种潮流的一个根本原因是，语言教学已经不再局限于某一种固定的教学模式和方法。例如，近来受到注目和提倡的任务型语言教学就是如此。"任务型语言教学的倡导者在教学模式上并没有统一的意见，或者可以说，任务型语言的倡导者并不刻意追求一个固定的课堂教学模式，如必须经过几个步骤等。……其实在教学中，并不一定要追随一个固定的模式，任何时候教学都应该以学生的需求为主，从而随时调整我们的教学过程与方法，以适合学生的需求和认知发展。"（龚亚夫，罗少茜，2006：203）语言教学不再追随固定的教学模式的根本动因是要考虑学生的学习需求，固定的教学模式已经难以满足学习需求的多样化。

任务型语言教学中的任务本身以及教学方式就带有综合性，是语言教学法综合性发展的产物，而且任务型语言教学方式本身就是多样化的，作为一种教学模式或教学路子建立的理论依据和发展指向都在一开始就带有综合性的特点。有学者就认为："作为一种模式，任务型外语学习必须具备一定的包容性或概括性，能把各式各样的任务型外语学习纳入其中。其次，模式必须是开放的，可以有不同的变式，具有一定的生成能力。最后，它必须归属更大的学习模式。"（程可拉，2006：47）可以看出，各种教学策略和方法在任务型语言教学中并不是互相排斥，而是可以互相借鉴、互相帮助、灵活组合、多样生成。

### 6.2.1　汉语国际教育师资在汉语学习和教学的理念上树立综合的观念

综合性语言教学理念的产生，是由于人们对语言学习和语言教学的认识发生了根本性的改变。对于这样的改变有学者指出："人们不再用静止的、机械的、片面的眼光去看待语言学习，而是把它看成是心理机制、认知行为、社会环境、文化历史等多种因素综合作用的过程。"（朱志平，2008：250）还有学者也提出："笔者认为，自上而下的加工方式有利于学生对文本的整体把握，从整体来了解部分要比从部分来理解整体容易得多，我们今天所提倡的整体教学就是得益于这种观点。"（程可拉，刘津开，2003：44）语言教学走向综合与对学习者学习时的认知特点的新认识有直接的关联，尤其是学习者在语言学习中把握认知对象的特点更适于有针对性地开展综合性的语言教学。

汉语国际教育师资在开展任务型汉语教学时贯彻综合教学，首先就要在思想上树立综合的观念。"这里讨论的综合是一个思想体系，即首先要确立综合的思想，把世界上的事物看成是由许多因素构成的有联系的整体。综合不排斥分析，而是在综合的基础上分析。"（王才仁，1996：313）可见，如果在思想认识上首先采取了综合的观念，汉语国际教育师资就可以在教学方法层面处理好综合与分析的关系。

强调在汉语教学中采用综合的观念，是对汉语教学规律的认识不断深化的结果，也是弥补了以往认识不足的结果。以往的汉语教学较多关注的是教师对知识和内容的传授和讲练，包括语音、词汇、语法等语言知识和文字知识的教学，还有听、说、读、写等语言技能的训练，这显然不能适应汉语国际教育的发展，也不能满足学习者的学习特点和学习需求。对于以往认识上的偏颇进行了纠正，就必然会带来汉语教学需要走向综合的认识。有学者就指出："最重要的是，语言技能、语言知识、情感态度、学习策略和文化意识五个方面构成一个不可分割的整体，共同促进综合语言能力的形成。这样的认识，显然比我们原来理解的教学内容要开阔许多，内涵也更加丰富。"（赵金铭，2007：15）汉语教学不能再局限于技能的训练和知识的传授，而是要扩大到关注学习者其他方面的需求，这种对汉语教学认识的发展和深化，是随着汉语国际教育大发展而形成的。汉语教学要走上实现综合教学的道路,传统的教学方式已经不能适应这种发展,需要进行变革,而任务型教学方式就是具体实施综合教学的重要路径之一。

### 6.2.2 汉语国际教育师资在任务型教学中要注重学习者语言能力的综合培养

之所以提出在汉语国际教育中对学习者语言能力进行综合培养,也是基于汉语教学的总目标是培养学习者运用汉语进行交际的能力。要实现这个教学总目标,就要综合采用多方面的教学方式,并且把这些方面互相联系起来成为一个整体。采取综合性的教学,是达到汉语教学培养目标的重要途径和举措,对此怎么加以强调都是不过分的。

语言运用能力的培养固然重要,但是在语言教学中经常与语言形式的学习出现矛盾和冲突,任务型汉语教学很好地解决了这个难题。任务型汉语教学并不偏向语言能力和语言形式中的某一方面,而是通过走向综合对两方兼顾解决了问题。"外语教学最基本的目的是培养学生综合运用语言的能力。……任务型语言教学所追求的不仅仅是语言的活动量与学生的参与。实际上,任务型语言教学仍然把语言的准确性,把掌握语言的词汇、语法放在重要的位置。Skehan认为这是任务型语言学所要追求的目标。"(龚亚夫,罗少茜,2006:104)任务型语言教学的提出就是为了处理好两个方面的关系,追求兼顾两方面,使学习者的语言能力得到综合、全面的发展。任务型汉语教学通过兼顾两个方面,可以使培养学习者交际能力的教学目标更好地得以实现,因为语言形式的学习可以帮助学习者获得更强的交际准确性,而语言运用能力的培养可以使学习者交际的流利度更好,如此一来,两个方面都得到了很好的发展,使学习者可以获得更好的学习效果。而综合教学所取得的良好教学效果,也证明任务型汉语教学通过关注学习者整体使用语言、通过综合实施教学,使提高学习者的语言能力取得切实的成效。

### 6.2.3 汉语国际教育师资在教学课程和内容安排上的综合处理

汉语国际教育也不能仅只局限于语言的教学，语言教学关联着社会生活的许多方面自不待言，但是更重要的是要意识到语言教学与其他新的学科之间的关系还有着走向融合的趋势。"学科融合是近来基础教育界研究的热点之一。大量实践表明，采用任务型语言教学可以较好地实现跨学科、综合学科的学习，使语言学习贯穿于其他学科学习。"（龚亚夫，罗少茜，2006：84）仅就汉语教学而言，汉语国际教育的发展使汉语教学扩展到了国外的许多中小学，在中小学的教学中汉语教学许多时候是与其他学科的教学融合在一起的，而综合性的教学就并非是单一学科性的，与其他学科的教学可以综合在一起，因此就更适于中小学教学。在这种综合性的教学中，汉语教学与其他课程相结合，可以对其他课程的学习内容等加以利用，起到相互促进的作用。

综合语言教学的发展也分别体现在语言形式的学习和语言交际能力的培养两个方面内部分项上的综合，这些综合要落实在教学的具体步骤和内容上。在教学设计、教材编写和教学实施的各个环节都要落实教学内容的综合性，这样，综合性的教学就有了内容的依托，这样才能够保证教学的顺利实施。以往的传统教学方式过多关注语言知识教学的系统性却忽视了语言能力的培养，而交际教学法过多关注语言的交际功能，对语言知识的教学支离破碎、不成系统，任务型教学方式可以纠正和弥补这两种主流教学方式的不足，使各方面的教学内容和因素综合起来。学习者可以在完成任务的过程中，把各方面的学习内容为实现完成任务的目标而综合在一起，所要完成的任务同时还提供了综合各个方面学习内容的框架和空间，所以，任务型汉语教学是实现综合教学的理想方式和途径。

在实施任务型汉语教学的过程中，通过多种途径贯彻综合教学的理念，实际上也是顺应世界外语教学潮流的一种重要举措。"以积极的态度来接受世界上语言教学法的不同思潮，采取包容、理解的立场，取一种中立的态度，使用综合的处理办法，则是十分明智的，也是目前世界外语教学的明显特点和主要发展趋势。"（赵金铭，2007：15）汉语教学要能适应时代要求而取得更大的发展，必须培养汉语国际教育师资具备适应这种综合性教学发展趋势的能力。

## 6.3 在汉语国际教育中运用小组合作学习时应解决的一些问题

在汉语国际教育中运用小组合作学习有着多方面的有益作用，但是在汉语教学里运用小组合作学习的方式要具备一定的条件和基础，因此要解决一些关键性的问题。汉语国际教育师资开展合作学习时首先要明确其对汉语国际教育的重要意义和作用，还要善于引导学生的积极参与以便充分发挥小组合作的作用，虽然小组合作学习主要是由学生们来完成的，但是在学生的小组合作学习中汉语国际教育师资仍然要注意发挥其作用。

### 6.3.1 开展合作学习首要的是要明确其对汉语国际教育的重要意义和作用

合作学习在当今社会发展和教育中的作用日趋重要，这是社会经济发展对教学和学习提出更高要求所带来的。合作实际上也是当今世界社会经济发展的潮流，人们要顺应合作交流更加频繁的发展趋势在学习阶段就要开始学会合作，通过合作的方式开展学习可以使学习者将来进入社会时能更好地与他人一起开展合作。可见，合作学习在教育教学中的应用是顺应社会经济发展潮流而产生的，汉语国际教育是在中国社会经济飞速发展和国际汉语学习迫切需求日益扩大的形势下应运而生的，因此必然也要重视合作学习在汉语教学中的重要意义和作用。

合作学习是在教育教学理念进一步发展，在更加重视每一个学生的学习的背景下产生的，因此也更适应当今教育教学的发展潮流。合作学习具有改变传统的过分注重竞争的教育教学理念和实际操作的重要意义和作用。除了改变强化竞争的传统教育教学理念外，合作学习还更多地关注到学习者个人的特点，使每一个学习者在合作学习的过程中能够有机会发挥个人的长处,获得自己的成就感。合作学习还可以在学生之间建立良好的人际关系,为他们更好地社会化起到促进的作用。在合作的过程中学生们还可以锻炼和培养相互交流的能力,这样才能更好地完成合作的任务并且实现合作的学习目标。语言本来就是交际的工具,在汉语国际教育中开展合作学习,可以帮助学习者有意识地发展他们的交际能力,而且培养出他们互助合作的精神。

汉语国际教育要想在世界上立足并且有持久的发展,就必须着眼于学生的学习需求和心理特点,采用适应他们的习惯和志趣的组织学习的方式,开展小组合作学习是实现这一目标的重要途径。这实际上同样也是关乎汉语国际教育在世界上的生存和发展的重大问题。

### 6.3.2 汉语国际教育师资要善于引导学生积极参与以发挥小组合作的作用

在开展小组合作学习的过程中易于出现两种偏差:(1)由于小组中个别成员不能积极、努力地参与合作学习的活动而形成完成学习任务贡献度不够均衡的"苦乐不均"的情况;(2)由于个别小组成员把持在小组合作学习活动中的主导权而导致其他小组成员失去或部分失去参与和完成学习任务的机会,出现学习机会不够均衡的情况。如果在开展小组合作学习时出现这些情况,就需要教师的干预来纠正这些偏差。

由于合作学习较多强调学生的学习要在小组里自主完成,根据我们以往的教学经历和经验,学生之间的协调和协同容易产生一些问题,即学生之间会出现能力上的程度差异和对小组的贡献不够均衡的问题。所以汉语国际教育师资要开展好合作学习活动,就要力求有意识地注重保持学生们之间的均衡,要注意把合作学习的任务合理、均平地分配好。这就要求汉语师资在合作学习开始之前就做好大量的准备工作,对每一个学生个体的特点有较充分的了解,对合作学习所要完成的任务和步骤也要进行清晰的梳理和分解,以便合理地进行分配。在开始进行合作学习的过程中，汉语师资也要注意引导学生学会在合作学习中公平地分配学习任务，这才能形成真正的合作，而不是"独作"。在学生合作学习完成之后的总结点评阶段，汉语国际教育师资仍然有责任纠正合作学习过程中学生出现的偏差，对学生良好的表现要进行鼓励和奖励，这样做才能使合作学习健康地发展，避免"苦乐不均"的情况出现。所以，汉语国际教育师资要想使小组合作学习能够顺利地开展，组织和安排好小组内部的学习活动是至关重要的。

另一方面，汉语国际教育师资也要注意尽力避免小组中个别成员不能控制自己的行为和言谈，过多地把持小组活动。对此问题有学者就指出："团队成员们必须要注意，不要轻易满足并欣然接受某位能言善辩的成员的言论，也不要为了顾及那位成员的自尊而用赞同去取悦于他，因为或许有人不愿回过头去再讨论某个特殊的问题。"（Farrell，2005：68）如果小组成员鉴于要保持同学之间的良好关系而难于对小组其他成员进行干预，汉语师资就要及时地介入以纠正偏差。

另外，由于学习者的目的语掌握水平不足以协调和完成小组的每一项学习任务和学习的每一个步骤，小组合作学习活动时难免出现使用母语的情况。面对这种问题，有学者提出的解决办法对我们汉语国际教育也有启发："每个小组找一名学生来担当'语言监督'（Language Monitor）或'外语监督'（L2 Captain），他们的任务是鼓励大家适当地使用外语（不要禁止使用母语）。"（Jacobs, Power & Loh, 2005：158）学生在小组内部活动时用母语表达过的内容，负责"语言监督"的学生也可以设法鼓励他们把同样的内容用汉语试着说出。用汉语先说的，也可以再用母语重复一遍以使小组其他成员易于理解。"语言监督"可以起到引导组员的作用，通过提出具体的要求来进行引导。汉语国际教育师资可以通过自己的示范，使担任"语言监督"的学生由模仿教师到独自熟练地操作，这实际上也是一种行动性和实践性的学习。汉语师资可以安排每个学生轮流来担任"语言监督"，使他们都可以获得有关的体验，这样做还可以使他们的学习更为自觉、自主。

### 6.3.3 在学生的小组合作学习中汉语国际教育师资仍然要发挥其作用

小组合作学习体现的是"以学生为中心"的教育教学理念，课堂中的教学变为以学生合作完成教学任务为主的组织形式，学生的作用和责任从而都大为增加了。"在合作学习中，教师通常要充当'管理者''咨询人''顾问'和活动的'参与者'，而不是把自己看成是工作者。如果教师把自己看成是工作者的话，那么他就不会把学生看作是人，而会当作是工作对象，而予以刺激和塑造。可以说，合作学习对教师与学生关系的认识与处理是较为合理的。"（王坦等，2004：199）尽管在小组合作学习中学生们起着主要的作用，但教师在合作学习中并非就无所作为，而是仍然要发挥其应有的作用，而且合作学习还可以使汉语师资更易于处理好与学生的关系。

汉语国际教育师资在帮助学生克服小组合作学习中的障碍时，要特别注意控制自己过早提出解决办法的冲动和习惯。"我们注意到，在学生们需要帮助才能正确地回答出教师希望的答案时，或者正是教师尽力使学生们拓展、修正自己的答案时，教师的做法经常是重复或者重构他的问题。"（Farrell，2005：93）汉语师资第一步首先要做的是帮助学生通过自己的努力想方设法克服困难、解决问题，即使学生一时难以马上完成，也不能代替他们完成学习任务。

然而并非是在任何情况下汉语国际教育师资都不去出手帮助学生，如果学生们在完成小组合作学习的任务时遇到难以逾越的障碍，汉语师资还是要发挥作用帮助学生们克服困难。有学者就提出："当学生们在课堂上出现以下几种情形，包括对答案不确定、希望对教师发问来得到解释说明，要不然就是想提醒教师有些事情她不知道或者忽略了，此时的学生们会主动地提出问题。"（Farrell，2005：105）可见，在学生在小组活动中遇到难以逾越的障碍和不能解决的问题时，教师还是要起到帮助者的作用，要及时帮助他们解决问题，使当前和下一步的小组合作学习活动能够顺利开展下去。

这里所提出的汉语国际教育师资要发挥作用，并非要求他们直接介入学生们的小组合作学习活动,汉语教学师资这种介入会取代、顶替学生们的活动,也会破坏学生们的学习主动性和自主性。开展合作学习本来的目的就是让学生能够发挥其积极的作用,教师的介入必然会影响和限制学生们发挥作用的积极性,所以汉语教师勇于和敢于放手最为重要。但是在合作学习过程中,汉语教师并非无所作为,而是要为学生顺利完成学习任务起到保驾护航的作用。汉语教学师资的作用存在于合作学习的许多方面,其中最为主要的体现在两个方面:明确目标和避免偏差。汉语国际教育师资要在学生完成小组合作学习任务的过程中,帮助他们建立和理解学习的目标,使他们的合作学习有明确的方向;还要在学生开展小组合作学习时起到协调的作用,通过避免小组活动出现偏差来保证学生合作学习活动的顺利开展和成功完成。

## 6.4 把握以建构主义为理论基础给任务型汉语教学方式带来的变化

建构主义教学理论提出了许多新的教学观念,给教育教学工作带来了许多新的启发和变化,对汉语国际教育而言也不例外,特别是在汉语教学中采用任务型教学方式时尤其能体现建构主义的教学理念。对于建构主义的教学理念,有学者总结为:"建构主义有四条核心理念。第一,知识的学习依赖于个体以往的知识建构。第二,建构是通过同化和顺应实现的。第三,学习是个有机创造的过程,而不是机械累积的过程。第四,个体通过反思、认知冲突的解决、否定以往不完整的理解,从而达到有意义的学习。"(Norton & Wiburg,2002:51)可以看出,建构主义的教学理念与以往传统的教育教学理念有很大的不同,尤其是对学习和学习者的作用有了新的认识,汉语国际教育师资要充分认识到这种新变化,以便更好地领会和运用任务型汉语教学方式。

### 6.4.1 建构主义以学生为主的教学理念为任务型汉语教学提供理论支撑

在贯彻建构主义教学理念的课堂教学活动中，汉语国际教育师资要自觉地改变以往以教师为主导的教学方式，要变为使学生成为课堂里的主导。有学者指出："在教学过程中，课堂活动经常是受教师控制的。他们有自由在教室里走动、发起活动和互动、分配时间和资源并且提问问题。他们讲述事实、详细阐述自己的想法。学生大多数情况下都是被动的听课者和设计好的课程的跟随者。与之相反的是，在采用知识建构的教室里，这种活动和自由至少在学生中已经可以实现。"（Sandholtz, Ringstaff & Dwyer, 2004：13）建构主义理论的实质是采取"以学习者为中心"的教育教学理念，任务型汉语教学方式也同样提倡以学生为中心来完成学习任务，实际上任务型语言教学就是以建构主义作为理论基础的，是在建构主义教学理念的支撑下建立起来的。

建构主义教学理念强调师生之间和生生之间的互动合作，在教室里形成平等的人际关系。任务型汉语教学以学生分组合作共同完成学习任务的方式为主来开展课堂教学，通过学生之间的协商完成他们的目的语知识建构和能力提升。"在采用知识建构的教室里，师生之间的互动更加灵活，更具有合作性。学生们共同工作。学习的环境更像一个通过交谈、提问、实验纠错和频繁比较相似解决方案的工作地点。在这样的课堂里。事实是非常重要的，但不仅仅是局限于其自身。重点放在提问和创造的过程，因为这一过程发现事实。从事实中得到启迪——发现相互的关系和变化，从中提取一个新的顺序、新的模式、新的理解——这是无价的。"（Sandholtz, Ringstaff & Dwyer, 2004：14）汉语国际教育师资在任务型汉语教学中要强调由学生去发现学习中的问题并且解决这些问题，这实际上与建构主义的教学理念是不谋而合的。建构主义教学理念鼓励学生互相交流、自己探索，并且在学生自主学习的过程中发挥他们的主动性和创造性，使他们的学习可以取得更好的效果。

建构主义教学理念认为学生的有效学习要更多地依靠学生的自主建构，而

第六章　任务型教学方式与汉语国际教育师资培养

且这种建构要通过他们自己的思考来进行，而非仅依靠记忆知识。有学者们就认为："建构主义环境另外一个重要的方面就是强调理解的质量而不是数量。学习者积极建构自己的知识体系并进行理解而不是消极地记忆事实。在那样一种环境里，学习者有时间思考他们正在学习的东西，而不是尽力去记忆更多的信息。"（Sandholtz，Ringstaff & Dwyer，2004：147）建构主义对有效学习的认识也发生了改变，认为促进学生思考而不是要求他们记忆是知识建构的正确途径，任务型语言教学强调在"做中学"实质上也体现了建构主义这种有关学习的理念。

### 6.4.2　建构主义教学理念对学习的新认识成为任务型教学方式的理论基础

在建构主义教学理念里学习不再是以知识的获取为主，尤其是不能采取死记硬背的方式掌握知识。建构主义认为知识只是发展能力的媒介，而且知识的掌握通过学习活动来进行才能真正有效率、有效果。"维果斯基的中介说、活动说和内化说使我们更清楚地看到任务型学习的本质，作为知识的语言必须通过社会互动才能把规则内化，而作为中介的语言只有在完成任务的过程中才体现其工具的价值。此外，社会文化论与任务型教学至少在以下几点上是兼容的：试图重建课堂情景、把活动或任务作为语言学习和发展的支架，强调意义和互动。"（程可拉、刘津开，2003：16）建构主义强调有意义的学习内容和学习过程，而任务型汉语教学也重视语言学习要以完成真实性的任务为基础，使学习带有解决真实的语言交际问题的目标，从而发展学习者的目的语交际能力。"维果斯基反对没有意义的形式（Wertsch，1985：88），他的观点与强调意义与形式结合的任务相符合。这也与任务型教学所强调的通过使用语言获得意义相一致。"（程可拉、刘津开，2003：16）任务型汉语教学所提倡的语言形式与语言意义兼重的理念，是为了纠正过于重视语言形式和只重视语言交际内容的两种偏向。任务型汉语教学强调语言意义与语言形式相结合的做法，是在建构主义教学理念基础上形成的。

兼顾语言知识与语言意义的任务型汉语教学方式，更为合乎学生语言学习的规律。因为学习必须在学生自己完成的基础上才能真正实现,对于技能型的语言学习而言就更是如此,技能只能由学习者通过自己的建构习得。"建构主义通过与交际教学思想的结合就构筑成一条主观见之于客观的获得知识的途径,表现为通过与客观世界的交际互动来习得有助于建构的条件性知识,然后通过对主体的质疑、探索、发现、建构意义来学得促进主体发展的知识。这样,学习者发现了学习的意义,同时又创建了有关学习的意义。"(郭跃进,2008:63—64)建构主义是建立在将学习的主客观条件相结合使之更有效地相互作用的认识基础上的,同时更强调学生主体的认知建构,所学习到的意义也才能在这个过程中真正建构起来并为学习者所掌握。

### 6.4.3 建构主义强调赋予学生责任发挥学生的主动性与任务型汉语教学一致

建构主义教学理念在强调学生具有主导作用的同时,也把更多的学习责任赋予了他们,汉语国际教育师资要想有效地贯彻建构主义教学理念,就要注意发挥学生们的学习主动性并调动他们的积极性。有学者就提出:"和传统的教室相比,建构主义的学习环境让学生们自己承担了更多的学习责任。这样的责任可能会给一些学生带来挫折感和不舒服的感觉,特别是当他们习惯了让老师'传授知识'给他们的时候。然而,有了这种责任感,学生们在个人探索、动手实践和思考上就有更多的自主权。通常,一旦学生们习惯最初的不适,他们就会看到建构主义学习的价值。"(Sandholtz, Ringstaff & Dwyer, 2004:145)在贯彻建构主义教学理念的课堂上,汉语国际教育师资赋予学生更多的学习责任最初可能也会使学生们不习惯,但是这也可以迫使学生摆脱对教师的依赖,更为主动地进行自己的学习。学生们掌握了学习的自主权,可以使他们更有责任心地投入学习,这实际上也是任务型汉语教学所要达到的目标,两者在这方面是一致的。

建构主义教学理念确定要赋予学生更多的学习责任,会带来学生学习主动性的增强，使他们更积极地投入学习中去。"交际教学强调在任务型交际中被动地（潜意识地）习得知识（主动地学得知识居次要位置），建构主义注重在任务型交际中主动建构知识，因此，二者的结合可以扬长避短，学生可以在任务型交际中经历对知识的接受性感知到知识的产出性主动建构，正如克拉申所主张的：一方面学生不自觉的语言习得产生流利话语，另一方面教师的引导又使学生理性而自觉地进行语言学习，有能力对语言输出实施监控，保证语言输出的正确性。"（郭跃进，2008：60—61）可以看出，建构主义教学理念与教师发挥作用并不矛盾，汉语国际教育师资在学生主动学习和完成任务的过程中，通过适时、适当地对他们的学习进行引导和纠偏，可以保障学生的主动学习取得更好的效果，这样也就可以使任务型汉语教学能够更为顺利地开展。

# 第七章　汉语国际教育师资培养过程中文化问题的重要性

在与汉语教学相关的跨文化交际中很容易出现文化误解的情况，文化误解严重的甚至会造成文化冲突，汉语国际教育师资提高文化教学能力对化解文化误解和冲突非常重要，掌握文化教学能力对于他们完成汉语教学的目标也是十分重要的。文化教学是对语言教学更高层次的要求，发展高层次的汉语教学能力也需要国际教育师资重视和发展自己的文化教学能力。

跨文化交际意识的建立是汉语国际教育师资跨文化交际能力培养的首要任务，同时也是他们专业发展的重要内容。汉语国际教育师资职业意识的培养也是培训的重要组成部分，其中文化依附问题的解决尤为重要。同时，还要注意培训汉语国际教育师资对一些具体跨文化交际策略和技巧的掌握，如跨文化交际中文化误解问题的解决策略、对学生易出现的跨文化交际问题的预判能力、文化互信与对对方文化尊重的策略和技巧等。

"汉语难学"的论断许多时候是由对中华文化理解的困难造成的，解决语言教学中文化问题的重要性日益凸显，而重视汉语国际教育中的文化教学也是汉语国际教育师资专业发展的重要途径。开展文化教学有很大的难度，汉语国际教育师资可以先从不同文化的相似之处入手开展教学以解决此类问题。在海外的环境中开展的汉语教学要探索新的文化教学方式和新的教学思路，汉语国际教育师资采用任务型教学方式可以解决语言教学与文化教学冲突的问题。汉语国际教育师资自身的跨文化交际能力，是解决汉语教学中文化问题的重要基础，因此要有自觉的意识发展和培养这方面的能力。

# 第七章 汉语国际教育师资培养过程中文化问题的重要性

## 7.1 提高文化教学能力在汉语国际教育师资培养中的重要性

汉语国际教育在世界各地开展，必然要涉及和面临跨文化交际和中华文化传播的问题，在某种程度上这是由于外部世界对中国文化和我国国情缺乏了解所产生的，许嘉璐先生指出："大多西方学者对于东方传统文化和近百余年的状况，特别是中国当代的起伏变化普遍缺少了解，这是近200年来中—西交流偏向于'西学东传'这一不平衡状态的反映，也是有待于东方诸国提供合作的领域。"（许嘉璐，2017：9）解决这样的问题需要依靠文化交流，许先生进一步指出："学会并实施中华文化走出国门的伟大事业，使中国人的智慧达到地球上一切有人居住之处。文化多样性的逻辑延伸，就是文化间的交流。"（许嘉璐，2017：11）可以认为，促进世界各国人们之间文化交流也是汉语国际教育的重要使命和任务，汉语国际教育也为文化交流提供了帮助和便利。在汉语国际教育在海外不断拓展的过程中，教学师资所面临的困难不仅仅是语言教学的问题，许多问题属于文化教学方面。有学者就指出："某地区以前几乎没有汉语教学，现在面临的现实问题是怎样开好这个头，如何吸引人关注，以及如何把已经被吸引过来的学习者留在你的课堂。这里可能首先不是——起码不仅仅是一个语言技能教学的问题，也不一定是语言本体知识掌握得扎实、教学法理论熟悉的人就一定能胜任的。"（朱瑞平，2011：55）汉语国际教育要想吸引更为广泛的社会人士的注意力，使更多的学习者有兴趣学习汉语和了解中华文化，仅仅重视语言的教学显然是不够的，在汉语国际教育师资培养的过程中仅仅重视语言教学能力的培养也是远远不够的，还要重视汉语国际教育师资多方面能力的培养，其中文化教学能力的培养尤为重要。

### 7.1.1 在跨文化交际中文化误解的严重凸显师资文化教学能力提升的重要性

由于跨文化交际是发生在不同特点的文化之间的，具有不同特点的文化必然存在着差异，这种差异容易导致文化误解，在文化误解严重时甚至会产生文化冲突。"跨文化交际是来自不同文化的人之间的交际，由于交际信息编码与解码之间的文化差异，不同文化之间交际时就会常常出现信息的失落或信息的误解，甚至还会出现信息的文化冲突。"（毕继万，2014：150）跨文化交际有着不同于一般的同一文化内部交际的特点，同一文化圈内部的人们对他们之间交际的特点由于习以为常而习焉不察，但是在跨文化交际之中这些特点就凸显出来了。对于这些特点有学者总结为："就是在不同文化之间进行交际时，由于文化不同，交际者的历史传统、生活习性、风俗习惯、交际规则、思维方式，乃至价值观念等各方面都会有所不同。"（毕继万，2014：170）这种多方面的不同所造成的文化差异，会对跨文化交际产生不利的影响，"这些方面的文化差异容易造成跨文化交际中交际信息的失落、误解，甚至文化冲突，最终还可能导致文化交际的失败，无法实现跨文化适应。"（毕继万，2014：170）由于文化差异造成的文化误解所导致的跨文化交际失败，对汉语国际教育师资会带来意想不到的巨大损失，会导致汉语教学和文化传播的工作难以开展，尤为可惜的是这种损失完全有可能是在没有意识到的情况下发生的，而当损失出现以后往往又难以挽回。

传统的教学观念、传统的教学方式，已经不适应汉语国际教育新形势发展的需要。世界范围内第二语言教学的变革已然开始，多方面的语言教学新探索已经在开展，文化教学给汉语教学的新发展带来了更为明确的方向。汉语国际教育的开展也使得文化传播有了更加明确的目的，这就是促进文化理解并达致相互的交流和共同的发展，而不会导致被理解为是"文化侵略"的结果。促进文化交流是中国和世界各国共同的迫切需求："柏林市长对我说：'文化交流是最重要的。我们就是要激发中学生的汉语兴趣、大学生的文化兴趣、大众的中华文化之可感知。'这是翻译问题呢,还是他原来就这么用词呢?'可感知'三个字非常值得深深地体味。"(许嘉璐,2008:9)文化传播以语言为媒介,可以更加深入、便捷并且达到更好的效果,也可以使国际社会认识到中国所开展的汉语国际教育并不是以改变他人为目的,而是期待着不同文化背景的人们相互之间理解更多、互信更多。

跨文化的相互理解只能通过相互交流才能实现,而且现在是互联网发达的时代,意欲封闭自己并与他人"老死不相往来"的想法早已过时,也难以实现,所以跨文化交流的重要性在现时代日益凸显出来,汉语教学也必然要面对和顺应这样的新形势,在促进世界各国人民之间的文化交流方面发挥积极的作用。"凭借着中国的经验和文化,有伟大的中华文化的积极参与,促进世界新秩序的诞生,人类走向货真价实的对话时代、无战争时代,完全是可能的。"(许嘉璐,2017:12)汉语国际教育在促进人类文化交流和跨文化理解上的重要意义和价值,值得重视。

### 7.1.2 汉语国际教育师资掌握文化教学能力对完成汉语教学目标十分重要

汉语国际教育师资在教学观念和教学意识上,只重视学习者语言交际能力的发展是远远不够的,这样对语言教学的认识和理解未免狭窄。有学者提出:"语言交际能力仍然是多数教师认为的二语教学的唯一目的。语言交际能力虽然是主要的交际能力,但不是完整的能力,还应包括非语言交际能力、交际规则转化能力和跨文化适应能力。"(毕继万,2014:10)显然,在汉语国际教育中如果仅仅局限于对语言的教学,是难以完成全部的教学任务和教学目标的。对于汉语国际教育师资的培养,也不能仅仅局限于汉语教学技能的培训。"是否不以语言技能教学为唯一中心?因为让目标人群对中国产生兴趣可能是最重要的。所以,派往上述地区的教师除了掌握语言本体知识与一般的语言教学技能外,更重要的可能是对特定对象的深切了解以及中华文化传播技能、跨文化交际能力等等。"(朱瑞平，2011：55）可以说，汉语只是中国的一个方面，尽管这是认识和了解中国的重要途径和手段之一，但是中国不仅仅只是有汉语，中国有更为丰富多彩、博大精深、绚烂无比的中华文化，这些是更有吸引力和传播力的中国因素，所以汉语国际教育师资利用文化要素的能力就显得更为重要。

开展中华文化教学除了可以吸引更多的学习者外，更重要的是可以更好地满足学习者的认知需求，也就是了解当今和以往的中国以及理解和学习中华文化的需求。所以，也可以认为文化教学与达成汉语学习者学习目标的相关度是程度最高的。汉语教学界一再强调语言教学目标的设定要以学习者的需求为准则，由此而制定出汉语教学以培养学习者的交际能力为教学目标。但是进一步考虑一下，学习者掌握目的语交际技能的目的又是什么呢？实际上，他们是要进行跨文化交际，并且由此达成跨文化理解，所以汉语国际教育师资要重视和掌握文化教学能力，这对更高水平地完成汉语教学任务至关重要。

### 7.1.3 发展高层次汉语教学的能力需要国际教育师资重视文化教学

语言教学发展的新趋势，所拓展出的一些新理念和新形式，如任务型教学、合作教学、自主课堂等无不是关注到人们之间的社会性互动的结果，而不只是停留在对知识的理解、对技能的掌握上。而跨文化理解、交流是困难的，是语言教学更高层次的发展，也是对语言教学更高的要求。而促进学习者跨文化交际的文化教学是对语言教学更高层次的要求，是语言教学进一步发展的需要。

汉语教学更高的目标，应当是使学习者"得意而忘言"。如果学习者随时随地在关注着语言形式，随时随地在担心着目的语使用的错误，那么他们对目的语的掌握一定是不熟练的，汉语教学也就没有达到培养学习者交际能力的目的，教学没有取得应有的效果。

汉语教学如果只是停留在语言形式的教学上，不考虑教学的内容的重要性（内容曾被认为不是语言教学应当考虑的事情），就会使语言教学脱离社会。只

## 第七章　汉语国际教育师资培养过程中文化问题的重要性

是关注语言形式的教学，失去了对语言教学目标的针对性，变成了枯燥的形式操练，则意趣全无。问题的解决之道，应当是把语言教学推进到与中国文化的传播相结合上去。对语言及语言教学只是进行工具性的理解还不够，应以建立人际之间的良好关系为目标，以文化传播、文化交流为目标来教语言，这样可以达到不同文化背景的人群之间的相互理解。

汉语国际教育师资要想顺利地开展跨文化教学和跨文化交际，还要特别重视对母语文化（中华文化）的学习和掌握。有学者就尖锐地指出："在跨文化交际学习与研究中，人们习惯于关注外语和外国文化，对母语和母语文化却重视不足，有些人甚至轻视母语和母语文化的学习和研究，这不仅极不正确，也是十分有害的，因为他们会忽视跨文化交际的根基和方向，更谈不上跨文化意识，因而无法进行跨文化交际。"（毕继万，2014：174）确实，汉语国际教育师资所要开展的跨文化交际必然要与其母语文化（中华文化）相关联，如果不认真掌握好汉语和中华文化肯定不能做好跨文化交际，因为交际对方正是基于汉语师资是汉语和中华文化的传播者才与之进行交往的，而跨文化交际的意愿和目标也是开展好文化教学的基础。汉语国际教育师资在更深的层次还要认识到："中华文化走向世界是对人类最大的贡献之一：和而不同、天人一体、人我同命、手足相应等理念，与当前统治着全球的'世界秩序'既相克也可以相生。"（许嘉璐，2017：11）对中华文化传播和跨文化交际的意义有了深入的认识，就可以成为汉语国际教育师资教学实践中传播中华文化和文化交流的自觉行动。

## 7.2　汉语国际教育师资跨文化交际能力培养的一些相关问题

跨文化交际能力在汉语国际教育师资培训中的重要性自不待言，但汉语教学师资培养的实践和师资本身在汉语国际教育工作中的实践都证明，要想使他们获得所需的跨文化交际能力并非易事，还有许多具体的问题需要解决，如跨文化交际意识的建立就绝非易事，与汉语师资职业意识相关的文化依附问题也需解决，还有汉语教学师资掌握跨文化交际具体策略和技巧的问题等。

### 7.2.1 跨文化交际的意识建立是汉语国际教育师资培养的首要任务

如果一位汉语国际教育师资根本就没有意识到其行为出现了跨文化交际方面的问题，那么要解决这样的问题也就根本不可能，培养其跨文化交际能力也就更谈不上了。但跨文化交际问题的出现往往是因为进行跨文化交际的主体根本没有认识到存在着这样的问题或者没有意识到问题的严重性。"许多人以为，只要学好外语，与外国人交际就不会有问题，外语越好，与外国人交际就越顺利。事实并不尽然，相反，有的人外语很好，与外国人交际困难仍然不小，问题就出在跨文化意识淡薄，缺乏处理文化差异的能力，将跨文化交际中的问题集中到文化误解和文化冲突上了。"（毕继万，2014：156）外语水平高的交际者往往更容易落入跨文化交际的陷阱，因为语言交际的顺畅使交际对方也不容易意识到存在跨文化交际的问题，很容易误认为交际者在思想观念、交际态度方面存在问题，很可能会得出交际者不够友好的误解印象。意识方面的问题也就相应地要从意识上解决才行，使汉语国际教育师资建立跨文化交际意识就显得尤为重要，只有这样他们才能有能力认识到在他们的行为里存在着跨文化交际的问题。

跨文化交际能力虽然具体表现在汉语国际教育实践中的教学[①]操作行为上，但实际上要形成符合跨文化交际要求的相应操作行为，汉语国际教育师资首先要树立起跨文化交际的意识，如果他们根本不能意识到所面临的情况和处境是跨文化交际的，则在具体操作层面上很难做出适当的跨文化交际行为。

---

[①] 汉语国际教育师资所面临的常常并不仅是教学上的跨文化交际问题，尤其是赴海外任教的师资还要面临生活环境和教学管理等许多方面的跨文化交际问题。但是这些方面仅仅是间接地与汉语国际教育相关，汉语国际教育师资的主要任务是教学，因此本书主要论述有关教学方面的跨文化交际能力培养问题。

## 第七章 汉语国际教育师资培养过程中文化问题的重要性

跨文化交际意识的形成并非易事，经常性地会出现民族文化优越感妨碍跨文化交际顺利完成的情况。有学者提出："各种文化共存的理想状态是：互相交流，取长补短，成果共享。但是，文化却常有本民族文化优越感的倾向。每个人一出生，就会潜移默化地形成以自己文化标准去衡量一切的思维定式。尽管这种民族文化中心主义往往是无意识的，但常常会阻碍跨文化交流的顺利进行。"（蔡绿，2008：128）看来，以自我文化为中心是人们一种易于形成和表现出来的天然倾向，这种倾向的存在必然使交际主体不能在不同文化之间进行跨越因而顺利地进行交流，因此完全有必要有计划地对将要面临跨文化交际任务的汉语国际教育师资进行跨文化交际意识的专门培养，并且列为首要的培训任务。

### 7.2.2 在汉语国际教育师资职业意识[①]的培养中解决跨文化交际意识的问题

有学者认为对于汉语教师而言跨文化交际意识是其职业意识的组成部分，这样就把跨文化交际意识提到了很高的高度："我们认为，无论是时代意识、课堂教学意识，还是跨文化交际意识，都可以并入对外汉语教师的职业意识。"（张和生，2006：129—130）从职业意识的角度强调跨文化交际意识培养的重要性，可以强化汉语国际教育师资对跨文化交际意识的重视，也可以使他们在正确认识的基础上更好地掌握跨文化交际意识和能力。"对对外汉语教师——尤其是专职教师在观念上的要求，实际上是诸多要求中最高标准的要求，是对教师主观能动性的要求。因为只有对自身职业有了正确的认识，才会有自觉提高自我职业素养的动力，才会做主动完善自我的有心人。"（张和生，2006：129—130）跨文化交际意识的建立必须由被培训的师资主动有意识地去完成，如果汉语国际教育师资具备了跨文化交际方面的职业意识，他们也可以在汉语国际教育的工作中主动地去

---

[①] 关于教师的"职业意识"有学者提出了这样的认识："所谓职业意识，就是一种观念，它反映出从业者对自己职业的认识水平。"（张和生，2006：129）

发现和解决所出现的跨文化交际问题。

汉语国际教育师资职业意识的建立，必然要面临跨文化交际中的文化依附[①]问题，因为文化依附是汉语师资们在教学工作中经常要面对的问题，同时也是最为困扰着他们的问题。"在对外汉语教学中，也存在着大量由于文化差异而造成的障碍，其中，对教学双方造成的困扰最为常见、最为严重的就是文化依附矛盾。"（蔡绿，2008：128）汉语国际教育中的文化依附问题实际上存在于教师和学生两方面，有学者就认为："一方面，教师代表着汉语文化，教学对象却来自异文化群体。为了适应教学对象，我们在教学中有时就会自觉或不自觉地进行文化依附选择，文化依附矛盾便产生了。另一方面，留学生代表的是各自民族、国家或地区的文化，为了学习体现汉文化的汉语，必须进行文化选择，他们的文化依附矛盾也产生了。"（蔡绿，2008：128）由于汉语教学时跨文化交际中的文化依附问题要涉及教师和学生两个方面，就显得更为复杂，尤其是在汉语国际教育中教学任务的完成离不开教师和学生的配合而且经常处于境外文化环境之中，两方面的文化依附问题纠合在一起就更显复杂。因此，要在汉语教学师资培养阶段就解决好他们对文化依附问题的选择困境，并且培养他们有能力解决好教学对象的文化依附问题，使他们在处理跨文化交际问题时能够游刃有余。

### 7.2.3 培训汉语国际教育师资对一些具体跨文化交际策略和技巧的掌握

#### 7.2.3.1 对跨文化交际中文化误解问题解决策略的掌握

汉语国际教育中的跨文化交际问题较多体现为对目的语文化的误解问题。"在跨文化交际中，假如留学生缺乏对中国文化背景的了解，常常无意识地用自己文化的种种标准去衡量和评判教师的行为。"（蔡绿，2008：129）有学者分析了产生这种文化误解的原因："造成这种后果的主要因素是：我们中的大多数

---

[①] 有学者对"文化依附"给出的定义是："所谓的文化依附，即对外汉语教师在教学中和留学生在学习中代表或体现什么样的文化。"（蔡绿，2008：128）

## 第七章 汉语国际教育师资培养过程中文化问题的重要性

人很少有直接与多种异文化接触的机会,很难开阔眼界;有些人即使和异文化有所接触,却始终偏爱自己熟悉的文化,不愿放开胸怀,当与异文化发生碰撞时,总是试图进一步肯定本民族的文化特征;还有些人由于对跨文化交际中可能出现的困难认识不足,在得到与异文化接触的机会时畏缩不前。"(蔡绿,2008:129)虽然造成文化误解的原因很多,但是这些问题都是可以解决的,而汉语国际教育正好是使学生们对中华文化多加接触从而消除文化误解的良机,汉语国际教育师资只要树立起正确的中华文化传播意识,就能解决教学过程中跨文化交际的具体问题。

当然,跨文化误解问题的数量和程度在不同国家是有所不同的,这与两种或多种文化之间的文化差异程度直接有关。出现文化误解情况的原因,往往是"跨文化交际的双方文化共享性较差,即来自不同文化群体的成员不具有或者很少具有共同的文化特征。"(蔡绿,2008:129)有学者对跨文化交际中的文化误解的原因进一步进行了分析:"当然,各种文化的差异在程度上是不同的,产生误解的可能性的大小也是不同的。留学生与教师间在文化上所具有的共性越多,他们在交流中所遇到的心理挫折或文化曲解就越少。反之,误解的可能性就越大。"(蔡绿,2008:129)在汉语国际教育师资培训的过程中要注意使受训者多了解各个国家的文化情况,培养其对文化差异的高敏感度,以便他们能够根据所掌握的学习者与中华文化的文化差异程度有针对性地解决跨文化交际问题。

7.2.3.2 对学生易出现的跨文化交际问题预判能力的掌握

各种不同文化背景的汉语学习者出现跨文化交际问题,是有一定的规律可循的,对于跨文化交际问题的相关研究已经取得了许多成果,对解决问题可以有很大的帮助,可以为汉语国际教育师资以及他们的培养者所学习和借鉴。

通过相关理论和知识的学习使汉语国际教育师资掌握跨文化交际中容易出现问题的规律,就可以使他们对学生易出现的跨文化交际问题有预判和准备的能力。"在教学中要做到知己知彼,这是对外汉语教师必备的素质,但仅仅了解彼此文化的异同是远远不够的，还要对引起冲突的因素有充分的认识。我们应具备事先预知文化冲突点的能力，在留学生文化曲解发生前，有意识地通过提供丰富翔实的背景知识、通俗易懂地解说文化内涵等手段进行解释性教学，以利于彼此的了解，减少他们对所得信息的误解，达到有效的跨文化交际效果。"（蔡绿，2008：129）这就需要汉语国际教育师资在接受培训的过程中和具体的汉语教学工作中，有意识地不断有针对性地积累，在具备丰富的文化差异知识的基础上提高预判发生文化误解和文化冲突的能力，通过提前的准备消除这种文化误解和冲突的发生。

### 7.2.3.3 文化互信与对对方文化尊重的策略和技巧的掌握

汉语国际教育师资要重视和掌握平等对待学生的策略和方法，特别是要重视平等地对待学生的母语文化，要使受训师资具备尊重教学对象和交际对方文化的意识和态度。有学者就提出："在进行对外汉语教学时，理想的跨文化交际方式为平等对话型，而那种自我中心型或控制对方型都会引起学生的反感。"（蔡绿，2008：129）这位学者也提到了一些与此相关的在这方面汉语教学师资应当掌握的一些技巧："在教学过程中，我们可以运用多种基本技巧，如尊重对方、设身处地地体味别人的喜怒哀乐、给别人讲话的机会、心胸豁达、以理服人等等。"（蔡绿，2008：129）汉语国际教育师资通过尊重对方的文化，可以形成和促进在跨文化交际和汉语教学中与学生之间的互相信任。"当然，在跨文化交际中，师生双方的互信程度也是交流顺利进行的关键性因素，对教师的信任程度甚至会影响汉文化的形象。一个在本民族文化观上绝对自负或绝对自卑的对外汉语教师，都不容易得到留学生的信任。因此，我们在确立汉语文化自信的同时，也应该对留学生的母语文化做出积极、公允的评价。"（蔡绿，2008：129）汉语国际教育师资对自身中华文化的自信和对对方文化的尊重是在师生之间顺利进行跨文化交际的关键，也是师资培训中必须有意识地为受训师资树立并使之切实掌握的。

跨文化交际的问题具体渗透在汉语国际教育教学工作的方方面面，但是最为突出的是体现在课堂教学的过程中,尤其是教师自身的跨文化交际意识是必须首先明确和建立的。汉语国际教育师资只有把跨文化交际意识落实在教学过程中并掌握了跨文化交际的具体策略和技巧,才能顺利地开展好教学活动。

## 7.3 汉语国际教育师资应重视语言教学中的文化问题

汉语教学的根本目标并不仅仅是培养学生的语言交际能力,文化理解和交往能力也日益受到重视。德国汉语教学专家柯彼得(2013)在论及汉语教学未来的发展趋势时指出:"在全球化的进展过程中,将来大约会培养'多元文化交际能力'(multicultural communicative competence)的需要。"(转引自沈岚,2014:190)随着汉语国际教育在世界各地的不断拓展,语言教学中文化问题的重要性日益凸显,而且开展汉语国际教育的一个重要目标,就是开展中华文化的教学和传播,所以文化教学也是汉语国际教育中的一个重要任务。而在汉语国际教育中开展中华文化教学并非轻而易举之事,常常会遇到许多障碍和困难,但是这项重要而光荣的任务又是汉语国际教育责无旁贷的,同时这也是汉语国际教育深入发展的必然使命和重要契机,因此汉语国际教育师资要重视汉语教学中的文化问题。

### 7.3.1 重视语言教学中的文化教学是汉语国际教育师资专业发展的必然途径

不同文化背景的交际者之间在语言等方面有差异就容易形成沟通交流的障碍,因此欲达到交际双方的相互理解就更需要加强彼此之间的沟通,但要消除这些障碍却并非易事。在语言交流中并非交际者只需使表达的语句完整、语法正确无误就能解决一切交际问题,在沟通技巧层面学生们仍然有许多需要学习的内容,不同文化之间沟通、表达习惯的不同也会常常带来交际的障碍,这就涉及跨文化交际方面需要解决的问题。

加强语言教学中的文化教学并非轻而易举，这是因为文化的教学不依托于语言交际就难以独立进行。文化的问题在汉语国际教育中受到了一定程度的重视，也对汉语教学师资进行了中华文化才艺的培训，但是在实际的教学中文化教学与语言教学常常是两不相涉的。有学者就提出汉语教学中的文化活动有许多局限性："在外语教学及国际汉语教学中，文化活动本身的局限性主要体现在四个方面：（1）它无法作为独立的技巧手段；（2）它是不完整的学习活动；（3）它缺乏与语言信息的'共时展示'；（4）它缺乏对语言信息处理过程的'同步融入'。在缺乏干预的情况下，这样的局限性会使'对文化信息的学习'与'对语言信息的学习'形成实际上的相互分离。"（姬建国，2014：99）实际上，要想把语言教学与文化活动结合起来是有一定难度的，结合得不好很可能会分散学生的注意力、争夺有限的学习资源（时间、精力等）、偏离培养语言交际能力的语言教学目标，所以汉语国际教育师资要重视文化教学的问题，并且设法处理好相关问题。

在汉语教学中加强文化的教学有很大的难度，因为这种教学所要面临的实际上是跨文化交际的问题，但培养学生"多元文化交际能力"又是汉语教学的任务，因此汉语国际教育师资就更应重视语言教学中的文化问题。许嘉璐先生提出："我们的中华文化可以说是一种'可怕的'文化，是极有力量的、生存能力极强、生命力极为旺盛的文化，除了源远流长、博大精深的特点之外，加之中华文化所具有的包容性、合和性，使之具有了立于不败之地的超强能力，但是也是其他文化难以理解、难以消化而不可调和的，尤其是与西方强势文化异质性最大，在文化上、语言上与西方的文化、语言都相距最远，因此教学难度也大。"（许嘉璐，2010：103）除了东亚与外我国相邻的地区以外，中华文化与世界其他地区的文化差异性很大，这给外国学生理解中华文化带来了很大的困难，也影响到学生们对汉语的学习，使他们主观地认为汉语也很难学，"汉语难学"的论断许多时候是由理解中华文化的困难造成的。解决文化差异大、文化理解难的问题，汉语国际教育师资可以先从文化的相似之处入手，这也符合教育学中从易到难的教学规

# 第七章 汉语国际教育师资培养过程中文化问题的重要性

律。文化的相似性是突破跨文化交际障碍的基础，而突破交际障碍也是汉语教学培养学生跨文化交际能力的主要目的。解决好汉语教学和文化教学中的文化差异问题，可以使汉语国际教育师资在顺利完成好教学任务的同时，在专业发展方面也得到很大的提升。

### 7.3.2 在海外环境的汉语国际教育师资要探索新的文化教学方式和新的教学思路

汉语国际教育师资在海外开展汉语教学时必然要面临跨文化的交际环境，而他们所要完成的语言教学和文化教学任务也会面临一些如何取舍的两难处境，传统的讲授式的教学方式已经难以应付和满足教学的要求。

例如，笔者在对赴美汉语教学志愿者进行培训时，遇到一个即将赴美国高中任教的志愿者，赴任学校要求她要开展较多的中国文化教学。她在培训之后的教学试讲时，选择了介绍汉语中打招呼的特有表达方式（如"你吃了吗？"等）作为教学试讲的文化主题。她在进行教学设计和实施试讲时，采用传统的知识教学方式，但是这种"老师讲、学生听"的教学方式遇到了困难。她想要介绍"你吃了吗？"这句汉语问候语背后的文化意蕴，但是遇到了两难困境：如果文化教学的内容用目的语汉语来介绍，会超出学生的汉语水平使他们难以理解；可是用学生的第一语言英语介绍的话，又达不到开展汉语教学的目的，这在汉语国际教育师资面前就出现了一个使用何种媒介语言开展文化教学的问题。

面对她的困惑笔者给出的建议是：可以采取任务型教学方式让学习者自己自主地去探索、发现中国人打招呼和问候的各种表达方式及其文化意蕴，把对这些学习内容的介绍作为任务布置给学生，可以安排学生分组合作来完成任务，然后每个小组派出代表用汉语来介绍，并且可以比较评价各组之间介绍的特色和水平。一些与表达主题相关的关键词语和表达方式，可以提前介绍给学生们。在学生介绍、教师总结之后，再次回到语言，用"聚焦语言"（Focus on Language）

的方式，使全班的每个学生都在汉语学习上有所收获，在活动中提高汉语水平。通过这样的方式学生不仅学得和练习了目的语，而且了解了中国人的交际习惯以及其中的文化动因。教师在教学过程中仍可以对学生进行引导、指导和纠偏，但不必长篇大论地讲解。而且这一主题的教学，还可以扩展到与其他国家的同一文化项目的比较，布置任务让学生找出异同，说明原因。由此可见，汉语国际教育师资如果采取这样的方式改进教学，既可以使在海外开展的文化教学能够顺利进行，也可以与语言教学不相脱离，同时也完成好了汉语教学的目标。

在海外环境下开展教学的汉语国际教育师资，要根据具体的教学任务和目标探索新的文化教学方式和新的教学思路，这样才能顺利地完成教学任务，达到良好的教学效果。

### 7.3.3 汉语国际教育师资跨文化交际能力是解决文化教学问题的重要基础

在汉语国际教育中汉语师资要想完成好汉语教学的任务，仅仅重视对学生们进行言语技能和言语交际技能的培训是远远不够的，随着汉语教学研究的深入，学生跨文化交际能力的培养日益受到汉语教学界的重视，甚至被认为是汉语教学的中心任务，柯彼得（2013）指出："将来的国际汉语教学……都应该以跨文化能力以及跨文化交际能力（intercultural/intercultural-communicative competence）为焦点。"（转引自沈岚，2014：190）这里所提及的"跨文化能力和跨文化交际能力"包含着许多内容，柯彼得认为主要应包括语言和文化两个方面的能力："这也包括要系统地使用两种语言和文化的对比方法（comparative method），以增强学习者在母语和汉语之间，也包括在自己的文化和中国文化之间按需转换角度的能力（competence for the change of perspectives）和识别文化差异的能力（differentiating cultural competence）（Schmidt-Glintzer, 2011：12）。"（转引自沈岚，2014：190）汉语国际教育师资要完成好培养学生跨文化交际能力的任务，自身就应当具备跨文化交际和教学的能力以及相关的跨文化交际知识，这样才能

## 第七章 汉语国际教育师资培养过程中文化问题的重要性

胜任汉语教学发展提出的新要求。

汉语国际教育师资在海外开展汉语教学时遇到的跨文化交际问题比在中国境内尤其突出，在海外经常还会遇到学生们的语言背景相同而文化背景多元化的复杂情况。此时汉语国际教育师资具备跨文化交际能力就显得十分重要："实际上，汉语教师在面对来自不同文化背景的学生时，不但要了解学生文化的多样性，尊重来自不同文化背景的学生及其独特的学习方式，而且要保持对文化的多样性的警觉。特别是在汉语国际推广的背景下，越来越多的汉语教师赴海外进行汉语教学，在海外非汉语环境下从事汉语教学，更需要教师具备跨文化交际的实践性知识。"（江新、郝丽霞，2011：7）汉语国际教育师资具备跨文化交际和教学能力以及相关知识需要经过专门的系统培养，同时这些能力和知识需要经过亲身实践才能有更好的体会和更为深入、全面的掌握。

许多汉语国际教育师资（尤其是新手教师）还不能适应这样的时代要求，他们的跨文化交际能力和跨文化教学能力都还有许多不足，有学者就指出："新手与熟手教师比较明显的差异表现在跨文化交际知识上，熟手教师比新手教师运用了更多的跨文化知识。这表明，具备跨文化交际知识和能力并在课堂教学中加以运用，是熟手教师区别于新手教师的重要特征之一。"（江新、郝丽霞，2011：5）在汉语教学中汉语国际教育师资有能力运用跨文化交际知识不仅可以使教学顺利开展，并且还可以避免出现跨文化的教学障碍，而且更为重要的是可以实现学生跨文化交际能力培养的汉语教学目标。我们可以认为，汉语国际教育师资的跨文化交际能力和跨文化教学能力是开展汉语教学的基本能力，同时也是他们解决汉语教学中文化问题的重要基础，应当引起足够的重视并采取措施进行有效的培养。

# 第八章　汉语国际教育师资课堂管理能力的培养

汉语国际教育师资在实施课堂教学时不能忽视课堂管理的重要性，要重视在学生完成课堂教学作业过程中的有效课堂管理，通过注重学生作业的布置及检查，还有通过掌控作业的难度以及在课堂上控制课上作业完成过程以尽量避免出现课堂管理问题。汉语师资对学生在课堂上开展的小组活动也要进行有效的管理，通过布置合适的学习任务和引入学生参与管理使课上的小组活动能顺利开展。

汉语教学师资在建立课堂管理规章时，要事前做好充分的准备。调动学生们的参与能保证课堂管理规章成功建立，制定课堂管理规章时要用让学生易于接受的方法，如进行直观演示、使用肯定性的语言表述、建立明确的学生行为规范等。

汉语国际教育师资应当掌握应对问题学生出现课堂纪律问题时的冷处理策略，有能力化解问题学生的情绪冲动。对问题学生进行适当的鼓励，帮助他们解决学习中的问题，树立学习的自信心，是解决违反课堂纪律问题的根本性策略。

汉语国际教育师资应有能力分析问题学生违反纪律的成因，还应设法通过增强学生的学习信心解决学生的消极情绪以避免违纪问题发生，还要避免对问题学生作出惩罚性评价并减低考试的压力以减少违纪问题发生的机会和概率。

应培养汉语国际教育师资对问题学生捣乱行为及时制止的能力，还应培养汉语教学师资建立课堂活动规范以预防和减少学生捣乱行为的能力。

汉语国际教育师资需要掌握解决课堂管理问题的策略，可以利用学生的参与处理学生之间发生冲突的问题，还可以通过家长的协助解决问题学生的课堂管理问题。在不得已的情况下运用惩罚手段解决问题学生的课堂管理问题时要慎重。

汉语国际教育师资应有能力建立学生自我管理能力，这样就可以从根本上解决课堂管理问题的发生，课堂管理的效果也更佳。汉语教学师资鼓励学生的学习可以增加学生的学习自信并且达到良好的学习效果，可以采取表扬和奖励的方式。

汉语国际教育师资掌握一些具体有效的课堂管理方法，以达到课堂管理的目标，这包括：通过清楚地传递对学生们的期望使他们能够有良好的课堂表现的方法，通过自己的示范行为引导学生的良好课堂表现的方法，在课堂教学过程中避免学生分散注意力以致出现课堂管理问题的有效方法等。

## 8.1 汉语国际教育师资对课堂教学过程进行有效管理的方法

汉语国际教育师资在进行课堂教学时，除了要对课堂教学进行设计和实施以外，要保证课堂教学的顺利进行，还要在课堂教学开展的过程中进行有效的课堂管理。汉语国际教育因有时要面对非成年的学习者，因此在这种情况下的课堂管理问题就尤其突出，而且在海外开展的汉语国际教育的课堂管理由于要涉及许多方面就显得更为复杂，有许多研究课题值得探讨，在这里先论及的是培养汉语国际教育师资掌握在课堂上对学生完成作业和开展小组活动进行课堂管理的方法。

### 8.1.1　汉语教师在学生完成课堂教学作业过程中的有效课堂管理

在学校学习的学生的作业通常可以分为两类：课后作业和课上作业，虽然前者是在课后完成的作业，但是与课堂教学同样有密切的关系。在开展汉语国际教育的过程中，汉语教师在课堂上常常要对学生的课后作业进行检查或安排学生当堂完成课上作业，汉语教师的工作任务不仅仅只是布置学生的作业，而且是要在课堂上对学生完成作业的情况进行管理。

8.1.1.1　汉语国际教育师资注重布置及检查学生作业以解决课堂管理问题

汉语国际教育师资对于学生作业的布置一定要重视和用心，这个教学环节对于学生顺利完成作业至关重要，更为重要的是这也关系到教师教学任务的完成及完成的质量。"安德森等人的研究发现，许多班上布置的课堂作业水平低、重复多。作业指导说明很少包括学什么或这些作业与其他学习有什么相关。教师的监督也主要是放在学生的行为上，而不是他们的理解水平或表现水平上。"（Good & Brophy, 2002: 199）汉语国际教育师资在布置作业时不仅要让学生明白要做什么和怎么做，而且最好让他们理解要做这些作业的原因以及作业的做法，只有这样学生完成的作业才能达到预期的目标和学习效果。

汉语国际教育师资在检查学生的作业并且分析总结学生作业完成情况时，要特别注意避免一些无效劳动的情况发生。有学者就指出："当教师对学生的作业提供反馈时，教师的解释也不过是程序性的（如'读句子，然后找出合适的字、词填空'），很少注意到任务的认知要素（如选词填空的策略）。而且，许多教师的反馈主要集中在答案的正确或作业的整洁上面。"（Good & Brophy, 2002: 199）汉语国际教育师资还要注意引导学生从只关注作业的评分结果转变到注重学习成果的真正获得上来，要想这样做汉语师资自己就要先树立起注重学生作业完成的过程和质量的意识，在对学生作业进行反馈时能对学生有正确的引导，使学生的作业完成情况能够达到预期的目标。

8.1.1.2 汉语国际教育师资通过掌控作业的难度避免学生课堂管理问题的发生

汉语师资要根据当地开展汉语国际教育的具体情况对学生的作业进行安排，除作业的数量和频度要适应学生的情况，还要注意对作业的难度进行掌控。作业的难易度与课堂管理密切相关，有学者就认为作业过难会带来课堂管理问题："教师常常会给学生布置过难的任务，这不仅会妨碍学生学习的进步，而且会招来管理问题。要想学生能够独自做功课，学生必须理解要做什么，而且在没有帮助或很少帮助的情况下就能够做这些功课。教师需要布置恰如其分的课堂作业，并确信学生在开始独自做作业前对作业说明是理解的。"（Good & Brophy, 2002: 177）可见，汉语教学师资在布置作业时特别要注意使学生理解所要完成的作业任务的内容和相关要求。汉语教学师资在布置作业时有可能还会面临语言交流的问题，使学生理解汉语教师对作业的要求就更为困难。

但是另一方面，汉语师资也不要因学生畏难而应学生的要求给学生布置过于容易的作业，难度过低的作业也同样会导致课堂管理问题的发生。有学者就指出："教师也不要给学生布置太简单、太容易的作业。太容易的作业不仅会使比较聪明的学生觉得枯燥乏味或引起捣鬼行为，也没能给不太聪明的学生提供克服以前失败以及发展解决问题的技能的机会。"（Good & Brophy，2002：177）如果汉语师资布置安排的学生作业难度过低的话不仅不能帮助学生达到学习目标，也不利于他们良好的课堂行为习惯的形成，因为学生轻易完成了难度低的作业就会轻视所布置的作业，并且还会因无所事事而出现违反课堂纪律的问题。

### 8.1.1.3 汉语国际教育师资控制课上作业完成过程以避免出现课堂管理问题

对于学生们在课堂上完成作业的活动，汉语国际教育师资也要进行监控，以避免出现课堂管理的问题。有学者认为教师应当在学生们做课堂作业时巡视课堂："除了不断监视全班并在这些时候保持'共在'外，教师需要完善巡视课堂的艺术，能够马上给需要帮助的学生提供帮助。与个别学生的互动应该简明扼要。教师应该给学生提供充分的指导说明使学生能持续地做作业，但没有必要对学生最后才需要知道的每一件事都说个一清二楚（当学生有下一个系列问题时，教师可以再回过来帮助）。当许多学生似乎有同样的问题或误解时，可能就有必要向全班学生对这个问题作一简要的澄清了。"（Good & Brophy，2002：178）汉语教学师资在课堂里进行巡视，不仅可以控制学生们课上作业完成的情况，而且更为重要的是他们在此时可以随时给学生们提供所需的帮助，使学生能克服完成作业过程中遇到的障碍。在同一班级里的学生们完成同样的课堂作业的进度很可能不一样，汉语教学师资在巡视时可以解决这个问题，他们可以及时了解学生们完成作业的进度，对于早完成作业的学生可以补充一些作业或让其做奖励性活动，这样做在鼓励学生的同时也避免他们因无事可做而出现课堂管理问题。

### 8.1.2 汉语国际教育师资对学生在课堂上开展小组活动的有效管理

当汉语国际教育师资采用任务型汉语教学方式时，经常会让学生开展小组活动进行汉语学习，但是小组活动的学习方式使汉语教学师资课堂管理的难度加大了。有学者就认为："一般说来，小组的管理（如每组4人的7个小组）比把一个班28人作为一个整体或分成14人的两个组的管理要困难得多。显著的差别在于，小组管理中教师在某个时间里只能对全班的一小部分学生进行管理。因此，课程的设计及其对相应学生的适合性就变得非常关键了。课程任务应该既要适合小组成员学习（任务对学生要有意义、有挑战性），又要适合他们自我管理（学生能够处理小的分歧、学生知道在需要时怎样获得帮助）。"（Good & Brophy，2002：178）显然，汉语国际教育师资有责任帮助学生们适应小组活动学习的要求和特点，对于学生们课堂上要进行的小组活动，教师在进行教学设计时就要预判可能出现的课堂管理问题，尽力设法避免问题的发生。对学生小组活动有效管理的根本出路在于汉语师资既要安排合适并且有吸引力的学习任务，同时还要实现能有机会利用小组活动培养学生自我管理的能力。

汉语国际教育师资在课堂上利用小组活动的学习方式时，不能仅依靠自己个人的力量进行课堂管理，还要充分依靠学生所发挥的作用。有学者就建议教师赋予权力给各个小组中的学生帮助教师对该小组的活动进行有效管理："对小组进行监督比较困难，因为教师一次只能观察一组。因此，比较可行的办法就是在一些小组中可以选一两个学生来做这个工作，否则一些学生会介入到不良的社会行为中去。同样，教师应该把小组监督程序修正得适合小组情形（如按学生的年龄和能力、教学目标等）。个别学生需要对自己的小组作业负责（通过班级讨论决定小组作业、执行测试）。"（Good & Brophy，2002：179）学生参与小组活动的管理可以更为有效，可以避免汉语教学师资因难以照顾到各个小组而出现管理的"死角"，同时参与管理也可以发展学生自我管理的能力，使整个班级的课堂小组活动开展得更好。

班级里的学生能力必然有所不同，尽管汉语国际教育师资在分组时注意了各个小组之间的平衡，但是也难免仍然会存在个别学生不配合的情况，在小组开展活动时汉语师资还需要注意对此加以解决。汉语师资要特别重视各个小组完成任务时进度不一的问题。"一些小组会比其他小组先完成任务。那么教师需要有清楚的程序，这些学生在等待其他同学完成任务时怎样才能有成效地转向其他任务。教师也需要使学生适应快速完成作业的规范（当学生看到其他小组完成了任务，他们就会匆忙完成自己的作业）。"（Good & Brophy，2002：179）汉语国际教育师资在利用小组活动时要提前准备补充任务以备先期完成任务的小组有事可做，还要使学生们能够有序地转移到其他的学习任务上去。

## 8.2 在汉语国际教育课堂管理中汉语教师建立管理规章的方法

在课堂教学中建立管理规章，是保证教学顺利进行的重要工作，在汉语国际教育的课堂管理中也是如此。汉语国际教育中大部分的教学活动要在海外的环境里进行，课堂管理规章的建立尤其显得重要，而且是必不可少的一项工作。即使在教学中有时遇到的是低龄甚至幼龄的汉语学习者，汉语国际教育师资也仍然要这样做，只是面向低龄学习者建立课堂管理规章的方法与其他年龄阶段的有所不同。

### 8.2.1 汉语国际教育师资在建立课堂管理规章时要事前做好准备

课堂管理规章的建立最好在教学的开始（起始点）就要进行，因为这个时间点是建立管理规章的最佳时机。因此，汉语国际教育师资在教学的起始点同样要有意识地完成建立课堂管理规章的任务，然而完成这样的任务是要在事先就有计划地进行准备的。有学者就认为："有效率的课堂管理开始于事先的计划，在计划时教师对课堂的目标及其对实现该目标会起支持作用的学习环境类型都要作通盘考虑。事先的计划包括规章制度（rules）和管理程序（procedure）。规章对一般的期望或课堂行为的标准作了界定。"（Good & Brophy，2002：172）在正式上课之前安排教学计划和备课阶段，汉语国际教育师资就应当计划好所要建立的课堂管理规章，这种计划要建立在对学生进行调查了解的基础上，完成这些工作要求他们要具备相应的能力。这种有计划地进行建立课堂管理规章的事先准备工作的能力，也是汉语国际教育师资培养应当完成的任务。

课堂管理规章并非数量越多越好，课堂管理规章是否细致无遗和数量众多并不重要，有时管理规章的数量太多反而会适得其反。规章的有效性才是汉语国际教育师资应当最为重视的，让学生参与课堂管理规章的制定并且接受和认可，才是保证课堂管理规章制定工作有效的正确途径和方法。"通常适合一个年级课程目标的一般规章有四或五条就足够了。让学生对这些规章进行讨论总是有益无害的。"（Good & Brophy，2002：172）课堂管理规章的数量不是强制性的，汉语国际教育师资有能力因地制宜地制定和灵活处理地使用课堂管理规章最为关键，所以更为重要的是规章的针对性和有效性。

### 8.2.2 汉语国际教育师资调动学生参与制定课堂管理规章的工作

汉语国际教育师资引导学生主动参与到课堂管理规章的建立工作中，这样做的好处是可以使他们更好地理解、内化和遵守各项课堂管理规章，而并非只是被动地接受教师给他们制定好的管理规章。有学者强调了学生对规章的内化："麦克卡斯林和古德辩护说，强调内化（internalization）的课堂管理目标比仅仅强调遵从（compliance）的管理目标要重要得多，其原因有三：第一，遵从要求不断地进行监控（如果教师转过身去时学生就会捣蛋）；第二，非内化的遵从不能从一种情形迁移到另一种情形（学生在学校里可能不会偷东西，但在超级市场里就可能会）；第三，如果学生只是在遵从的层次上发挥作用，那么一些复杂形式的教学就不能发生。"（Good & Brophy，2002：207）学生们如果只是被动地遵从各项管理规章，并不能保证他们能真正贯彻执行这些课堂管理规章，课堂管理中的问题仍然很可能会变换为其他的形式层出不穷地涌现出来，所以只有学生们内化和遵守之后才能使各项课堂管理规章成功地建立起来。

让学生们参与到课堂管理规章的建立工作中，对于建立学生在课堂管理中真正的自主性非常有必要。有学者认为，教师"要对给学生提供多少自主以及允许学生自己做出多少自主决定进行决策非常困难。但非常明显，这是教师必须着手处理和不断评价的问题"（Good & Brophy，2002：202）。汉语国际教育师资在进行课堂管理工作和制定及贯彻实施课堂管理规章时，必然离不开学生的参与，汉语师资不应回避这种必然要做的工作，而且这是一项事半功倍的重要工作。

### 8.2.3 汉语国际教育师资让学习者易于接受课堂管理规章的一些具体方法

在汉语国际教育中课堂管理规章的建立，最根本的是要让学生们能够理解和易于接受。对于年轻的汉语学习者，特别是对低龄的学习者，汉语国际教育师资在建立课堂管理规章时要进行直观的演示，这是一种有效地使学生们易于接受的方法。"当我们给学生示范要做什么而不是不能做什么时，学习就会变得比较容易、比较令人心旷神怡。这就是为什么许多教师的课开始于解释或演示的原因。"（Good & Brophy，2002：183）在建立管理规章时，汉语国际教育师资不应总是对学生们提出不要做什么，这种限制性的课堂管理规章会让学生们在课堂上学习时无所适从，学生们更易于接受和理解的是正面告诉他们要做什么和怎么做。课堂管理规章对于低龄学习者来说很可能难以理解，即使教师用他们的母语来解释也不易理解，最好和最方便的方法就是由教师和学生一起演示，这种方法不但直观易懂，而且简便易行。

汉语国际教育中的课堂管理规章在传递给学生们的时候，汉语师资在表述时的语言表达方式也是非常需要多加考究的。"教师（通常指成人）常常没有意识到指导性的、肯定的方法对于社会化学生的行为来说,与教一门学校课程一样重要。'不准'强调学生不应该做什么,这不能发展学生的理解力,可能造成学生的焦虑或对教师的怨声载道。教师应该用肯定的术语来具体化受人欢迎的行为(desirable behavior)。"(Good & Brophy,2002:183—184)汉语国际教育师资所用的肯定性的语言表述是一种积极的建构性行为,可以传达给学生们积极的行为信号,对学生的行为正确和心理成长都有好处,学生们能够顺利地在课堂行为方面有所成长也有利于他们的汉语学习。

在汉语国际教育师资所制定的课堂管理规章中,应当制定明确的学生课堂行为规范。但是,这些行为规范不应该是管束性的严苛的条文,更不能限制学生们的行为,否则也难以贯彻执行。"行为规范(behavioral rules)应该保持在一定的限度而且要清楚并有说服力。行为规范应该是作为班级管理的手段而不是目的。"(Good & Brophy,2002:174)建立学生行为规范的目的是促进学生的学习,而非对学生们严加管束,更不能把学生参与课堂学习活动的积极性限制住、打消掉。

同时,汉语国际教育师资也要注意使自己的教学活动和教学行为规范化,这样做可以使学生更易于遵从和跟上课堂教学中的进程,他们的课堂学习行为也就不易于出现偏差。"艾里克森(Erickson,1982)……认为,对学生来说要成功地参与到教学程序中来,他们就必须理解这堂课的学科内容和课堂的社会组织结构,包括教师正在传授什么内容、应该怎样在课堂上与别人交流等等。"(Farrell,2005:31)汉语教学师资尤其是要重视建立面向低龄年幼学习者的课堂规范并且使他们能够理解,塑造他们规范的课堂行为。而在低龄年幼学习者交流能力有限、理解能力不足的情况下,汉语国际教育师资可以通过课堂活动的示范来展示课堂管理规范并引导他们获得切身的体验,将学习者逐步纳入课堂教学管理规范之中。

随着学生们对课堂学习活动的不断熟悉,尤其是他们的心理成熟度和认知能力的飞速成长,课堂管理的规范和管理规章制定之后也不能一成不变,汉语国际教育师资要根据学生们的变化对规章及时进行调整和修改。"当规范或程序失去了本来意义不再被需要后不再起作用时,就应该修改或放弃它们了。教师对于这样的改变应该解释理由而不能只是作一个宣布就了事。通常,解释面临的问题并邀请学生一起提出建议是非常值得的。"(Good & Brophy,2002:174)在制定课堂管理规范的过程中学生们的参与也是十分重要的,包括课堂管理规范的调整和修改学生们也同样应该参与。"良好的管理就是在需要的地方建立起规范和程序,定期检查,在适当的时候修正或抛弃它,在这个过程中让学生主动介入。"(Good & Brophy,2002:174)征求学生们对课堂管理规章和课堂行为规范的意见,既是保证各类规章和行为规范能够顺利实施的关键,也是完善它们的重要途径。动态的课堂管理规章和课堂行为规范的完善过程,也同时是汉语教学师资反复强化和及时教导学生们明确和遵守规章和规范的良好时机。

## 8.3 汉语国际教育师资应对问题学生违反课堂纪律能力的培养

在开展汉语国际教育的过程中,汉语师资不但会遇到各个年龄阶段的学生,而且也不免会遇到各种类型的学生,其中可能就会包括问题学生,对于缺乏经验的汉语师资来说应对违反课堂纪律的问题学生是一个难题。汉语国际教育师资应掌握应对问题学生的方法,以保证课堂教学的顺利开展,因此在师资培养时要使他们掌握这方面的能力。

### 8.3.1 汉语国际教育师资应具备分析问题学生违反课堂纪律问题成因的能力

对于问题学生违反课堂纪律的情况,汉语国际教育师资在处理这些问题之前首先应当有能力分析判断这些问题的成因,为有针对性地解决问题打下良好的基础。例如，学生在课堂上的捣乱行为是违反课堂纪律程度严重的行为，有学者分析归纳了美国中学生捣乱行为的原因，对汉语教师分析学生违纪行为可以有启发。"梅诺勒（Malone）和雷克特（Rickett）在对肯塔基（Kentucky）州的2000个左右的教师的调查中发现，教师报告说引起学生捣乱行为（disruptive behavior）的主要原因是：学生缺乏整合技能训练（93%）、差的家庭生活（93%）、课堂的乏味（90%）、高师生比（87%）、在维持纪律时缺乏行政支持（87%）、规范不清楚（85%）、处理捣乱行为时教师的行为没有连续性（79%）。"（Good & Brophy，2002：174—175）可以看出，学生们捣乱行为的成因是发展的，有学生个人和家庭的原因，也有教师和学校方面的原因，原因的多样性要求教师分析违纪成因时要谨慎行事、认真分析，不要轻易下结论。

汉语国际教育师资还要具备能力区分学生的违纪行为是出于敌意还是无知，敌意在未成年人（汉语国际教育师资所要面对的大部分的教学对象）中是比较少的，大多应该是出于无知。有学者认为："好斗的学生常常没有意识到他们自己的行为有攻击性，没有意识到他们的行为别人是怎么看的以及对他们为社会所接受方面的负面影响。而且，许多学生并不知道怎样使用更为有效的方法来应对冲突情形，因此，由于缺乏更好的选择，他们常常诉诸攻击来应对冲突。"（Good & Brophy，2002：263）学生们的违纪行为并非都是出于故意，也许他们没有能力对自己的行为进行分辨，做出了表面上看带有敌意的违纪行为，所以汉语师资要避免过分敏感，要明辨是非，有能力区分各种违纪情况的内在原因。

### 8.3.2 汉语国际教育师资应对问题学生出现课堂纪律问题时的冷处理策略

问题学生在课堂上出现的主要是影响课堂教学正常进行的一些问题，如迟到、早退、缺勤和违反课堂纪律等问题，其中影响课堂教学正常进行的主要是问题学生违反课堂纪律。在课堂上出现这种情况时，汉语国际教育师资不要因为着急而表现出愤怒，教师在进行应对时首先应当控制自己的情绪，使自己不要冲动,而是冷静下来进行处理。有学者对此提出建议:"克服对当场的愤怒做出反应的教师,可以在对学生的反抗或蔑视做出回应前停顿一会儿,这样做有两个好处:①教师赢得了时间来控制自己的情绪并想一想在采取行动前要做什么。②反抗的学生的情绪可能会从气愤和虚张声势变为害怕和悔恨。"(Good & Brophy,2002:257—258)汉语师资如果进行"冷处理"的话有助于师生双方的情绪降温,避免事态升级,可以使课堂的混乱局面得到控制,以便使教师有条件开展下一步解决问题的行动。

汉语国际教育师资在处理学生违反课堂纪律的问题时,必须当机立断而不能犹豫,违反了课堂纪律的学生也是时时在观察教师对其行为的反应,所以教师在态度不急不躁的同时要表现出具有胸有成竹的处理之策。有学者提出了一种应对之策:"当教师采取行动时,虽然态度平和但必须果断。如有可能,教师可以给班上学生布置作业去做,把抗议的学生安排到另一地方去进行个别交涉。"(Good & Brophy,2002:258)这种建议可以给汉语教学师资很好的启发,在师资培养的过程中应当培养他们掌握多种的应对之策,根据学生违反课堂纪律的具体情况和具体问题灵活地适当运用。

### 8.3.3 汉语国际教育师资化解问题学生违反课堂纪律时情绪冲动能力的培养

许多未成年的问题学生出现违反课堂纪律问题,是缘于他们遇到问题和困难时的情绪冲动。化解违反课堂纪律的问题学生的这种冲动情绪,是汉语国际教育师资应当掌握的重要能力,也是维持课堂纪律的重要方法。

汉语师资首先不应当压制学生的情绪表达,要给他们机会把他们的想法都表达出来,也就使自己有机会了解学生情绪产生的动因,了解了问题所在也为解决问题打下了基础。"一般说来,教师在对学生提出的意见做出回答前,最好鼓励学生把想法全都说出来。这有助于教师全面了解事实真相,让自己有时间去思考听到的意见。如果教师只是努力去对学生提出的每一条意见做出回答的话，讨论就可能陷入一片谴责和反驳之中。这样交换意见通常会让学生感觉到他们的抗议得到了'回答'，但他们谴责教师的不公平仍然是对的。"（Good & Brophy，2002：258）在听取学生的意见表达时，汉语教学师资不要先入为主地认为学生的情绪都是不对的，而是要在充分了解学生诉求的同时，通过自己的思考、分析和判断，找到问题的症结并由此确定应对问题学生的策略。

汉语国际教育师资在面对学生提出的意见时，也不是要不分是非地一味妥协，而是采取协商的态度平等地面对学生们，教师同样有权利坚持自己的正确主张。汉语师资让学生充分地表达意见，但不是让其一味地发泄情绪，教师要有能力控制局面。有学者指出："教师不是让学生把所有情绪都发泄出来，而是帮助学生区分情绪和行为、区分恰当的情绪和不恰当的情绪。不恰当的情绪（无名火或其他过分的情绪反应）就应该贴上这样的标签，教师应该解释它为什么被称为不恰当的情绪。"（Good & Brophy，2002：262）汉语师资要意识到自己有责任帮助学生明确了解他们情绪的必要性，如果是学生不必要的情绪发泄，也应当对其当面指出，这样做才是真正有益于学生。学生有时候有意见也是因为不了解情况，汉语师资与之沟通进行说明和解释可以缓解学生的情绪，从而解决他们的问题。

汉语师资化解问题学生情绪冲动之道首先是不能回避，要积极应对，但是有时也有一些巧妙的手段，可以得到事半功倍的效果。有学者认为幽默就是这样一种巧妙地化解学生情绪冲动的手段："如果教师比较善于运用幽默的方式，幽默对解决问题会有帮助。威胁或顾面子的行为只有在严肃对待时才会有效。如果教师对他们报之一笑或说点俏皮话，让学生觉得他们很可笑或很滑稽（'好了，让我们停止排泄精力吧'），学生可能会很快停止打架的。"（Good & Brophy，2002：260）汉语教学师资如果能够采用幽默的手段解决问题，就可以既不威胁学生们的面子，还可以缓解他们的冲动情绪，更重要的是汉语教学师资利用非惯性思维的幽默手段，可以在带给学生们惊奇的同时引导他们冷静下来反省课堂里的混乱局面和自己的冲动情绪。当汉语师资没有直接指责学生们而又巧妙地使他们意识到自己的问题时，解决问题的契机也就产生了。

### 8.3.4 汉语国际教育师资解决学生的消极情绪以避免违纪问题发生能力的培养

在汉语国际教育师资开展汉语教学的过程中，会遇到一些消极的学生，他们实际上并不是真正消极而是故意在课堂上表现为消极。"教师也可能遇到一些'故意不作为者'。这些学生把目标定得很低，拒绝'接受成功应负的责任'，因为他们不想教师对他们保持好成绩寄予期望。"（Good & Brophy，2002：309）这些问题学生无所事事的情绪状态，是非常易于导致违反课堂纪律问题发生的。对于教师解决学生学习态度消极的问题，有学者提出了一些对策："教师必须让这些学生相信，他们付出适当的努力，便能获得相应的成功（即不需要付出超人的努力）。也可为他们设计一些可从中受益的咨询活动，向他们表明，他们的故意不作为与他们自身的长远利益是背道而驰的。"（Good & Brophy，2002：309）汉语国际教育师资如果能够将心比心式地耐心分析和说服学生，可以解决学生面临的学习压力，特别是在面对比较难学的汉语时。汉语师资的努力争取会打动学生的，因为学生们同样也有将心比心的能力，情感感化的力量是巨大的。

汉语国际教育师资要解决学生学习情绪消极的问题，还应正面树立学生学习的自信心。除了对学生们多加鼓励以外，汉语师资还应当设法减低汉语学习内容和任务的难度。"通过确实地保证成功，这种方法增强了心灰意懒的学生的信心，提高了他们在认真致力于达到有挑战性的目标过程中承担风险的主动性。"（Good & Brophy，2002：310）通过想方设法保证学生学习的成功，汉语师资可以使学生的学习态度积极起来，学生获得他们渴望的成就感，就愿意主动参与到汉语学习之中，这样也就可以避免违纪问题的发生。

有时候学生出现消极的学习情绪，经常与教师对他们的消极评价有关，因为具有评价权威的教师这样做的话特别容易打击他们学习的积极性。"教师，特别是经验丰富的教师，把主要是设计来辨识无能（或有点无能）的评价系统看作惩罚、限制而且与教师的改进和授权没有关联。"（Good & Brophy，2002：618）汉语国际教育师资应当明白消极的评价对学生造成的不利影响，学生们易于把消极性的评价看作对他们的惩罚而因此自暴自弃，出现消极情绪甚至违纪行为，所以汉语教学师资要特别注意明确自己的评价性质，限制甚至避免对学生使用消极评价，尤其是要注意"不对""不好""你错了"等消极性评价语言的使用。

在学习汉语的过程中学生难免会遇到考试，这会给他们带来很大的压力，有些学生会不习惯参加考试，在面对很大压力的情况下会出现违反课堂纪律的问题。汉语国际教育师资在学生面临考试的时候要给学生们提供充分的帮助，对问题学生还要提供额外的帮助，在临考之前要格外关注他们，这个时期也是他们容易违反课堂纪律的高发期。汉语教学师资要想方设法帮助问题学生克服考试的焦虑感。"有些学生可能需要额外的帮助，因为他们患有严重的考试焦虑症。在非正式、没有压力的情况下，他们可能相信顺利；但在测试或类似测试的场合中，他们就会变得非常焦虑，完全不能充分发挥自己的潜力。在这种场合中，他们知道自己受到监测或评估（如音乐或体育课中进行的公开'个人'表演）。"（Good & Brophy，2002：311）如果这些学生不能顺利克服他们的考试焦虑感，就会产生学习的挫折感，出现惧学、厌学等情绪，并且为了掩饰自己的失败感，还有可能会归因于或迁怒于他们的老师，在为他们的不满寻找出路而发泄他们的不满时，就很容易发生违反课堂纪律的问题。所以，设法降低学生们的考试焦虑感，使他们适应和熟悉考试，是汉语国际教育师资应当思考和解决的重要课题。

### 8.3.5 汉语国际教育师资对问题学生适当鼓励是解决课堂问题的根本性策略

问题学生在课堂上出现违反课堂纪律的情况，部分原因是他们的学习出现障碍和困难，跟不上整个班级的学习进度导致他们无所适从，因而在无所事事的情况下才出现了违反纪律的问题。"有些学生变得心灰意懒（discouraged），几乎到了'失败综合症'（failure syndrome）或'学习上无可救药'（learned helplessness）的地步。他们往往一遇到困难或挫折便放弃，因此需要更强烈的、更个体化的鼓励。"（Good & Brophy，2002：309）汉语师资有责任帮助这些问题学生克服学习中的障碍和困难，使他们能跟上学习进度融入班级的学习之中，而不是游离于课程学习和班级活动之外，从而易于发生违反课堂纪律的问题。汉语师资应当对这些问题学生多进行鼓励，使他们树立克服学习困难的信心并且取得学习的进步，这样才能从根本上解决违反课堂纪律的问题。

汉语国际教育师资对问题学生进行鼓励时，要关注到和针对他们作出的努力，而不要等到他们最终有了学习的成果时才进行鼓励，在他们努力的过程中进行鼓励更为有效，可以帮助他们树立学习信心。有研究认为教师综合运用多种帮助手段可以有针对性地解决学生面临的问题："课堂策略的研究成果表明，比较优秀的教师建议综合运用帮助、鼓励和任务辅导，逐渐改善有'失败综合症'的学生的学习习惯，他们应该向学生表明，他们期望学生认真不懈地努力学习，以便交出一份完整而正确的作业，但是，这些教师也要让患'失败综合症'的学生相信，教师不会要求他们做不会做的事情。同时也要监测他们的进步，提供任何需要的帮助，提供表扬他们取得的成功，注意他们的进步，来增强学生的信心。"（Good & Brophy，2002：311）汉语师资对问题学生所表现出的期望和信心对学生是很好的鼓励方式，也同时在给学生指引着努力的方向。这样做也可以表明在学生努力的过程中教师随时会提供他们需要的帮助，共同来克服学习困难，教师会随时与他们一起共同努力来解决他们遇到的各种问题，教师的这种态度和作为可以对学生形成很大的激励作用。

汉语国际教育师资适时、适当的鼓励是最能打动问题学生的，是解决违反课堂纪律问题的重要策略，从争取赢得问题学生的感情认同入手，所得到的教育教学成果会更为扎实和易于巩固,也才能从根本上解决课堂管理中的问题。汉语国际教育师资通过鼓励的方式解决问题学生的困难是课堂管理的重要方式,也是汉语教学师资培养的重要内容和不容忽视的重点环节,他们充分掌握了这方面的能力才能顺利地完成课堂管理和汉语教学的任务。

### 8.3.6 汉语师资与问题学生建立密切的关系是应对违反纪律问题的重要手段

学生有个体差异,每个问题学生违反课堂纪律的原因也会有所不同,汉语国际教育师资必须针对每个学生的个体特点来解决他们的违纪问题。有学者建议:"对教师来说,与问题学生建立密切的私人关系非常重要:既可以更好理解他们的行为,又会赢得学生的尊重和喜欢,这样就会使学生从感情上愿意配合教师改变自己的不良行为。"(Good & Brophy,2002:255—256)汉语教学师资与问题学生建立密切的私人关系,除了有情感上的关注、促进相互理解和密切相互之间关系的作用之外,还可以使教师发现学生更多的个人特点,以便有针对性地采取解决违纪问题的对策。

汉语国际教育师资与问题学生建立密切的私人关系,确实会加大教师们的课外工作量,但是这样做可以减低他们在课堂上为维持纪律而付出的无益消耗。如果汉语教师要采用与学生建立私人关系的手段,"教师需要不遗余力地与学生单独进行交谈,可以在放学后也可以在学校开会的时间里进行,教师要清楚地表达自己对学生利益(而不只是谈论起不良行为)的关心,并要表明自己乐意帮助学生提高自己。教师应该鼓励学生用自己的话来谈论自己的问题,教师要认真听学生说,不理解时要问学生"(Good & Brophy,2002:255—256)。可以看出,汉语师资与问题学生建立私人关系的过程,也是对他们进行积极的正面引导的过程,解决了他们个人的烦恼,就可以减少他们因缺少倾听者而出现违纪的问题。

在解决问题学生违反课堂纪律问题时,汉语国际教育师资是可以大有作为的,这样不仅可以保证课堂教学的顺利进行,也可以因克服难题而获得成就感。"虽然教师不可能大量地影响学生的家庭生活，但他们可以帮助学生发展社会技能，计划要完成的任务，建立连贯性的规范。"（Good & Brophy，2002：175）汉语教学师资可以通过多种途径帮助问题学生，不仅使他们避免违纪问题的再度发生，而且更要帮助他们更好地学习和成长，这些方面的能力需要着力地加以培养。

## 8.4 汉语国际教育师资应对课堂上学生捣乱行为能力的培养

在汉语国际教育的课堂上，问题学生出现捣乱行为（disruptive behavior）时，汉语教师应当有能力加以解决，因此要掌握应对和解决此类问题的方法。汉语国际教育师资应掌握对问题学生课堂上捣乱行为及时制止的能力，并且在处理这种问题时要注意使自己保持客观公平。汉语教学师资还应注意掌握建立课堂活动规范以预防和减少学生捣乱行为的能力。

在汉语国际教育的课堂上，如果问题学生出现捣乱行为会给课堂教学的正常进行带来很大的干扰，而且学生的捣乱行为一般发生在未成年的学生中间，问题也会是多样化的。其中，严重的捣乱行为经常表现为学生之间的冲突，有国外学者总结了学生冲突的类型："麦克多纳德（MacDonald）和卡斯特（Costa）对初二和初三的207人进行的研究表明，发生得最多的冲突类型是：讥笑、诅咒和骂人；言语威胁，破坏或盗窃财物；推搡、揍人和抓扯；打架；欺侮。"（Good & Brophy，2002：237）汉语国际教育师资在任教的过程中有可能遇到问题学生的捣乱行为，掌握处理这种情况的办法也应当引起他们的关注和重视，要培养他们掌握应对和解决此类问题的能力。

### 8.4.1 汉语国际教育教师对问题学生课堂上捣乱行为及时制止能力的培养

问题学生的捣乱行为虽然有程度的不同，但是如果影响到课堂教学的正常进行，汉语国际教育师资应当有能力采取措施及时加以制止。汉语师资采取制止

### 汉语国际教育师资培养理论和实践问题研究

行动要视捣乱行为的严重程度而定,对此有学者指出:"当小小的捣乱行为重复发生或变本加厉时,或当其有蔓延的威胁或会造成混乱时,教师就不能忽视了,他必须采取行动制止这种行为。如果这种捣乱行为没有严重到需要调查的程度,教师就应该尽可能迅速地消除它,而且不要打扰课堂活动的正常进行。"(Good & Brophy,2002:222)可以看出,对不同程度的学生捣乱行为,汉语师资可以采取不同的应对策略,但所有这些策略的目标都是维持课堂教学秩序的正常进行,保证课堂教学能够顺利开展。

汉语国际教育师资及时制止学生的捣乱行为,可以采取直接介入加以干涉的策略。有学者提出了两种可以采取的直接干涉的方式:"教师直接干涉学生的捣乱行为的方式有两种。第一种,教师可以向学生提出恰当的行为要求。这类要求应该简洁明快,并需要点出学生的名字,指明他们应该做什么。……第二种直接纠正学生捣乱行为的技巧,就是提醒学生应遵守的规则以及教师有什么样的期望。"(Good & Brophy,2002:224—225)这两种通过干涉纠正学生捣乱行为的方式,都需要依靠语言表达来完成,虽然语言表达要求简洁明快,然而汉语师资制止学生的捣乱行为会面临着运用外语的困难,这对他们提出了很高的要求。汉语教师除了运用学生母语的手段之外,还有许多辅助手段帮助语言表达产生效力,如使用眼神、手势和动作等帮助制止学生的捣乱行为。[1]

汉语国际教育师资制定和贯彻实施学生课堂行为规则,对于预防和解决问题学生捣乱行为十分有效,因为规则具有很强的规范和约束学生行为的效力。"与其他直接干涉的方式一样,规则提醒应该简洁、坚定。通常这些规则倾向要求恰当的行为,因为这样有助于学生内化行为控制。当学生对规则及其制定理由十分

---

[1] 有学者认为教师应当将否定性与肯定性的语言表达结合运用:"有时候否定陈述比较适宜,比如说当一个学生必须马上停止正在做的事情时(引起大混乱的打架)。即使可以使用否定语言的时候,接下来也要用肯定语言表述要做什么来代替不要做的事情。"(Good & Brophy,2002:184)

清楚时,规则提醒有助于学生接受自己对捣乱行为所应负的责任,从而会控制冲突的发生。"(Good & Brophy,2002:225)学生的课堂行为规则应当事先颁布并设法保证使每个学生都知晓,最好能够与学生商量共同制定,这样做的结果是使学生们更易于接受和遵守这些规则。汉语国际教育师资通过多种方法反复重复行为规则,也可以强化学生们回忆起有关规则,不仅可以使有捣乱行为的问题学生知晓,而且也在班级里的每个学生面前再度强化课堂行为规则,使捣乱学生处于无理的状态,更加有利于教师采取措施制止和纠正他们的捣乱行为。

### 8.4.2 汉语国际教育师资在应对问题学生的捣乱行为时要注意保持客观公平

汉语国际教育师资在处理问题学生的捣乱行为时,不要采取压服学生的方式,这样做往往会适得其反,难以取得良好的效果。教师在面对学生的捣乱行为时,要考虑到问题学生的情绪和感受,要客观地评判学生的行为并且采用公平的处理手段。"采取防御性和借助权威的教师('你必须做这事,因为是我说的!')会引起学生的不满情绪。而且由于这种武断性的言论直接向学生提出了挑战,会使他们在同学面前丢面子。这些学生甚至可能采取强烈的反应来反抗老师。而且,如果在场者认为教师的做法不公平的话,那么师生之间的关系也就可能受到损害。"(Good & Brophy,2002:226)汉语师资处理问题学生的捣乱行为,实际上不仅影响着与问题学生的关系,而且影响着与整个班级所有学生的关系,学生们随时都会观察教师的举动和态度,他们对教师是否客观公平会十分敏感并感同身受。

虽然问题学生在课堂上的捣乱行为具有破坏性的影响,严重干扰了课堂教学的正常进行,但汉语国际教育师资在处理这类问题时保持克制是非常重要的。汉语教学师资冷静地看待学生的捣乱行为,才能正确判断和决定自己的处理言行。"对学生进行人身攻击会把教师置于与学生对立的境地,会直接对教师的可靠性产生威胁,学生对教师的尊重也可能受到影响。如果教师经常攻击学生,学生就会把这种行为看成很滑稽的事情。影响学生甚至会故意和老师逗气。"(Good &

Brophy，2002：226）汉语教学师资尤其要注意避免情绪化和冲动性地处理学生的捣乱行为，发脾气或任意地做决定都会导致不良的后果，冷静和耐心在此时是非常重要的。

虽然有时候所在学校的管理规章可能会显得不尽合理，但是汉语国际教育师资要注意维持规则的权威性，不能自己先就对规则怀疑和动摇，这会使他们的课堂管理行为摇摆不定，难以对自己的管理决定坚持和贯彻到底。"尽管严格的规章很少真正执行，当人们对人际冲突的复杂动因进行细致分析时，就会发现这些规章既不解决问题又不公平。但是，依赖任意的灵活处理的危险性则在于，口齿伶俐的学生与不善言辞的同学相比，会从学校成人那儿引出更为灵活的学校规则来，结果导致学校规章的使用情况千差万别，使得学生、教职工和父母认为学校规章不公平。"（Good & Brophy，2002：236）汉语师资如果在解决学生捣乱问题时存在着灵活处理的情况，不能严格执行管理规章，就会破坏管理规章的公正性和权威性，使各方面都会认为管理规章和教师的行为存在着不公平，这样反而会得不偿失。

### 8.4.3 汉语国际教育师资建立课堂活动规范以预防和减少学生捣乱行为

建立规范的课堂教学活动的程序，是汉语国际教育师资开展教学活动和管理课堂的重要手段和途径，这样也可以减少学生发生捣乱行为的机会和概率。"程序是完成常规工作和其他在课堂里频繁地重复发生的具体活动的方法。教师需要考虑自己计划要搞的各种不同的活动以及对恰如其分地完成这些活动的程序：①全班参与、背诵和讨论；②教师引导的小组；③独立的小组或项目功课；④个体的课堂作业；⑤课堂内外活动的转换；⑥场所和设备的使用。"（Good & Brophy，2002：172）汉语教学师资的课堂教学有规范的程序，学生就不会感到无所适从，也就不会因无所事事而导致捣乱行为的发生。对于教学程序和学生的行为程序，汉语教学师资应当通过固定规程使学生明了，同时还要通过不懈地重复使学生得到强化。

课堂上和课后的作业是至关重要的教学环节，学生的作业完成情况决定着也影响着学生对课堂教学的参与度，因此汉语国际教育师资也要注意对作业程序化地进行安排。"程序还需设计来处理学习功课：①传达作业布置情况和相关的功课要求；②处理补课事宜和其他相关的学生缺席的问题；③监控学生的作业进展和完成情况，帮助完成作业有困难的学生；④对学生的进步做出反馈，应对没有完成作业的学生的程序；⑤给程序及其相关的记录打分。"（Good & Brophy，2002：172—173）汉语国际教育师资程序化地安排和检查学生的作业，也可以使学生明确并且记住自己所要完成的作业任务，这样一来他们对汉语教学师资的要求也易于遵从，因此可以以较高的质量完成作业，也就可以保持对课堂教学较高的参与度。

## 8.5 对于汉语国际教育中问题学生课堂管理问题的一些解决策略

在汉语国际教育中，汉语教师可能会遇到的比较棘手的问题是一些问题学生存在的违反课堂纪律等课堂管理问题。汉语教师要想顺利地开展汉语教学，就必须有能力解决好这类的问题。汉语教师不要回避这些问题，对之视而不见，这些问题积累起来会影响汉语教师课堂教学的顺利开展。汉语教师也不要对此有畏难的想法，可以通过掌握和利用一些课堂管理问题的解决方式处理好此类问题。

### 8.5.1 汉语国际教育师资利用学生的参与处理课堂上学生之间发生的冲突

在汉语国际教育的课堂上，未成年的学生之间发生冲突，是比较常见和严重的课堂管理问题。解决学生之间的冲突，需要汉语师资有能力采用一些策略。有学者提出的一些冲突解决策略可供参考："根据约翰逊的看法，冲突策略理论

（conflict strategy theory）可以实现两大目标：①达到他的目标；②与对手保持良好的工作关系。约翰逊注意到也可能使用这样五个更广泛的策略：强迫（forcing）、退让（withdrawing）、缓和（smoothing）、妥协（compromising）和问题解决（problem solving）。"（Good & Brophy，2002：238）在学生之间发生冲突时，汉语师资不要以强迫等简单化的手段解决学生之间的冲突，学生间的冲突最终还是要依靠学生之间良好关系的重新建立来解决。"冲突训练鼓励学生思考与同学长时间地保持好关系（作为受人欢迎的结果）而不是集中在达成眼前的目标。"（Good & Brophy，2002：238）汉语师资可以有针对性地引导学生参与避免冲突发生的训练，并且通过建立学生之间相互的良好关系以消弭他们之间的分歧，避免冲突的再度发生。

学生之间的冲突也可以由学生来调解消除，汉语国际教育师资应当鼓励学生参与同伴调节，学生们的这种调节能力也是可以加以训练的，有学者提出了相关训练的建议："这些学生是按照下列调节程序进行训练的：①调节者作开场白；②对每个争议者的立场进行言语的考察；③让每个争议者有机会反驳并由每一方进行证明；④由调节者对每一方的观点进行剖析；⑤有必要召开小组会议对立场问题和焦虑进行澄清；⑥如有必要考察潜在的议程；⑦每个争议者通过调节人向对方提供一个解决方案；⑧界定实用的细节；⑨构建和完成协议。"（Good & Brophy，2002：241）学生们之间开展的调节更易于得到发生冲突的问题学生的接受，从事调节工作的学生也更能够在今后有意识地控制自己的言行，避免冲突在自己身上发生。设法鼓励学生的参与以解决冲突的问题，可以从根本上减少学生之间冲突的发生，这也是汉语国际教育师资解决课堂管理问题的重要方式。

### 8.5.2 汉语国际教育师资通过家长的协助解决问题学生的课堂管理问题

汉语国际教育师资在解决问题学生的课堂管理问题时，要善于充分利用各方面的力量，其中就包括学生家长的帮助。学生家长有责任参与学生管理事务，许多学生家长也是乐于参与的,这实际上也给学生家长了解自己的孩子在校情况提供了一个有效的渠道。汉语师资引进学生家长的参与目的是解决学生身上的问题,在这个过程中特别要注意的是不要偏离解决问题的目标。"让家长介入的目的在于找到解决问题的办法,而不是找个人来为此问题受责备。家长可能由于自己的孩子出了问题而觉得非常尴尬,害怕与教师打交道,因为他们认为孩子出了问题是他们自己的失误。不管这是不是真的,教师如果想要家长起积极作用的话,就需要把关注中心放在解决问题而不是责备家长上面。"(Good & Brophy,2002:272)汉语教学师资引入家长参与课堂管理问题的解决,并不是要把学生出现的问题归咎于家长,这种归因的方式并不能真正解决问题,引发家长对于解决课堂管理问题的协助才是最为重要的,并且能够真正解决问题。

汉语国际教育师资在借助学生家长解决课堂管理问题时,要明确地告诉学生家长不是要让他们给他们的孩子施加压力或威胁、惩罚孩子,而是请他们协助汉语教师在校园之外帮助学生解决有关的问题。"只是告诉家长有关自己孩子的问题还不能解决问题。如果家长得到的印象是老师希望他们'做点什么',不是威胁孩子就是惩罚孩子或放任自流。那么,教师就应该对家长怎样帮助孩子解决问题提出建议,如有必要,教师要努力改变家长对正确有效养育孩子的态度和观念。特别是,教师需要让家长明白,惩罚是教育孩子的最下策,培养孩子的信心和积极期望是教育好孩子的两大原则;而许多家长在孩子出了问题时就会忘了这些原则。"(Good & Brophy,2002:273)学生家长的参与,可以使课堂管理问题的解决从学校延伸到校外,动员和利用好包括学生家长在内的更多力量的介入可以使课堂管理问题得到综合治理,从而取得更好的而且是仅靠汉语教学师资个人难以达到的良好效果。

### 8.5.3 汉语国际教育师资运用惩罚手段解决问题学生的课堂管理问题

汉语国际教育师资在开展汉语国际教育的过程中,通常不应该使用惩罚手段解决课堂管理问题，尽管问题学生的有些行为已经违反学校纪律，使用惩罚手段如果没有取得预期的管理效果，可能会使汉语教师处于无路可退的境地。"使用惩罚（use of punishment）意味着教师没有能够处理好问题。也传达了教师对学生缺乏信任的信息，表明教师认为学生的不良行为是故意为之的，而且学生也不想努力改进。即使这些看法是准确的，传递这样的信息也会损害学生的自我观，并进而降低他们的合作意愿。"（Good & Brophy，2002：244）惩罚手段的使用显示着汉语师资的所有其他课堂管理手段都已经无效，不得已才冒险使用这种最后的手段，也许惩罚能够取得暂时的效果，但很可能会出现破坏学生与他人合作（师生合作、生生合作）的不良后果，并且还会打击学生学习汉语的兴趣和自信心。

在开展汉语国际教育时，运用惩罚作为课堂管理手段要特别慎重，千万不能滥用，要注意中外不同国家对同样的惩罚手段可能有不同的理解，汉语师资一定要弄清可以使用的惩罚手段有哪些之后，才可以使用。有学者提出了惩罚手段使用的时机可供参考："一般来说，惩罚只用于学生反复发生的不良行为。惩罚是对那些置教师的合理要求于不顾的一直表现不良行为的学生不得已而采取的方法。惩罚是对没有自制力的学生的控制方法。所以，如果没有理由认为学生会再犯，惩罚就不适合用于处理孤立的事件，即使是非常严重的事件。即使是处理重复发生的不良行为，如果学生在努力改进时就应该减少惩罚。"（Good & Brophy，2002：244—245）鉴于此，汉语国际教育师资采用惩罚手段最好控制在只限于发生上述这些情况的范围之内，只有在学生本人的行为和课堂里的局面失控时才能适当使用。

惩罚手段作为课堂管理策略只能消极地限制学生的行为，汉语国际教育师资在运用惩罚手段时还要注意与对问题学生的积极引导结合起来。"大量的证据表明，惩罚能控制不良行为，但惩罚本身并不能教会受人欢迎的行为或者减少捣乱的欲望。当使用惩罚时，应该把其有意地用作对反复发生的不良行为的有计划的处理的一部分。不应该不假思索或报复性地使用。"（Good & Brophy，2002：

245）当惩罚手段被汉语教师反复使用时，可能就会出现效能减低的情况，因为课堂管理问题如果在重复发生，并未有效地及时解决，这是因为惩罚的限制作用所导致的后果，教师并没有给学生指明他们行为的正确方向和具体做法，这样的话问题依然没有得到根本性的解决，所以不能单纯地依靠惩罚手段管理课堂，汉语教学师资还应当更多地采用积极的课堂管理策略来解决问题。

## 8.6 培养汉语国际教育师资在课堂教学中建立学生自我管理能力

汉语国际教育要面向全球各种年龄层次的学习者开展汉语和中华文化的教学，其中包括大量低龄的汉语学习者，甚至有学龄前的儿童汉语学习者。在对这些低龄的（经常也包括青少年）的汉语学习者进行教学时，课堂管理问题就凸显了出来，问题严重时甚至会影响到课堂教学的正常进行，仅仅依靠汉语教学师资进行课堂管理会捉襟见肘，因此培养汉语国际教育师资依靠学生的自我管理解决课堂管理问题的能力不能不引起我们的重视。

### 8.6.1 汉语国际教育师资在课堂上建立学生自我管理能力的重要性

汉语国际教育师资在开展汉语教学时，要面对千差万别的教学情境，教学过程中的课堂管理问题也是千差万别的，只让受训师资掌握一些简单的处理课堂管理问题的方法，不足以使他们有能力解决将要面对的各种复杂的课堂管理问题，所以在对他们进行培养时必须使他们具备灵活处理课堂管理问题的能力。对此有学者指出："麦克卡斯林和古德证明说，教师对管理进行多维度的思考会受益匪浅。他们注意到管理应该定义为流动的、过渡性的，总是用来调节课堂情形中的不可避免的变化的（比较重要的包括学生的不断拓展的需要和能力）。"（Good & Brophy，2002：202）汉语国际教育中的教学过程是不断变化的，汉语国际教育师资对课堂管理问题的认识和对课堂管理能力的掌握,也同样需要有动态发展的眼光和积极主动的操作。

汉语国际教育师资在面对非成年汉语学习者进行课堂教学时,必然要面临解决课堂管理问题的局面,而且课堂管理问题是否能够有效地解决,也会直接关系到教学活动的顺利和有效的开展。如果教师按照传统的权威式的方式进行课堂管理,可能会带来适得其反的效果因而不利于教学的顺利开展,课堂管理必须以有利于教学为目标,因而不能采取对学生进行压制的传统做法,对外国学生更是如此。"研究结果表明,把课堂管理作为建立和维持有效的学习气氛的过程的教师,比把重点放在强调自己是权威人物或严格执行纪律的教师更可能成功。教师作为权威人物,需要要求学生遵守一定规则和程序。但是,执行规则和程序本身并不是目的,而是组织课堂支持教与学的手段。因此课堂管理应该设计来支持教学并帮助学生获得自我控制的能力。"(Good & Brophy,2002:164—165)看来,建立学生的自我管理能力是一种更为根本的解决课堂管理问题的途径,汉语教学师资是否重视和如何看待课堂管理问题的解决方式对最终的管理效果有着不可忽视的影响,课堂管理问题处理得如何更多地是要选择基于教师还是基于学生,显然立足于和依靠学生发展自我管理的能力是一种更为优化和可靠的选择。

### 8.6.2 培养汉语国际教育师资掌握解决课堂管理问题的能力

尽量在一开始就从根本上避免课堂管理问题的发生,是最为高明的课堂管理手段。培养汉语国际教育师资提高课堂管理能力,需要培养他们有能力在课堂管理的问题发生之前或之初,就事先有所准备并且有预案和应对措施。有国外学者就提出:"特别是有效率的管理者,会首先通过尽可能多地把学生的时间投入到有益的学术活动中去并把学生的开小差之类的小问题解决在未发展成大麻烦之前,以此来减少学生在课堂里混乱不堪的频率。"(Good & Brophy,2002:168)就汉语国际教育师资的培养而言,则必须在教学设计阶段就使他们掌握控制课堂管理问题发生的能力，通过增强教学的趣味性等手段以吸引学生的注意力从而遏制课堂管理问题的出现。防患于未然，是最有效的解决课堂管理问题的途径。对于没有课堂管理经验的汉语国际教育师资而言，要使他们掌握进行这里所提出的"充分的准备"的能力，就必须在培训阶段使他们掌握，这是培训者的重要责任。

在汉语国际教育师资要面临的各种具体课堂管理问题中，不同的问题影响课堂教学顺利开展的程度也是各不相同的，因此教师要有针对性地选择对策，就必须拥有对所出现的课堂管理问题严重程度的判断能力。"他们对学生思想上不经意的开小差会忽略不计，但对学生持续性的心不在焉会进行处理。教师会在这种心不在焉导致学生的'土崩瓦解'前把问题解决掉，但他们用的解决方法本身不会是破坏性的（如走近不专心的学生，如有可能用眼色示意学生等）。"（Good & Brophy，2002：169）掌握正确的解决问题的方法与具备正确的课堂管理的意识是同等重要的，汉语师资具备了从容地解决课堂管理问题的能力，也才能使他们具备了胜任汉语国际教育的全面能力，课堂管理能力也是汉语国际教育师资胜任力的重要组成部分。

### 8.6.3 建立学生自我管理能力是汉语国际教育师资最有效的课堂管理手段

在面对众多学习者的汉语教学班级里，仅仅依靠教师自己来解决课堂管理的所有问题是不现实的，也会让教师疲于奔命，影响汉语教学的正常进度和教学任务的完成。所以，解决课堂管理问题的根本途径是在课堂上建立学生自我管理的能力。"如果教师对每一个问题的解决、责任等都替学生考虑了，学生就学不会自我约束（self-regulation）和自我控制。学生需要学会管理自己的时间（我们完成任务有15分钟）并界定自己的工作和程序（什么是批判性的问题——问题还可以怎样进行界定？）。因此，恰当的管理使得规章和组织很有必要，它们的出台是循序渐进地用来鼓励更多的自我控制的责任的。"（Good & Brophy，2002：

203）可见，让学生自己建立起自我管理的意识并且培养他们具备这方面的能力非常有必要，这是从根本上解决课堂管理问题的长效机制，这样做还可以避免汉语教学师资的课堂管理流于表面以及"头痛医头脚痛医脚"式地解决层出不穷的课堂管理问题的被动局面。

学生掌握自我管理能力是要与他们的课堂学习结合起来的，汉语国际教育师资尽管要在课堂教学的起始点单独抽出一些时间专门培养他们这方面的能力，但是也要将学生自我管理能力的培训贯穿于课堂教学的全过程和方方面面。对于学生应当建立哪些方面的自我管理能力，有学者提出了具体的建议："学生需要形成学习情形中的基本的自我控制力（判断完成作业需要花的时间，决定是在家做某事有益处还是等到第二天的学习时间去做某事才有益处等），并拟定一个有助于自己组织时间的条款（如'我必须在下课前至少完成三道题，这样如果我需要帮助就能得到'）。学生也必须形成自我评价的能力（知道自己什么时候对作业和要处理的问题是理解的、什么时候是糊涂的），应该能够恰当地进行自我报答（认识到了什么时候完成了某事或大致完成了）。"（Good & Brophy，2002：204）学生有能力自己制定适合自己特点的自我管理条款是非常重要的走向自我管理的一步，汉语师资在此时应当帮助班级里的每个学生有效地完成这项任务，同时也要注意引导学生树立自我控制力以及有能力进行自我评价和自我激励、报偿，使学生知道应该如何完成自我管理，并且获得及时的鼓励和成就感。

## 8.7 汉语国际教育师资对学生的学习进行鼓励的作用和方式

汉语国际教育经常会面对未成年人开展汉语教学，有时甚至要面对学龄前儿童进行汉语教学，在课堂教学中有些未成年的学生出现违反课堂纪律的问题属于正常的现象。本来汉语学习活动就会给有些学生带来很大的压力，他们如果没有正确的途径缓解压力，就会产生课堂管理的问题。

在面临课堂管理出现的一些问题时,有些教师和教学管理者容易采用对学生施加压力的方式加强管理,在这些施加压力的手段中可能会选择使用恐吓,以此来专门压制和压服那些不服管教的学生。"我认为,有的教师和管理者有时用恐吓来强迫学生。约翰·霍尔特(John Holt,1964:92)声称:'大部分孩子在学校里的大部分时间都感到恐惧,许多甚至非常恐惧。'他说学生们'害怕失败,害怕一直落在后面,害怕被人认为笨,害怕感觉自己笨'(1964:71)。他声称,恐惧破坏智力,使聪明的孩子表现得很笨。"(Ciaccio,2005:75)压制或恐吓的方式在短时间内可能会收到一定的效果,但是班级里的学习气氛会受到破坏,最终会影响学生们的学习效果,学生的学习自信心和自我效能感都会减低。汉语国际教育师资对学生的学习进行鼓励的办法比压制和恐吓的办法更为有效,虽然鼓励可能不一定马上见效。

## 8.7.1 汉语国际教育师资对学生的鼓励具有增加学生自信和促进学习的作用

学生们的自信在学习中是非常重要的,其实做任何事情都是如此,这是不言而喻的。有学者从大脑的机理和人类的认知机制方面分析其原因:"虽然难以置信,但那确实是苏泽(Sousa,1995)所发现的。大脑有一个过滤装置,即感知寄存器,他能阻止那些不想要或是不重要的刺激。如果孩子有成绩不好的经历,'那么自我概念则给感知寄存器信号来阻止新信息的进入'(1995:20)。对教师来说,给一个缺乏自信的孩子灌输知识注定是要失败的。"(Ciaccio,2005:76)汉语国际教育师资如果打击了学生的学习自信,显然是违反学生学习的认知规律的,不可能使学生们获得良好的学习效果。实际上,学生在这种情况下根本就难以完成学习任务,汉语师资因而也难以达到教学目标。

汉语国际教育师资在教学中对学生们不断地鼓励,可以使学生们积极地为了追求成功的目标而努力学习。"一旦一个孩子形成了积极的自我观念后,他会对现实更大的成功抱有希望（Greene，1986）。那么这个孩子就迈上了通向成功的道路。他就能够制定目标，实现那些目标，并控制自己的生活。"（Ciaccio，2005：78）可以看出，学生经过教师的鼓励之后，可以由此走上成功之路，自主地开展和完成自己的学习，显然教师的鼓励可以带来促进学生学习的作用。经由教师的鼓励所形成的学生的学习自信，可以产生良好的学习动机和学习效果。

### 8.7.2 汉语国际教育师资在开展汉语教学时对学生进行鼓励的方式

在开展汉语国际教育时，汉语教学师资对学生的鼓励可以有多种方式，比较常用和有效的方式是表扬和奖励。只要将这两种方式运用得当，就可以取得良好的鼓励学生的效果。

#### 8.7.2.1 汉语国际教育师资利用表扬的方式对学生的学习进行鼓励

表扬是汉语国际教育师资通常最容易想起和最为常用的一种鼓励方式，表扬本身也有不同的方式，通常容易看到和理解的表扬是公开的表扬。这种表扬的方式容易被理解为具有良好的鼓励效果，但并不是任何时候都能达到这种效果。有学者指出："甚至当教师把表扬作为一种强化手段时，一些学生并不一定那么认为。特别是，当众表扬可能会让学生觉得非常尴尬而不是强化了某个学生的行为，尤其是如果这种表扬引起人们的注意——这个学生多数行为与大家终于保持了一致而并不是取得了一些非常显著的成就时，就会引发学生的尴尬。"（Good & Brophy，2002：190—191）表扬如果不能得到学生们的认同和接受，特别是给受表扬者带来尴尬和麻烦，反而会得到适得其反的不良效果。汉语师资对于表扬的方式不能过度使用，要考虑学生们的年龄特点、接受心理和文化背景。

汉语国际教育师资进行表扬的目的要纯正、态度要真诚。表扬要真心实意才能取得真正的效果，发挥其作用。汉语师资的表扬如果目的不纯，会带来不良的作用。"不幸的是，许多教师进行更多表扬的目的，在于控制学生而不是表达对学生努力或成绩的羡慕和欣赏。而且，许多教师的表扬与其说是作为强化物在起作用，不如说是教师期望或态度的表达。"（Good & Brophy，2002：191）汉语师资表扬的关键是要从学生的角度出发，是为了有益于学生的利益，而不是为了自己的方便，至少直接的目的不能只是为了自己工作的顺利开展。

8.7.2.2　汉语国际教育师资利用奖励的方式对学生的学习进行鼓励

奖励是一种有效的鼓励学生学习的方式，奖励的方式更是多种多样。有学者总结了一些奖励的方式："在教育过程中常用的奖励类型有：①物质奖励（钱、奖品、小玩意儿、消费品）；②行为奖励和授予特权（玩游戏的机会、使用特殊设备或进行自选活动）；③分数、回报、公开承认（光荣榜、优秀作文展览）；④表扬和社会奖励；⑤教师奖励（特别关注、与学生的个人交流、有机会与教师一块儿做事或到某地方去）。"（Good & Brophy，2002：314）奖励的方式其实还有很多种，汉语教学师资在开展汉语国际教育时，可以根据教学环境的具体情况结合汉语和中华文化的特点探索和开发出更多的奖励方式。

开发出更为多样的奖励方式，就可以为汉语国际教育师资选择有效的奖励方式提供充足的条件，但更为重要的是选择合适的奖励方式，以及奖励的方式运用于何处。有学者对此提出了一些原则："奖励最好用于完成常规的任务而不是新任务，用于具体的有目的的学习任务而不是偶然发现的学习任务，更多关注行为速度或结果质量的任务而不是关注创造性、艺术性或技艺的任务。"（Good & Brophy，2002：314）实质上，这些原则都在指明，奖励要惠及班级里大多数的学生，而不只是为了鼓励少数的学生，奖励的目的不是为了选拔尖子学生而是为了让班级里的每个学生都乐于投入汉语学习之中。

8.7.3　汉语国际教育师资的鼓励要有利于达到形成学生学习动机的真正效果

在开展汉语国际教育过程中，汉语国际教育师资对学生的鼓励不要形成强加于人的感觉，要详细了解每个学生的情况，根据学生的具体接受度，有针对性地选择合适的鼓励方式，在适当的时机以合适的程度来进行鼓励。汉语教学师资鼓励的最终目的是要有利于形成学生们内部的学习动机，在实施鼓励时就不能使他们产生有外在强加的感觉。"当强化隐含着他们的行为受到了外在控制（external control）时，可能会损害学生的内在动机，这时他们参与一个活动是因为他们要想赢得奖励就必须这样做。实际上这种影响不仅是因强化而发生，也可能任何只要是引起学生把自己行为归因于外在压力而不是自己的内在动力的因素都会引发。"（Good & Brophy，2002：190）鼓励所形成的结果不是要让学生感到像是被迫地接受，而是自然、自主地形成他们的学习动机，这就要求汉语师资的鼓励要适当、适度和适时，这样的要求是很高的，教师也必然会增加更多的精力和时间的投入，但鼓励最终会有益于教学，使得这些投入是必要的、值得的，最重要的是在有益于学生学习的同时也有益于教师工作高效和顺利的开展。

要想激发学生们真正的学习动机，汉语国际教育师资所进行的鼓励就不能盲目地进行，要特别注意根据和针对学生的实际情况。"学生（特别是在奋力挣扎的学生）需要鼓励，但他们也需要得到自己表现是好是坏的准确反馈。当教师的表扬是对学生取得成绩的自然而真实的反应而不是当作控制学生的组成部分时，会比较有效果。"（Good & Brophy，2002：192）汉语教学师资把专业的指导和评价与鼓励相结合，可以取得更好的效果，而且取得的也是真正的效果，这样学生才能形成真正的学习动机。

## 8.8　汉语国际教育师资进行课堂管理的一些具体的有效方法

在本章第 8.2 节论及了汉语国际教育师资建立课堂管理规章的重要性，但是在汉语国际教育师资培养的过程中，仅培养他们具备建立课堂管理规章的能力是远远不够的，更为重要的是培养他们掌握一些有效的管理方法，以便把课堂管理规章贯彻落实到具体的教学工作之中，以使他们在面临具体的课堂管理问题时可以灵活应对。

### 8.8.1 汉语国际教育师资清楚地传递对学生期望的方法

汉语国际教育师资有效的课堂管理方法之一是，清楚地传递给学生们教师对他们的期望。教师的期望会激励学生们做出良好的课堂表现行为，有助于教师课堂管理的有效完成。至于传递教师期望的具体方法，有学者提出了一种传递教师对学生期望的"超前方法"："成功进行课堂管理的关键在于使用清楚传递期望的超前方法。这种超前方法有三个特点：①它是预防性而非仅仅反应性的；②会把鼓励恰当的学生行为的管理方法与鼓励学生达到课堂目标的教育方法融会贯通起来；③关注点在于把班级作为一个整体而不只是对学生个人的个别行为进行管理。"（Good & Brophy，2002：169—170）可以看出，这种"超前方法"能够防止学生出现违反课堂管理规定的行为，并且可以使学生们更为积极地争取表现出教师所期望的良好行为。汉语教学师资如果能够清楚地传递出对学生们的期望，可以引导他们向正确行为的方向去努力。

汉语国际教育师资传递对学生的期望有多种方法，除了直接用显性的表达方式传递外，还可以使用间接方式表示对学生的期望，如表情、态度和语气等等。但是，使用间接传递期望的方法，需要在教师获得学生信服的前提下才能有效。"教师的一些个人素质是成功管理的基础，因为这些素质使得教师成为受学生尊重和喜欢的人而不只是必须服从的人。教师必须喜欢学生和尊重学生作为独立个体的存在。教师不必向人们展示出他们是感情丰富的。对学生的欣赏和对学生个人利益的关心贯穿在说话的口气、面部表情以及其他日常行为中。"（Good & Brophy，2002：170）汉语教学师资有时不必采取单一的通过言语表达传递期望的方法，教师对学生们的期望可以表现在日常教学和管理活动的时时刻刻、方方面面。只要教师是真诚地表现、自然地流露出内心对学生们的期望，一定会达到良好的课堂管理效果。

### 8.8.2 汉语国际教育师资获得学生高接受度的有效方法

汉语国际教育师资要想使自己的课堂管理顺利进行，在教学的起始阶段就应建立起学生对自己的人格和教学能力的信任，有学者提出了"可信度"的概念对此方法进行了表述："可信度（credibility）提供了一种学生想要的和需要的组织保证。如果学生信赖老师所讲的，就不会一直不断地去检验老师了。而且学生更能够接受承担自己行为的责任。"（Good & Brophy，2002：171）有了学生对教师的信任作为基础，汉语师资的课堂管理要求和行为就容易获得学生们较高的接受度，他们的课堂管理工作也就易于开展了。

汉语国际教育师资要想获得学生们的信任和较高的接受度，首先就要做好自己应该完成的管理责任，汉语师资要率先垂范才能赢得学生的信赖。有学者提出："要想为成功的课堂管理奠定坚实基础，教师必须：①赢得学生的尊重和青睐；②坚持不懈而且值得领导信任和依赖；③承担确保学生的学习责任；④重视并喜欢学习，希望自己的学生也一样。"（Good & Brophy，2002：171）教师是学生们关注的中心，汉语师资自己率先努力，会给学生的行为带来示范效应和带动作用，使学生们的课堂正确行为有了模仿的对象和跟从的表率，教师在课堂管理工作中遇到的困难也就会减少很多。

汉语师资要想获得学生们的信赖和高接受度，并不是要无原则地一味迁就学生的不良行为，特别是对学生们的违纪行为视而不见或放纵妥协。汉语师资还是要是非分明、坚持课堂管理原则和管理规章的执行，这样做反而更能引起学生的信服和尊重。"虽然教师应该友好、和蔼可亲而不是严厉，但他们在承担显而易见的责任和建立受人欢迎的课堂氛围和学习环境时应该公事公办。这有助于每天基本课程和日常事务的迅速完成。一旦学生习惯了每天的常规而且逐渐养成了一种不用专门指引的习惯，然后教师就可以着手给学生提供更有挑战性的作业和更复杂些的形式了（进行小组活动、特别计划和利用学习中心作为全班上课和全

第八章 汉语国际教育师资课堂管理能力的培养

班课堂作业的补充）。"（Good & Brophy, 2002: 182—183）汉语师资"公事公办"式地坚持课堂管理的原则，实际上能树立起班级里良好的风气，也可以激发学生们的正义感，导致他们的正确行为更多地出现。

### 8.8.3 汉语国际教育师资在课堂教学中避免学生分散注意力的有效方法

许多课堂管理问题的出现与学生注意力的分散有很大的关系，学生们不能集中注意力常常是因为他们在课堂上无事可做，汉语国际教育师资一定要设法避免出现这样的情况，要通过良好的教学设计和精心的课堂组织解决这方面的问题。"当学生无所事事或心不在焉时就会出现管理问题并很容易蔓延开来。教师能够做许多事情来减少拖沓、打断和分心。"（Good & Brophy, 2002: 176）汉语师资还必须注意把控好课堂教学的节奏，避免拖沓和中断等情况的发生，才能始终抓住学生们的兴趣点和兴奋点，使他们把注意力集中于课堂教学所要求和提供给他们要做的学习活动上。

汉语国际教育师资在进行教学设计和备课时，要安排好教学活动的各个环节，尽量避免因课堂教学活动脱节和衔接不佳而出现停顿，以致让学生被迫等待。这样的情况在课堂上发生，既浪费了课堂教学的宝贵时间，又容易导致课堂管理问题的发生。学生不知道在课堂上应该做什么而往往会缺乏耐心去等待时，常常会形成出现课堂管理问题的局面。"当学生必须等待而又无事可做时，可能发生四件事，其中的三件是坏事：①学生仍然保持兴趣而且注意力集中；②学生可能变得不耐烦或很疲惫，不能集中注意力；③他们可能开始分心或想入非非；④他们可能热衷于捣乱。所以，对房间的安排、设备的储藏、上课的准备和活动间的过渡，都要避免不必要的拖延和不知所措。"（Good & Brophy, 2002: 176—177）为避免发生让学生在课堂里因等待而不知所措的情况，汉语教学师资一定要事先对此有所预防，准备好预案，让提前完成了学习任务的学生还有事可做。

学生在课堂上完成一些学习任务时，容易出现完成进度不一的情况，早完成的学生必然就处于无事可做的状态,这种情况往往会导致课堂管理问题的发生,汉语国际教育师资对此应有心理准备和应对之策。"混乱常常是由没有在做作业或已完成作业但没有其他事情可做的学生引发的。没有能够提供有价值的课堂作业或没有为比预期更快地完成了作业的学生提供支持计划的教师,面对的管理问题要比其有充分准备的同事多得多。"(Good & Brophy,2002:177)汉语师资对学生容易出现课堂管理问题的教学活动环节应当有预判,并对此进行充分的准备,可以提供给先完成学习任务的学生一些额外的任务或奖励活动。

汉语国际教育师资在开展教学的起始阶段就建立起学生日常行为和课堂学习行为的常规,对于集中学生的注意力也是非常重要的。学生往往会因不理解教师的教学指令,不知如何行动而产生行为混乱的情况,最终以下的课堂秩序,这种情况尤其容易出现在有大量低龄学习者的课堂上。"成功的课堂管理者的班级看起来运作得自主而顺畅,追根究底是因为他们在一学年开始阶段作了充分的准备和组织。在第一周的第一天和整个这一周时间里,及时特别关注学生最关心的问题(如关于任课老师和班上同学的情况、对日程安排的看法、吃午饭和中间休息的程序、个人的东西往什么地方搁、何时何地可以喝水)。程序和日常安排在需要时逐渐地引入,这样就不会让学生一下子必须接受太多的信息而被弄得晕头转向了。"(Good & Brophy,2002:180)学生课堂行为的常规既要抓紧建立又不能急于求成,汉语教师要有计划、有耐心地完成这个任务。当学生们不能顺利地完成教师安排布置的学习任务时,也容易出现课堂管理问题,因此汉语师资还应当注意所布置的学习任务不能是学生难以完成的,学习任务的难易度应适合学生的学习能力和汉语水平。

# 第九章　汉语国际教育师资培养与"后方法时代"教学理念

"后方法时代"教学理念，在汉语国际教育领域同在其他教育教学领域一样，可以帮助教师摆脱机械、僵化地照搬某种教学法而不能适应教学具体情境的困境。在汉语国际教育师资培养中，"后方法时代"的教学理念可以发挥如下作用：（1）有助于帮助受训师资超越传统的对"教学"只是讲授的狭义理解，形成对教学是多元互动的新型认识，灵活运用各种教学方法调动学生的学习积极性，通过各种教学方式让学生充分发挥作用；（2）有助于引导受训师资摆脱机械的"技术主义"的教学方式，建构起与自身教学经验相结合的有效的教学方式和方法，他们的教学能力也可以得到不断的提高和发展；（3）有助于受训师资自主探索更为适合教学的方法，他们通过自主探索形成自己的教学理念，有正确教学理念的指导可以使他们真正摆脱对以往他人提出的教学方法的依赖和照搬，具备根据具体的教学情境自主开发适用的教学方法的能力。

汉语教学在"后方法时代"走向综合，是顺应世界语言教学发展潮流的举措，也是语言教学理念在"后方法时代"出现重大变革的结果。汉语教学走向综合并不意味着重回折中主义的旧途，而是采取对各种教学要素灵活运用的措施使教学走向综合并发挥其优势。

语言教学已经进入了"后方法时代"，对汉语国际教育也会产生深刻的影响。汉语国际教育受"后方法时代"教学理念的启发，更加注重教师和学生的自主性，更为重视教学方法的灵活性。采用个性化的教学也是汉语国际教育师资顺应"后方法时代"教学理念的重要途径和举措。

## 9.1 汉语国际教育师资与"后方法时代"教学理念及相关研究

### 9.1.1 汉语国际教育师资培养中在教学方法掌握和运用方面遇到的问题

培养汉语国际教育师资掌握汉语教学方法的重要性自不待言，师资培养方对此也高度重视，除了在相关课程中对师资从理论到实践都进行指导，而且还重点安排了许多面向和直接联系教学实践的培养环节，包括课程设计和教案编写的实践性练习、课堂教学试讲练习和讲评、对参加面试时的说课和试讲环节进行指导及操练、海外教学实习和国内教学实习等一系列的课堂教学实践环节。经过这种多重的培训和锻炼之后，汉语国际教育师资的教学能力有了很大的提高，但是我们仍然会遇到一些受训师资在教学实习时"苦不得法"的情况，例如：有的实习教师在进行课文讲练时只会带着学生读课文，教学方法过于单一[①]；有的在安排练习时不能根据学生的情况和语言水平有所取舍，练习偏难或偏易达不到练习的目的和良好效果；有的由于教学方法的缺失在课堂上就进入了"越讲学生越不明白而学生越不明白就越多讲"的"怪圈"，背离了"精讲多练"的教学原则，课堂教学变成了"一言堂"等等。教学效果不佳所导致的学生不满意，令汉语教学师资自己也很苦恼，因为这并不是他们愿意看到的结果，他们有时是无能为力，有时是身不由己。

---

[①] 在论及开展课堂活动的教学方法时，有研究者也提出："虽然不少研究者已经很具体地提出了多种课堂活动方式，如导入法、'点将法'、情景设置法、心理疏导法等——从教师角度而言；讨论法、模拟法、表演法、演讲法、阅读训练法、说写整合法等——从学生角度而言。无论名称多么繁杂有别，都不能很好地解决教师面对特定的教学对象、特定的教学内容及特定的课堂环境，究竟如何运用这些方法的问题。很多时候会出现这样的情况，教师计划就某一话题展开讨论，但学生却不感兴趣或无话可说，这种尴尬场面不少口语教师都领教过。"（郭红，2007：21）实际上，这里出现的问题并不完全是因为方法。了解方法与使用方法的关系很复杂，而且二者之间有所不同。一种教学方法若要合适地使用，是需要使用者（教学者）根据具体情况灵活处理的，不能僵化地套用。

## 第九章 汉语国际教育师资培养与"后方法时代"教学理念

实际上，我们在师资培养时并不是没有教给他们诸多的教学方法，可是仅仅知道有各种教学方法离他们在教学实践中熟练掌握并灵活运用还是有一段不小的距离。而且就培养汉语国际教育师资掌握教学方法本身而言，我们也要谨慎行事，因为在第二语言教学界曾走入对教学法过分"痴迷"[①]的误区，一度曾经非常迷信教学法，对教学法有一种拜物教式的崇拜，把寻找最佳教学法视为语言教学研究的最主要的目标和任务，把这种最佳教学法视为包医教学百病的"万灵药"，似乎所有在教学实践中遇到的问题都可以凭之迎刃而解。在探寻最佳教学法的过程中所发现的教学新法不断涌现，但是教学中的问题却并未得到有效的解决。"这期间不同的教学方法层出不穷，对这些方法的分析、试验、比较、评估也是应运而生，但是结果表明没有一种方法可以适用于所有的教学对象或环境，过去没有，今后恐怕也不会有（Stern，1985; Nunan，1991; Brown，2002）。"（孙德坤，2008：76）这种现象说明：追求最佳教学法的探寻之路已经走入了绝境。在培养和指导汉语国际教育师资时所发现的有些汉语师资教学不得法的问题，是因为他们对所教给的方法在教学实践中运用不得当，其中部分的原因在于对某一种教学方法的过分"偏爱"而在教学中机械地使用这种方法，不能灵活地根据教学的具体情况选择合适的教学方法。[②] 有学者论及传统汉语教师培训的不足："传统的对外汉语教师培训或培养模式往往习惯于教授现成的外语教学理论与方法，忽视并抑制了受训者自身教学研究思维的发展。这有违于建构主义和教师行动研究等

---

① 有学者将这种"痴迷"称为"世纪痴迷"："20世纪语言教学研究充满了对有效教学方法的寻求，Stern（1985）称之为'世纪痴迷'（century-old obsession）。"（孙德坤，2008：76）

② 实际上汉语教学界已经对汉语教学法的问题达成了阶段性的共识，有学者进行的总结具有代表性："在对待教学法的问题上，我们坚持以下一些观念：（1）各种教学法没有优劣之分，要针对不同的情况选取不同的教学法；（2）好的教学法可以做到以不变应万变；（3）好的教师在教学法的运用上可以做到随机应变；（4）法无定法，贵在得法；（5）要得法先要得道，法中有道，万法归一。"（崔希亮，2010：80）这些在教学法上的观念和原则是对对外汉语教学界宝贵经验的总结，应该继续坚持和贯彻落实。教学实践中出现的问题往往是因为没有很好地贯彻落实这些观念和原则。

理论所提倡的'教师发展'理念,即教师应在终身教育前提下,在教学实践中验证他人的发现,反思自身的教学,主动建构自己的教学理论(Richards,1987,1998;张正东、李少伶,2003等)。"(陶健敏,2009:131—132)这提醒我们要正视和重视汉语国际教育师资培养中存在的问题,要充分认识到师资培养过程中相关问题的解决在汉语国际教育事业发展中的重要性及迫切性。

### 9.1.2 "后方法时代"教学理念提出的背景及其基本主张

汉语国际教育师资培养中受训师资在教学方法掌握和运用方面遇到的问题,部分原因在于以往教师们对教学方法的认识和形成自身教学方法的方式都存在着问题,有学者分析其原因为:"受到来自传统'由上而下'教学方法形成和运用模式的钳制,从事教学实践活动的角色丧失了依据具体教学对象和教学环境,对于具体教学方法进行自由、合理支配的权利,这种教学活动中外语教师主体性的缺失是'方法时代'语言教学举步维艰的深层原因。"(陶健敏,2009:133)汉语教学师资如果丧失了自己的主体性和自主性,就无法积极地并有能力去应对教学中出现的各种问题。有学者发现了过分"痴迷"教学法的弊害,提出语言教学已经进入了"后方法时代"(post method era)[①]的理念,以纠正这种偏失。对于"后方法时代"的教学理念[②],有学者概括为:"它提出的并不是具体的教学法。它也不谋求对'最佳'教学法的追求,而是一种基于语境的(context-based)教学主张和一系列宏观策略,旨在帮助解决长期以来令全球外语教师困惑的难题:对各种教学法的选择。"(丁仁仑,2010:38)还有学者提出:"后方法时代认

---

[①] 有关"后方法时代"教学理念的具体内容,可参看该教学理念的倡导者 Kumaravadivelu 的论著《超越教学法:语言教学的宏观策略》(库玛,2013)的有关章节。
[②] 对于"后方法"的性质,学界有着不同的认识,有学者认为是一种教学理念:"第二语言教学中的'后方法',究竟是一种系统的理论还是一种理念,认识是不同的,我们倾向于视为一种理念。"(孙德金,2014:442)笔者也认同这种观点。

## 第九章 汉语国际教育师资培养与"后方法时代"教学理念

为没有放之四海而皆准的最佳教学法,好的教学法必须符合特定的教学环境和教学对象,因此教师必须自己寻求符合自己的教学实际的有效方法。"(孙德坤,2015)明显可以看出,"后方法时代"教学理念对教学法的认识发生了根本性的变化,而教学法与教学理念有着深刻的联系,"任何教学法都是建立在教学理念之上的"(崔希亮,2010:74)。"后方法时代"教学理念的提出,主要目的是为了解决语言教师所面临的教学法方面的问题,"Kumaravadivelu 倡导的'后方法'语言教育理论正着眼于如何帮助从事第二语言教学的教师培训构建一个超越传统方法概念和思想的'后方法'语言教学理论和实践模式,促进外语教师结合独特教学环境进行情景理解,努力培养构建具有自身特色教学理论的综合知识和能力(Kumaravadivelu, B., 1994, 2001, 2003a, 2003b, 2006)。"(陶健敏,2009:132)需要特别指出的是,提出"后方法时代"并不是要抛弃以往的各种教学方法[①],只是要提醒第二语言教学者不要把教学水平的提高寄托于对最佳教学法的迷信和依赖上,也不要被某种教学法束缚住了手脚而难以适应瞬息万变的语言教学发展和千变万化的具体教学情境,对于教学法的作用和在教学中的地位要有正确的认识和评估,要有能力根据具体的教学情况灵活地调整和运用适当的教学方法。

### 9.1.3 对"后方法"的相关研究及其在汉语国际教育师资培养作用研究的不足

"后方法时代"教学理念对汉语国际教育的启示和借鉴作用,也引起了有

---

[①] 有研究"后方法时代"教学理念的学者就提出以往的各种教学流派和方法在"后方法时代"仍然有其重要的作用:"'方法时代'不同的第二语言教学流派和具体方法借助各自所倚的语言哲学观,所提出的不同的语言教学理论、规则、方法和技巧,在帮助学生有效学习第二语言的同时也为教师提供了丰富的教学手段和教学理论、原则。"(陶健敏,2009:134)就"后方法"在此问题上的理念而言,也是不同于以往经常出现的新教学方法否定、取代旧方法的情况。

关学者们的注意。相关的研究成果涉及汉语教学的许多方面：对"后方法"在汉语国际教育中的作用，有学者认为可以起到积极的作用，并判定其性质是"对各种教学方法灵活处理"（赵金铭，2008），此外，对"后方法时代"的语言教学观与对外汉语教学法体系构建的关系（陶健敏，2006）、"后方法时代"的对外汉语教学与"方法时代"的不同（冯锦程，2011）、"后方法时代"语言教学理念指导下的汉语教学资源建设（崔永华，2015）、"后方法"理论指导下海外汉语教学中的教学法革新（许美玲，2015）、"后方法"理论指导下的学生自主学习（尤珉，2015）、"后方法"视野下的教材练习编写（张璐，2015）等具体课题都进行了研究。可以看出，在"后方法时代"语言教学理念指导下的相关研究覆盖到汉语教学的许多方面。第 11 届对外汉语国际学术研讨会还专门把"后方法理论视野下的汉语教学研究"作为会议主题，也说明"后方法"的研究课题日益受到汉语教学界的重视。[①]

至于"后方法时代"教学理念对培训汉语国际教育师资的作用，虽然得到了学者们的首肯，在论及"后方法"时就有学者称："它重视教师和学生在学习过程中的主体地位，突破既有的'方法'等方面的束缚，消除'理论'和'实践'的鸿沟，以'整体观'统摄教学思想和行为。这些理念无疑是富有启发性和指导性的，尤其是对于教师培训和教师发展具有重要的价值。"（孙德金，2014：442）但目前仅有不多的学者对"后方法时代"教学理念与师资培训的关系有所论及（陶健敏，2009；沈岚，2014），然而对其在汉语国际教育师资培训中的作用探讨不多。作为库玛（Kumaravadivelu，B）"后方法"专著《超越教学法：语言教学的宏观策略》的中译者，陶健敏（2009）的论文论及了库玛的"后方法"理论在对外汉语教师发展中的作用，认为库玛的理论"丰富了以个人教学理论创建为方向的对外汉语教师发展的内容"，提出库玛建构的语言教育理论轮盘

---

[①] 关于此次会议上专家学者有关"后方法"的一些主要观点，可参看《世界汉语教学》2014 年第 4 期的专题报道。

### 第九章　汉语国际教育师资培养与"后方法时代"教学理念

（Pedagogical Wheel）的"三大参数"与"十条宏观策略"[①]分别具有"为对外汉语教师发展奠定了自主教学理论创建的基础"和"为对外汉语教师发展提供了自主教学理论创建的有效方式和途径"的作用。

　　基于笔者在汉语国际教育师资培养和教学指导第一线工作的感受以及所获得第一手的认识，深感"后方法时代"教学理念能够而且应该为我所用，以解决汉语国际教育师资专业发展过程中面临的问题，在师资培养中发挥其积极作用。因此，对于"后方法时代"教学理念能够发挥哪些具体的作用，值得进一步深入探讨。在这里主要探讨"后方法时代"教学理念在汉语国际教育师资培养中三个方面的作用："后方法时代"教学理念有助于帮助受训师资超越对传统"教学"的认识，有助于引导受训师资摆脱机械的教学方式，有助于受训师资自主探索更为适合教学的方法。我们在这里实际上是在尝试从教学理念、教学方式和教学方法三个层面来探讨这一研究课题。

## 9.2　"后方法时代"教学理念帮助汉语教师超越传统上对教学[②]的认识

　　这里所提及的"超越教学"不是超越广义的对教学（instruction）的认识，

---

[①] 有学者对这"三大参数"与"十条宏观策略"进行了概括总结："宏观策略框架有三个参数。一、'特殊性'（particularity）。语言教学法要想和教学有关，就必须对特定群体的教师和学生敏感。……二、'实践性'（practicality）。……应该鼓励教师对自己的实践进行理论总结，并且去实践自己总结出来的理论知识。三、'可行性'（possibility）。根据这三个参数，他提出了十条宏观策略：一、最大限度地增加学习机会；二、促进学生的协商互动；三、尽量减少感知方面的差距（教师和学习者可能会在意图和理解方面存在不一致）；四、鼓励用直觉进行探索（指提供丰富的语料，让学习者有机会推断并且内化语言的使用方法和规则）；五、培养语言意识；六、使语言输入语境化；七、整合语言技能；八、促进学习者的自主性；九、保证社会相关性；十、提升文化意识。"（刘颂浩，2007：218）

[②] 这里所提及的"教学"是指狭义的教师讲授性的教学（teaching），而现在学者们常常使用的教学（instruction）概念实际上内涵是很广泛的，讲授性的教学只是包括在其中的一部分。

而是超越那种对"教学"（teaching）的狭义理解。这种对教学的狭义理解认为只有教师的讲授才是教学，如果教师没有进行讲授，甚至是没有大量地讲授，就不是教学，至少会认为该教师没有很好地完成教学任务。这种教学观念和教学方式也是导致教师在课堂上"一言堂"的原因之一。

我们认为"后方法时代"教学理念有助于帮助汉语国际教育师资超越传统上对"教学"（teaching）的狭义理解，并有助于他们形成对新型的广义的"教学"的新认识，使他们认识到教学更主要的是要在教师与教学材料之间、学生与教学材料之间、师生之间、生生之间、师师之间，以及学生与社区和社会①之间形成多元性的互动和广泛的联系。②

### 9.2.1 当今时代世界上对第二语言教学的认识已经发生了很大的变化

在信息技术和通信技术飞速发展、日新月异的今天，人们的知识获取方式和途径发生了革命性的变化，这对教育领域中的教学方式和教学方法也发生了深刻的影响。目前，不仅作为语言技能训练的第二语言教学不能再采用教师大量讲授（这也是对外汉语教学界"精讲多练"原则提出的背景原因之一）的教学方式，就是知识的传授目前也已经不能再采取教师大量讲授的教学方式了。

在第二语言教学中，教师的许多传统的教学（teaching）作用对学习者语言技能的发展，特别是输出性表达技能的发展是有妨碍的。教师的这种作用是完全可以被替代、可以由学习者自主完成的。传统的以讲授为主的教学模式走不出以教师为中心的怪圈，走不到"以学生为中心"的教学发展目标上去。

---

① 需要特别指出的是，这里的"社区和社会"还应包括由互联网和移动通信（如：微信群）等现代信息技术和新型通信技术所建立的虚拟的社区和社会。
② 强调多元化是"后方法时代"教学理念的一个突出的特征，有学者认为："后方法时代语言教学观具有倡导开放、平等、鼓励多元思维风格的建设性后现代主义的主要特征，它是第二语言教学法思想在新世纪的时代延伸，也是对各种教学方法、手段和活动的多元化运用。"（沈岚，2014：187）

## 9.2.2 "后方法时代"教学理念对教师教学作用的认识不同于以往

以往的许多传统的教学法流派都是建立在教师讲授的基础上，在汉语国际教育的教学工作中仅依靠讲授的教学方式，显然是难以完成教学任务的。在汉语国际教育师资培养工作中，迫切地需要我们引导受训师资摆脱以往认为只有固定的教学内容和教学方法的传统认识的束缚。"后方法时代"教学理念可以在这方面发挥引导和启发汉语教学师资们的作用，因为"后方法时代"教学理念对教学法有新的认识，深刻认识到传统的教学法只追求固化、单一的教学法的弊端。"教学法流派本身是一种'权威主导'的方法流派（Guru-led Method），追求具体化、规范化和模式化的教学方法，带来了僵化和教条的教学手段，限制了教师作为教学主体在教学方法和技巧上的能动性，教师的作用被实质地边缘化。（刘淼，2005）"（陶健敏，2006：18）机械、僵化的教学方法只能带来受训师资"照本宣科"的教学，使他们的教学无法根据具体的教学情境灵活多变，汉语教学师资们如果受到固定的教学法的重重限制，也会使他们无法充分发挥其在教学中的作用。

汉语国际教育师资作用的发挥并不是只有依靠大量的讲授才能体现，教学任务也不是只有通过讲授的方式才能完成，只有从观念上形成对教学的新型认识，才能在教学操作的行动中对教学方法的选用灵活而合理起来。"成功的教学是教师富于想象、灵活机敏和严密逻辑思维结合的结果。"（王才仁，1996：316）汉语师资不再大量讲授，但是并不意味着他们在课堂上和课后无事可做。汉语师资可以把封闭的课堂开放，可以充分调动学生们学习的主动性和积极性，采取任务型语言教学方式以及自主学习和合作学习等等方式开展教学。

因"后方法时代"教学理念容易引起人们的误解而需要一再指出的是，这种教学理念并不是要摒弃以往传统的各个流派的教学法，而是更为宽容地看待各个教学法流派的差异和论争，主张更为全面地借鉴各种教学法。"后方法时代"

教学理念不再认为各种教学法是"非此即彼"的,而是认为:"任何一种新的教学法的兴起并不意味着旧方法的消亡或者说是过时,因为任何一种教学法都有其科学的一面。无论是传统的还是现代的、新型的外语教学法都是在一定的历史条件下产生的,都有其长处和局限性。"(丁仁仓,2010:217)"后方法时代"教学理念提示我们不要被各种传统的教学法流派束缚和局限住,而是要引导教师们关注和珍视自己而不是他人的教学方法,要充分利用和开发自己的教学经验。有学者提出:"必须在观念和体制上珍视而不是轻视教师的经验,必须倡导教师从自己的教学经验中形成自己的教学理念。这是'后方法时代'社会文化思潮下师资建设的必由之路。"(孙德坤,2008:82—83)超越传统的狭义的"教学"理念,从自身的教学探索中形成与自己的教学经验直接相关的教学理念,这是切合实际的并与教学紧密相连的教师专业发展途径,也是汉语国际教育师资培养时应当引导受训师资们要走的"必由之路"。

### 9.2.3 "后方法时代"教学理念有助于汉语国际教育师资形成对教学的新认知

汉语国际教育师资在"后方法时代"教学理念的指导下,树立起对教学方法的新认知十分重要,这也是"后方法时代"教学理念对教学指导作用的体现。有学者就提出:"很多教师运用了小组学习、自主学习、合作学习、输入与输出、折中主义等等教学法,甚至融合多种教学法与教学过程中,但教师对于后方法的教学理念知之甚少,对于从实践中自我探索教学理念、教学思路和教学法还有一定的距离。"(丁仁仓,2010:221)可见,如果这些汉语国际教育师资只是盲目地探索和运用各种教学方法而没有明确的教学目标和正确的教学理念,那么他们在实践中的自主探索仍然会不知进路,探索的成效也必然较小,因此,建立汉语师资对"后方法时代"教学理念认识上的自觉非常重要。

在"后方法时代"教学理念的影响下,汉语国际教育师资可以超越对教学的

## 第九章 汉语国际教育师资培养与"后方法时代"教学理念

传统认知,也可使他们摆脱对最佳教学方法的追求和依赖。实际上,认为存在着并且努力探求最佳教学方法的认识和行为本身就是一个"误区"。"普拉布(Prabhu,1990)认为,教师对教学活动的主观理解(学习是如何进行的,教学活动是否支持甚至带来学习),比从不同的方法之中进行选择更为重要。这种主观理解,或者说对教学方法的直觉,普拉布称为'合理性感觉'(sense of plausibility)。普拉布认为,教学法本质上是一种合理性感觉,从客观意义上讲没有好坏之别。"(刘颂浩,2007:217)教学方法的优劣是无法脱离具体的教学情境而加以评断的,寻找最佳的教学方法根本没必要,而且也是根本不可能的,所以是一个"误区",容易诱使新入职的汉语教学师资迷失于此间。对于汉语国际教育师资而言,更为重要的不是对具体的教学方法进行选择,而是对教学的"主观理解",也就是对教学理念所形成的认知。"后方法时代"教学理念的提出,就是为了引导教师们走出对教育教学的认知误区,形成对教学的正确理念和对教学方法的正确认知。

## 9.3 "后方法时代"教学理念有助于汉语教师摆脱机械的教学方式

在以往行为主义心理学影响下的教育教学传统中,有过分重视知识教学和过分重视教学操作技术的倾向,有学者称之为"技术主义"并指出:"在行为主义传统中,那些由已证并且是可证的事实以及那些界定清晰的规则所组成的内容知识,是教学和教师教育关注的重心。内容知识可以被分解成许多离散但又易于处理的不同部分,呈现给教师的就是被称之为'抗教师(teacher-proof)'[①]的配套材料。而教师和他们的教学方法并不受到重视,因为它们的有效性无法得到确

---

① "抗教师(teacher-proof)"一词意指这些教学材料和教学辅助材料可以使教师耐受和抵抗外界教育环境各种情况的冲击,只要掌握和使用这些材料就可以应对各种他们将要面临的教学上的挑战。可是实际上这很容易导致教师采用"照本宣科"的教学方式。

切的验证。因此教师教育项目更多的是关注教育部分而非教师部分,这也被称之为教学和教师教育中的技术主义观点。"(库玛,2013:3)这种教学中的"技术主义"理念也影响到了师资培养工作,在以往过分重视知识的师资培养中隐含着将教师作用边缘化的倾向,使教师成了知识的"搬运工"(也就是对学生的"知识灌输者")[①],因而对他们的培养方式也容易采取知识的灌输,至于教学方法则只需他们机械地照搬以往现成的教学方法并机械地开展教学即可,但在实际的教学中这往往会带来教学上的"灾难",因为学生并不满意于被灌输,不能满意于机械而单调重复的教学,特别是在汉语国际教育中这根本是行不通的。

### 9.3.1 "技术主义"教育理念对教师教学和发展的不利影响

在这种"技术主义"理念的影响下,对教师的培养方式也容易采取知识灌输的方式,至于他们在实践中要进行的教学操作则受到忽视,只需他们机械地照搬以往现成的教学方法并机械地开展教学即可。但在实际的教学中,这并不能取得良好的教学效果,特别是在汉语国际教育中面对与中国有着不同教育传统的外国学习者时,这种方法会破坏学生们的汉语学习兴趣,使汉语学习的生源大量流失。

这种"技术主义"倾向对教学方式和方法的认识存在着不足,在机械僵化地看待教学的方式和方法。"方法的传统概念以及在其基础上生成的一套理论原则和课堂教学技巧有其认识上的狭隘性和应用上的局限性。"(陶健敏,2006:18)对教学操作方法和技巧的过分强调和重视,存在着片面强调操作方法在教学中重要性的偏差,认为教师只要按照既定的操作套路进行教学,就能够确保教学的"万无一失"。这种不顾教学实际而机械套用某种操作方法的实际教学效果是

---

[①] 库玛(Kumaravadivelu, B.)将这种教师的作用形容为"导管":教师"最终成了知识'导管',也就是说,他们成为知识的被动传输者,把知识从一端(专家)传输到另一端(学生),过程中没有任何改变。"(库玛,2014:7)实际上这也是教学中"照本宣科"教学方式产生的由来和根源。

## 第九章　汉语国际教育师资培养与"后方法时代"教学理念

可想而知的，在汉语国际教育的教学实践中我们已经发现其所带来的难以满足教学需要等弊端。

在"机械主义"教学模式中对机械、僵化的教学法的强调以及对教师作用的限定，并不就能带来课堂教学转向"以学生为中心"，反而使教师的作用被不断强化和固化。"教学法理论往往被理想化地运用到了同样被理想化的教学实践中去，无法有效解释包括教师教学认知、学生学习理念、社会需求、文化背景等多种因素综合作用的教学现象。"（陶健敏，2006：18）在当今信息化社会里学习者已经有了很大变化的情况下，如果再采用"技术主义"的机械教学方式和方法，将难以跟上时代的发展并满足学习者发展变化了的学习需求。汉语国际教育要面临复杂的教学环境和类型多样的学习者需求，更需要摆脱"技术主义"教育理念带来的不利影响。教育理念已经发展到了"后方法时代"，这为汉语国际教育的发展提供了契机。

### 9.3.2　"后方法时代"教育理念有助于教师摆脱"技术主义"的不利影响

"后方法时代"的教育教学理念实际上是对传统的教学理念的根本性改变，因其发现传统的教学理念扭曲了对教学的认识。有学者指出："特别是'后方法时代'语言教学观已经洞察到了传统教学法流派所持的核心价值与教学实践之间的矛盾性：'有效教学'始终是各传统教学法流派追求的终极目标。"（陶健敏，2006：18）追求所谓的"有效教学"这种"终极目标"适得其反的结果，是教师作用的固化。对于汉语国际教育师资而言，对教学理论中规律的认识只是一种间接经验，课堂教学乃是获得直接经验的最直接也是最佳的源泉，他们在"后方法时代"教学理念的指引下通过自身在教学实践中的体验而积累起自己的教学经验，才能建构起与自身教学经验相结合的有效的教学方式和方法。

在传统的"技术主义"的教学模式的设计和安排中，教师被剥夺了自主性和创造性，只能机械照搬现成的教学方法。"教学和教师教育中的技术主义取向，明显地体现出教学理论者与教师之间机械僵硬的角色关系：教学理论者负责设计和建构教学知识，而教师的任务就是去理解和实践这些教学理念。新的教学知识和理论的发展并不需要教师们去操心；他们的任务就是去实践那些已经为他们规定好的一切。"（库玛，2013：4）在这种情况下教师的能力和作用实际上无从发挥，这显然不能适应和满足当代教育教学发展的新形势，也不能适应和满足汉语国际教育的需要。

进入"后方法时代"的汉语教师需要依靠自己对适用的汉语教学方法进行探索，这样才能超越"技术主义"教学观念影响下过分重视知识传授和教学操作的倾向，创造出不再被固定的教学方法束缚的新认识。"'后方法时代'语言教学理论从教育、文化、社会和政治的宏观视角出发，强调对第二语言教学的多种因素加以批判性认识和反思，培养教师对特定教学环境的情景理解，借助他们自身不断扩展的教学理论和技能，构建一个超越传统方法思想概念束缚的'后方法'语言教育理论和实践模式。（Richards & Rodgers，2001：244—255；Brown，2002：9—18）"（陶健敏，2006：18）摆脱了"技术主义"教学理念的不利影响，汉语国际教育师资才能自主探索适合自己的教学方式和方法，也才能真正因地制宜地创造出自己独到的教育教学实践模式。

### 9.3.3 "后方法时代"教学理念帮助教师建构有效的教学方式和方法

在"后方法时代"教学理念的支配下，汉语国际教育师资经过自己在教学实践中探索所得来的教学方法，是真正扎实可靠并且有针对性的。"经过一段时间的教学，教师们会认真建构一个任务层次并将之运用于教学实践，他们会以最佳的方式安排教学活动，而这往往与现有的教学方法并无关联。"（库玛，2013：20）经过汉语教学师资自己自主探索所形成的对教学的认识和安排，已经无须再依赖和局限于现有的教学法了，当然他们对教学的探索离不开现有教学法的启发，但是经过自己的摸索之后所建构的教学方式和方法是全新的，已经与以往的教学法没有直接的关联,更不会直接照搬了。

汉语国际教育师资在日常教学中所遇到的情况显然要比现有教学法所能涵盖的要丰富得多,而且教学情境也是在不断变化、发展的,现有的教学法不足以使教师们应对教学实践中的各种复杂情况。"简言之,由于'在日常教学中面临着比语言教学理论家们更为直接和复杂的语言、语言学习以及语言学习者的问题',教师们相信'没有哪一种语言观或学习观,也没有哪一种对学习者的单一认识,能够帮助解释他们日常教学所要应对的复杂情形'(Larsen-Freeman,1990:269)。"(库玛,2013:20)教育教学实践中的具体教学问题只能通过教师们自己想方设法寻找解决的方法,而根本没有现成的答案,现有的教学法只能供教师们参考,而不能提供解决教学问题的具体办法,教师们只有靠自己而根本无法依赖现成的做法。

实际上,汉语国际教育师资在"后方法时代"教学理念的指导下,自主发现和探寻教学操作的具体方法,也可以提升他们解决教学问题的能力。"在后方法情形下,我们认识到在教学机构、教学大纲和教材等诸多因素所形成的学术和管理条件制约下,教师们不仅懂得如何进行教学,也懂得如何自主行动。同时,它也提升了教师的能力,使他们明白应该如何去发展一种批判性的方法,对他们自身的教学实践进行自我观察、自我分析和自我评价,以促成理想的变化。"(库玛,2013:23)汉语教学师资通过对自己的教学进行反思并且付诸教学实践,采取相应的行动改进自己的教学方式和方法,可以使他们的教学能力不断提高和完善,教师们在此过程中也得到了自身的专业发展。

## 9.4 "后方法时代"教学理念帮助汉语教师探索更适合教学的方法

在"后方法时代"教学理念的指导下,汉语国际教育师资培养工作应更加突出培养教师的自主性，因为这是这种教学理念的"核心"。对此有学者提出："后方法则以教师的自主性为核心，倡导教师超越教学法的束缚，注重研究具体的教学语境，强调教师形成自己独特的个人实践理论以指导教学。因此，语言教师也从居于'外围'的教师而转型为具有'个人实践理论'的学者型语言教师，从而从根本上改变语言教师的边缘化状态。"（沈岚，2014：190—191）在汉语国际教育师资培养工作中应当重视培养自主创新型的汉语师资，使他们能够目标明确地、自觉地探索适合个人特点的教学理念和教学方法。

### 9.4.1 "后方法时代"教学理念给汉语国际教育师资培养工作带来的新启示

"后方法时代"教学理念的提出，不仅对迫切需要自我更新的第二语言教学有着振聋发聩的作用，而且对培养语言教师的方式和内容的革新也有着许多启示作用。有学者就提出："'后方法'时代下的教师教育也将从方法时代的信息传授转向教师教育者与未来教师的探究共建。教师教育者和未来教师之间应进行互动型的对话。Bakhtin 在 1981 年曾提出一种叫 responsive understanding 的互动模式，从而形成后方法视角下的对话型教师教育，及基于参与者互动的自下而上的教师教育新模式（引自王卿，2009）。"（沈岚，2014：190）这种在"后方法时代"教学理念启发下形成的新型师资培养模式，是适应了社会经济文化发展的新情况并顺应时代的潮流而形成的。

在汉语国际教育师资培养工作中借鉴"后方法时代"教学理念，创新师资培养的方式，可以使我们的培养工作跟上时代的发展和语言教学的发展。有学者就强调了教师自主的重要性："第二语言教学现在处于所谓的'后方法时代'（post method era）（Kumaravadivelu，1994、2001；Richards & Rodgers，2001；Brown，2002）。'后方法时代'的教师是一个自主性的个体（an autonomous individual），自主性教师应能根据他们所处的教育环境和社会政治条件下的独特

## 第九章 汉语国际教育师资培养与"后方法时代"教学理念

性建立和实施他们自己的教学理念,从而为这种独特性服务(Kumaravadivelu, 2001:548)。"(孙德坤,2008:76)"后方法时代"教学理念实际上给了教师更多的自主权,但是也对他们提出了更高的要求,教师不但要全面掌握和灵活运用各种教学方法,而且更重要的是要通过自己的努力寻找到他们自己正确的教学理念,因为要想合适地运用各种教学方法就必须有正确的教学理念做指引。

### 9.4.2 "后方法时代"教学理念有助于汉语国际教育师资形成新型的教学理念

实际上,每个教师在开展教学时必然具有他们自己的教学理念,但问题的关键是他们的教学理念是否适合他们需要面对的、不断发展变化的新教学形势,以及具有特殊性的具体教学情境。与此相关,相应的教学方法也存在着特殊性,"教学法的特殊性要求教师充分考虑教学过程的制约因素以及社会政治环境,考虑教学对象的特点和认知规律,使教学效能达到最大化。"(赵扬,2014:448)具体到汉语国际教育,汉语教学师资们所面对的具体教学情境往往溢出了他们以往在学习过程中所接触到的教学情境或他们以往从事教学时所遇到的情况。

对大多数汉语教学师资而言,汉语国际教育是一种特殊的、全新的教学情境,他们必须重新对此进行适应,重新建构自己新型的、有针对性的教学理念。至于如何进行这种建构,"后方法时代"教学理念倡导者库玛(Kumaravadivelu)提出:"为了培养日常教学实践的模式,教师们应对教室中所发生的一切形成整体性的认识。他们需要系统地观察自身的教学,解读不同的课堂情形,评价可能产生的结果,确定问题所在,找出解决之道,并反复检验究竟何种方式、方法更为有效。也就是说,教师们不仅应成为策略的实践者,还应成为策略的思考者。作为策略的实践者,他们还需要扩充知识、开发技能,以满足针对自身教学行为所作的自我观察、自我分析和自我评价。"(库玛,2013:引言1—2)汉语教学师资们显然不应盲目地照搬现成的教学经验或他人的教学理念和方法,要根据自己的具体情况思考和探寻在汉语教学中应采取的教学方法，经过这种思考和探寻的过程他们才能发现正确的教学理念，从而使自己的教学有了正确的教学理念的自觉指导。

### 9.4.3 "后方法时代"教学理念帮助汉语教学师资自主开发适用的教学方法

不仅是教学理念，汉语国际教育师资对教学方法的掌握和正确运用更为重要。在当今的"后方法时代"对以往的教学方法也不能再行照搬了，教学中的方法也是需要教师自己在教学实践中并与教学实践相结合去自主开发。"教师们如果能以自身的语言学习和教学经验作为个人知识的基础，以对宏观策略的理论性思考作为专业知识的基础，以所提议的微观策略作为示范性的例子，以探索性项目作为调查性工具，那么他们就能够开发出具有自身特点的教学方法。"（库玛，2013：引言3）这段论述实际上提示给了汉语国际教育师资很好的自主开发具有自身特点的教学方法的路径。教学自主性的建立也可以使他们真正摆脱对以往他人提出的教学方法的依赖和照搬，使他们具备根据具体的教学情境自主开发适用的教学方法的能力，由此也才能使他们获得良好的教学效果，有能力顺利地完成他们的教学任务，取得教学的成功。

"后方法时代"教学理念提倡充分发挥教师们的自主性，实质上是着眼于激发起教师们的主动性并调动起他们的积极性，教学质量的提升在很大程度上要靠教师主动性和积极性的自觉发挥。有学者从教师主动或被动的角度对教师进行了分类，将教师分为了三类："从历史的角度看，我们可以从现有普通教育学和语言教学的文献中总结出三种认识：（a）教师是被动型的技术工；（b）教师是反思型的实践者；（c）教师是转换型的知识分子。"（库玛，2013：3）库玛在这里所提出的"转换型知识分子"，就是有能力把他人的教学理念和教学方法自主转换为自己的教学理念和方法的具备知识分子研究和探索精神和能力的教师。汉语国际教育师资培养也应以此为目标，把受训师资塑造成能够自主探寻更为合适的教学方法的教师。

## 第九章 汉语国际教育师资培养与"后方法时代"教学理念

对于"后方法时代"教学理念的特质,有学者进行了总结:"库玛教授提出的后方法教育思想是一个动态开放的体系,它打破了传统教学遵循的'由上至下'(top-down)的'方法'课堂运用模式的桎梏。他提出的后方法教学模式是'自下至上'(down-top)的,即主张由教学实践第一线的教师根据自身的教学理解,及自己所具备的教学理念、风格和经验,构建一个由下至上的适应具体教学场景、立足课堂教学的、教学实践者自身的教学理论体系。"(沈岚,2014:187)可以看出,"后方法时代"教学理念的动态开放、重视实践和教师自主的特质,符合世界教育教学发展的潮流,也符合汉语国际教育的发展及师资培养的迫切需求。"后方法时代"教学理念并不是否定和放弃以往的教学方法,而是对各种教学方法灵活处理并"为我所用"。"因此,有人提出所谓'后教学法时代',即对各种教学法,视其所长,为我所用,采取综合处理的办法。"(赵金铭,2008:21)走向综合是第二语言教学的发展潮流,也是"后方法时代"教学理念符合和顺应这种潮流的重要认识。

固然,达到对各种教学方法熟练掌握和灵活运用的程度对汉语国际教育新手教师来说绝非易事,需要一个较长的自我发展过程,但是在对他们进行培养和指导时可以通过引导他们避免走入"痴迷"教学法的误区及通过走上正确的专业发展道路而使他们能够健康地发展自己,并早日达成这一目标。

在培养实践中对教学实习的汉语国际教育师资进行指导时,鼓励他们尝试各种适合于他们所面对的具体教学情境的教学方法,从中找出适合学生学习也适合他们自己开展教学的方法,这种做法取得了很好的效果,受训者的教学情况有了很大的改观,使学生和受训师资都感到满意。重要的是在这个过程中受训师资体验到如何摸索和灵活运用所学到的各种教学方法,对各种教学法有了正确的认识,并且更为重要的是使他们掌握了在教学方法上自我探索、灵活运用的能力。这样无论在今后面临什么样的教学情境,他们都有能力进行应对,有能力选取合适的教学方法开展教学,这实际上就使他们获得了自我发展的能力,这也符合教师教育强调培养教师自我发展能力的潮流。有学者认为"后方法时代"的语言教学理念为汉语国际教育师资培养工作开辟了新的路径:"借助'后方法时代'二语教学理论的参数模式与宏观策略框架,将为推动对外汉语从传统的'教师培训''教师教育'向以构建个人教学理论为方向的'教师发展'的跨越提供一条有效的路径。"(陶健敏,2009:132)因此也可以认为,这种基于"后方法时代"教学理念所形成的新型师资培养模式,能够帮助汉语国际教育师资建构个人的有关汉语教学的正确认识,从而为汉语国际教育事业的发展开辟出一片新的天地。

汉语国际教育师资灵活运用各种教学方法的过程,实际上也是不断反思和改进自己教学的过程。"后方法时代"教学理念实质上是号召和引导师资们不仅只是停留在思考的层面,而是在自己的教育教学实践中不断地、反复地进行革新性的探索。"正如 Kumaravadivelu(2012)所说:'具有文化意识的课堂教学要求教师不仅是一名反思型的教育者,还应该是位具有变革能力的知识分子。'"(沈岚,2014:191)汉语国际教育师资在不断反思教学的过程中,把自己的思考付诸行动从而对教学不断进行改进和变革,也可以使自身的教学水平和能力得到实质性的提高。在"后方法时代"教学理念指导下的师资培养和教师发展是一种健康的、可持续的发展。

在对教学自主探索的过程中,汉语国际教育师资们可以获得观察、发现和研究教学的能力,真正可以不依外力的推动和帮助自主地完成自身的发展。这是最理想的教师自我发展的路径和结果,也是汉语国际教育师资培养应当追求的目标,而这有赖于更好地利用"后方法时代"的语言教学新理念。

## 9.5 "后方法时代"的汉语教学顺应走向综合的必然发展趋势

世界语言教学的发展潮流已经进入了"后方法时代",人们现在已经认识

## 第九章　汉语国际教育师资培养与"后方法时代"教学理念

到以往所推崇的教学法并不是万能的，只靠某一种教学法并不能解决教学过程中所有的问题。"实施任何一种教学方法都要考虑学生的个体差异和地域差异。……正如 Purpura（2004：30）所说，教学涉及到太多的不同变量，以及它们之间的相互关系。语言习得太复杂了，根本不可能全部靠教学法来解决。"（龚亚夫、罗少茜，2006：338）有学者对"后方法时代"的教学理念进行了概括："能够熟练地依据教学目标、内容、对象做出优化的选择。这正是语言教学'后方法时代'的教学理念。"（崔永华，2008：122）还有学者提出："后方法是教师根据特定的也是具体的教学情况，通过不断的教学实践，在实践中不断地摸索构建出了来的最具个性化的'本''土'教学思想、理论或方法。"（丁仁仑，2010：253）可以看出，语言教学进入"后方法时代"以后能够形成针对各种具体语言不同情况的教学思想、理论和方法。

### 9.5.1　走向综合是"后方法时代"语言教学理念的重大变革

语言教学的教学理念很早就已经从"以教师为中心"发展到"以学生为中心"，但是，当前语言教学新的发展趋势是在实践和研究方面都走向对教师和学生兼顾的综合性的教学。[①] 对于外语教学的发展趋势，有学者就认为："现在外语教学法已经走上系统综合方法论的轨道，……"（王才仁，1996：101）还提出了三种类型的外语教学模式："若以教学理念来分外语教学模式可划分为三大类型，第一类是以教师为中心的讲授型教学模式，第二类是以学生为中心的交互型教学模式，第三类是在教学过程中兼顾教师与学生双方能动性的综合型教学模式。（王守仁，2008：70）"（丁仁仑，2010：228）可以看出，走向将教师与学生两个方面的综合，是教学发展在经历了发现"以教师为中心"和"以学生为中心"各

---

[①] 综合实际上也是各门学科不断发展所呈现出来的大趋势。"综合不仅表现在各种学科互相渗透、交叉发展，而且表现在任何一门学科都有整体性、多因素性和多层次性，必须综合地观察。"（王才仁，1996：14）语言教学的发展实际上也是顺应了这样的大趋势。

有偏颇之后的必然结果，教学走向了综合才能避免只顾及一个方面的缺陷。

针对语言教学如何走向综合的具体实施，有学者提出了基于辩证法思想的"辩证综合法"："辩证综合法的原则是：交际性原则；阶段侧重原则；语音、语法、词汇综合教学原则；在外语教学里利用和控制使用本族语的原则；以学生为中心的原则。"（丁仁仓，2010：244）辩证地采取综合性的教学策略，实际上仍然是要以原有的教学原则和策略为基础的，是对原有的教学原则和教学策略有选择、有侧重的综合。

在"辩证综合法"的原则之下，语言教学的具体操作也有相应的策略。对此有学者提出："辩证综合法的辩证主要具化为互相联系，有主有从；发展变化，逐步提高；积少成多，由量变到质变；学是内因，教是外因；实践是检验真理的唯一标准。而其综合体现在综合运用外语教学法的相关理论，不单执于心理学或语言学，也不执于一个学科中的某一派某一说。"（丁仁仓，2010：245）可以看出，综合的教学原则和教学策略超越了以往各种外语教学法的流派，与"后方法时代"的教学理念不谋而合。"正如从方法时代走向后方法时代的后教学法，辩证综合法并不拘泥于某种流派或学说，而是以实践为检验真理的唯一标准，以科学的教育理念为根据，从实际情况出发，从教学的第一线出发，博采众长、兼收并蓄，使各家各派、一方一法的精要均能为我所用，从而形成中国特色的外语教学法。"（丁仁仓，2010：245）引文中所论及的虽然是中国的外语教学领域，但是对汉语国际教育也有很大的启示作用。汉语国际教育在世界各国语言教学走向综合的潮流面前，也不能自甘落后，要想方设法采取措施适应和追赶这一潮流，使汉语教学有更好的发展，汉语国际教育师资培养工作也要顺应"后方法时代"教学理念的发展潮流，在培养内容和教学方式等方面都要适应新的发展需求。

### 9.5.2 "后方法时代"汉语教学的走向综合并不等同于折中主义

汉语国际教育采取走向综合的教学理念、策略和方法，有易于落入人们习

## 第九章 汉语国际教育师资培养与"后方法时代"教学理念

惯的走向折中主义老路的危险,而实际上汉语教学走向综合并不等同于折中主义。有学者就指出:"折中主义就是取各家之长,这样,折中法就好像变成了教学法方面的万能钥匙,成了无所不包的大杂烩。正是因为这个原因,折中主义教学法后来演变为经验主义,很多运用该教学法的教师又走回了传统教学法的老路子,甚至迷失在折中主义教学法的大熔炉中,最终沦为无方法,或者被方法死亡。"(丁仁仑,2010:252)汉语国际教育走向综合的本意是探索适应时代发展潮流的教学新路,但是如果又落入了折中主义的窠臼,显然会带来对教学极其不利的影响,甚至是灾难。所以,在实施走向综合的汉语国际教育时,要力避重回折中主义的偏差,否则汉语教学的探索和创新又被湮没在了传统之中。

面对着语言教学走向综合时易于走回折中主义的歧途,有学者一再强调"后方法时代"的走向综合绝对不能等同于折中主义。"后方法绝对不是折中主义,与后方法相比,折中主义是拿来主义,而后方法的创新之处就在其强调从实践中来,再到实践中去。"(丁仁仑,2010:253)实际上,我们在这里所提倡的汉语国际教育的走向综合,既非折中主义,也非走向混合。在汉语教学的综合中,各种教学要素仍然保持着其本来的基本特性,不失其本来面目,并且会在教学中被灵活地选择和运用。在这种对各种教学要素的选择和运用中,甚至可以包容原来看似互相对立的教学因素。所以,在培养汉语国际教育师资时也要在提倡顺应汉语教学走向综合的发展趋势的同时,注意避免走向教学的折中主义。

### 9.5.3 汉语国际教育中综合汉语教学的特性与教学方法的灵活运用

由语言的特性和语言习得的特性所决定的,语言教学必须依靠综合的理念和方法来实施,才能达到良好的学习和教学效果。"如果用分立的方法来教授语言,就会使学生长期见树不见林,他们要等到把所有的部分语言项目学习完了之后,才能慢慢地学习交际。然而,语言习得与学习的研究成果表明,只有当学生认识到语言整体时,他们才能认识语言的本质。"(程可拉,2006:32)学习者在综合性的汉语教学中能够更加深入地认识和体会汉语的本质。这种教学不仅强调汉语技能训练的综合，还强调了教学目的和操作的综合。"综合性教学不仅强调了听说读写四项基本技能的综合训练，而且提出通过真实的教学材料，让语言文化背景不同的学生在同一课堂上能够相互交流，增进理解，共同完成教学任务。为达到这一综合性目的，就要求做到教师和学生之间、学生和学生之间、教学者和教材之间、不同的语言文化之间的互动交流，以通过语言教学来提高学生的综合能力。"（王晓均，2005：107）尽管综合性的汉语教学似乎特点不够突出，但其可持续性和生命力反而更持久，而不断地片面求新、求变化，固然可能一时有可喜的结果，但长远来看终究敌不过综合教学的优势。

在开展综合的汉语教学时，要注意协调各种与教学相关的因素，因为它们对教学都发生着各种不同的影响。"教学实施要综合设计。教学不单是教的问题，不单是学的问题；也不单是教学的问题，教学环境、教学大纲、教材、教学设备都对教学发生影响，哪一环节不协调，都难以取得好效果。"（王才仁，1996：314）在汉语国际教育中对汉语教学各个方面进行综合设计并加以实施，才能取得良好的教学效果，这实际上对教学提出了更高要求，也是汉语教学的发展方向。

由于对语言学习和教学的认知发生了根本性的变化，"后方法时代"的汉语教学超越了以往对教学法的局限性认识，在对各种教学要素灵活运用的基础上使教学走向综合，这样可以更好地利用和更充分地发挥各具特色和差异的各种教学因素的作用和将其综合起来的优势。

面对这样一种综合性的教学发展趋势，汉语国际教育师资应当加以把握和顺应，使自己能够更好地服务于汉语国际教育事业，通过自己的努力促进综合性的教学更广泛地在汉语教学中变为现实。

## 9.6 汉语国际教育应当顺应"后方法时代"教学理念的发展趋势

语言教学已经进入了"后方法时代",对汉语国际教育也必将产生深刻的影响,因此要想更好地开展和发展汉语国际教育就必须顺应这种语言教学的发展趋势。汉语国际教育受"后方法时代"教学理念的启发,要更加注重发挥教师和学生两个方面的自主性,更为重视教学方法的灵活运用。另外,采用个性化的教学也是汉语国际教育顺应"后方法时代"教学理念的重要途径和举措。

### 9.6.1 "后方法时代"教学理念的提出及其与汉语国际教育的关联

国际上的语言教学已经进入了"后方法时代",这是否会对汉语国际教育产生影响也应当引起我们的思考。对于"后方法"有学者提出了这样的认识:"其实,外语教学中的'后方法'不同于任何一种传统意义上的教学法流派,它不是呆板凝固的锦囊妙计式教学法,而是一种灵活、动态、开放的外语教学思想。它反对以往把外语教学简单化的种种做法,强调充分考虑外语教学的各种复杂情况,强调语境对教学的重要性,尤其强调社会、政治、教育制度等因素对外语教学的重要影响。"(丁仁仑,2010:38)可以看出,"后方法时代"的教学理念并不是毫无方法,而是要摆脱以往在语言教学领域过分强调教学方法的弊端,是对过分依赖语言教学法的超越,是对语言教学规律认识的新发展。认为教学方法是万能的,只关注教学方法的传统观念应该"死亡"了,因为仅凭教学法并不能"包医百病"式地解决语言教学所有的问题。"后方法时代"教学理念的提出并不意味着教学方法不再重要了,而是避免教学操作和研究中的偏差,因为语言教学的特性决定着教学设计和教学处理必然是丰富而灵活的,需要教师们机智而非机械地去面对和解决教学中的问题。

之所以出现这种"后方法时代"对语言教学理念的新发展,是因为对语言规律和语言教学规律的认识都发生了深刻的变化。强调对语言教学方法的灵活运用而非定于一尊，实际上也合乎对语言自身规律的新认识，语言的各个要素和各种技能是综合呈现和互有关联的，进入"后方法时代"也昭示着对语言教学规律的认识发生了深刻的变革。首先是对教学中决定因素的认识更为广阔，课堂以外的其他各种影响语言教学的因素也进入了考察的视野；其次是对教学方法的认识更为丰富，不再是排他性的"只取其一不及其他"式的简单化认识。这两个方面的认识发展对开展汉语国际教育都是十分有利和有益的。

在海外开展汉语国际教育时所要面对和考虑的有关教学的因素并非仅仅局限于课堂里的诸多因素，所在国的各种制度、社会等方面的因素也是不容忽视的。在海外开展汉语国际教育所面临的具体教学情况因素是千差万别的，仅拘泥于一种或几种教学方法是不能应对各种具体而复杂的教学情境的，因此在汉语国际教育中必须关注和贯彻实施"后方法时代"的语言教学理念。

### 9.6.2 "后方法时代"教学理念引发对汉语教学许多方面的重新认识

"后方法时代"新语言教学理念的提出实质上是对以往语言教学理念的一种超越，富有创新性甚至是颠覆性，因而其所展示出的超越是全面性的，但是这种超越又没有否定以往的诸种具体的教学法。有学者对"后方法时代"教学理念的超越性进行了总结，认为主要在两个方面实现了超越："而后方法之所以成为后方法，就是因为其超越了以前的教学法，它主张的是一种建立在经过教学实践检验基础之上的教学思想创新，对比前期的种种教学法，后方法主要在以下两个方面实现了超越。第一，教学经验理论化。教师理论概念意味着教师的教学经验应当理论化，上升为教学理论。这是后教学法对教学法重要的超越。第二，对教师、学习者和教师教育者的再定义。这是后教学法对教学法最本质的超越。……在后教学法教育里，教师不再是知识的接收者和理论的执行者，而是教学研究者、实践者和理论构建者的统一（胡亦杰，2006：111—112）。"（丁仁仑，2010：

## 第九章 汉语国际教育师资培养与"后方法时代"教学理念

252—253）在"后方法时代"教学理念的指引下，教师不再是简单操作的、人云亦云的盲目执行者，而是能够主动地根据实际情况进行教学调整、改进的创造者，以及不断在教学反思之后采取行动的实践者。

实际上，"后方法时代"教学理念所提出的是对教学方法的形成过程及其与学生和教师关系的重新认识。"后方法时代"教学理念对以往教师的教学方法只能外加于他们而不能由他们自身生成的观念进行了否定，是对教学方法更为切合实际的认识，而且是对以往不考虑教学方法的运用与学生及教师因素相关联的否定，反对对现成教学法的机械照搬。

"后方法时代"教学理念对语言教师的认识就不同于以往，"后方法时代"教学理念的提出者就倡导教师的自主性，也就是说教师要自主地发展自己的教学理念和教学方法："'后方法时代'的教师是一个自主性的个体（an autonomous individual），自主性教师应能根据他们所处的教育环境和社会政治条件下的独特性建立和实施他们自己的教学理念，从而为这种独特性服务（Kumaravadivelu, 2001：548）。"（孙德坤，2008：76）教师要注重自己的教学实践，并且依靠自己从中摸索出带有个人特点的教学方法。这种教学方法是有理论基础的，这种理论不是借用外在的理论而是教师自己生成的，有学者称之为"个人实践理论"："后方法框架下的外语教师不再是知识的接受者和理论的执行者，而是教学研究者、实践者和理论构建者的统一。即教师要逐步形成并发展自己的'个人实践理论'。"（沈岚，2014：188）通常情况下实践与理论是两分的，但是语言教学领域有其特殊性，即教学理论的形成与教学实践有着不同于其他学科的非常紧密的联系，而且在教学实践第一线的教师所形成的个人教学理论尤其宝贵。

"后方法时代"教学理念对学习者的认识也发生了根本性的变化，认为学习者也同样应当赋予其本来就应有的自主性，对此有学者提出："而后方法框架中的'学习者'则是拥有一定决策权的自主学习者，需要有意识地参与，真正了解、创造和运用学习机会，与教师共同最大化学习机会。"（沈岚，2014：188）学习者拥有自主性本来就是最切合学习本质的主张，尤其是在语言教学中由于更需要学习者的亲身实践和积极参与就更要充分发挥学习者的自主性。

"后方法时代"教学理念之所以倡导发挥教师和学生两个方面的自主性，实质上是因为这两方面的具体情况是千差万别的，由此而决定着教学方法不能僵化采用，尤其不能"定于一尊"。这就是"后方法时代"教学理念最为核心本质的对教学方法的新认识。"由于学习者千差万别，学习目的各不相同，不同的教学阶段有不同的教学任务，不同的教学任务又有不同的训练方法，而教师的风格又因人而异，因此，不可能有一种放之四海而皆准的、万能的语言教学法。"（赵金铭，2008：21）可以看出，"后方法时代"教学理念的提倡反而可以使汉语教学获得解放，使汉语教学能适应所有各种在教学过程中事先不能预料的情况。

汉语国际教育不能自外于全球语言教学的发展潮流，不能自外于其他语言教学的发展规律，自然也要受"后方法时代"教学理念的启发而对学生、教师和教学方法重新进行认识和思索。实际上，汉语国际教育顺应这种潮流的变化是更契合了语言教学的本质规律，对这种本质规律的认识是对语言教学不断重新认识和反复思索的结果。

### 9.6.3 采用个性化的教学是顺应"后方法时代"教学理念的重要途径和举措

"后方法时代"语言教学理念要落实在具体的汉语国际教育中，就是要在多种教学方法中自由选取，不拘一格，所以，其所取法的还是过去的各种教学法，但组合自由，运用灵活，富有个性化特点，适应个性化教学的需要。"后方法教学法认为一种固定的教学模式不能适合所有的人群。它应该是不同的教师群体根据不同的社会环境对有着不同的社会、文化、政治、经济背景的学习群体所使用的不同的教学方法。因此说，后方法教学法是极具个性的教学法（杨福、柳宏，2009：145）。"（丁仁仓，2010：217）在世界各地开展的汉语国际教育尤其要

## 第九章　汉语国际教育师资培养与"后方法时代"教学理念

面对各种各样复杂多变的教学环境、教学情境和教学对象，因此汉语师资基于"后方法时代"教学理念而探寻适应各种具体条件的汉语教学方法是开展个性化教学的必由之路，这也是汉语国际教育在世界各地顺利开展的必由之路。

处于顺应"后方法时代"语言教学理念的发展而采用个性化教学，教师是关键，教师必须形成面向和顺应语言教学发展潮流的意识。"后方法时代"教学理念的"这种'个性化'就是提倡解放教师，搞'特殊'和'实用'。其实，后方法就是要给教师、学生更大更宽广的空间。中国古人说的教无定法并不是没有方法，而是指教法灵活多样，不要拘泥于一种固定的教法，教学方法既不要墨守陈规，更不能循规蹈矩，一成不变。"（丁仁仑，2010：218）发展顺应"后方法时代"教学理念的个性化语言教学，汉语国际教育师资就要在语言教学的实践中根据教学的具体环境和工作条件，灵活地运用各种教学方法，使个性化教学可以真正落到实处。

"后方法时代"教学理念所提倡的是教学方法的贯通性，认为各种教学方法实际上存在着"你中有我，我中有你"的关系。处于"后方法时代"，汉语国际教育要跟上这种教学潮流的发展，就要使汉语师资对于各种教学方法"不拘一格"地博采众长，在具体的汉语教学中使各种教学方法能够互相借鉴，彼此交叉，共同生长，最终形成有汉语国际教育特色并且适合汉语国际教育需求的新型教学方法。

# 第十章　汉语国际教育专业硕士培养的一些相关问题研究

对汉语国际教育专业硕士的培养实际上有着很高的要求，要获得高质量的人才，就要培养他们将教学标准化与教学灵活性相结合的能力，使他们在专业学习的过程中处理好知识与能力的关系，从而保证培养工作能够获得优良的成果。

汉语国际教育专业硕士教学能力的培养非常重要而且应当及早进行，仅依靠教学实习难以满足培养的需要，因此要依靠模拟性的教学方式及早培养他们的教学能力。这种模拟性的教学方式可以通过分组操作的实施模式来开展。

在汉语国际教育专业硕士培养的过程中利用小组合作学习活动，可以使他们成为多方面的受益者，锻炼他们多方面的能力，还增强他们的责任感和合作精神。小组合作学习的培养方式还具有提高汉语国际教育专业硕士互帮互助的思想意识和行为习惯的作用，并且帮助他们在开展小组合作学习活动中树立起"以学生为中心"的教学观念，更好地开展汉语教学工作。

在实施小组合作学习时首先要树立培养对象的合作意识，在具体操作时要注意促进小组成员之间的协商，采取多种方式开展小组合作学习，并把学生们学习活动扩展到课下，同时还要注意处理好一些实施小组合作学习时的不利因素。

教学实践在汉语国际教育专业硕士的学习中是必不可少的重要环节，他们的专业发展离不开教学实践，教学实践可以使汉语国际教育专业硕士体验和掌握新型的教学方法，还可以为汉语国际教育专业硕士教学能力的发展和提高提供最佳的机会，教学实践也为汉语国际教育专业硕士的教学反思提供了良好的契机。

在对汉语国际教育专业硕士的教学能力培养成果进行评估时，传统的对语

第十章　汉语国际教育专业硕士培养的一些相关问题研究

言教学师资进行评估的方式显现出一些问题，因此对他们的评估要进行适合学科特点的变革，这种变革的进行要适应汉语国际教育专业硕士研究生培养的教育教学环境的特点。

在汉语国际教育专业硕士研究生培养工作中，教学评估要采用多样化的方式来进行。这是《国际汉语教师培训大纲》的要求，也是胜任开展汉语国际教育工作的要求。许多院校对多样化的评估方式进行了一些有益的探索，例如采用实践性的评估方式，并且通过学生的自我评定强化其参与，取得了良好的评估效果。

## 10.1 从教学与学习的角度对汉语国际教育专业硕士培养工作的思考

对汉语国际教育专业硕士的培养实际上有着很高的要求，而且这种要求是多方面的，这在有关的培养目标中就可以明确地看出："在学科方向方面，汉语国际教育硕士专业不再是单纯追求学术的，而是以汉语国际推广为宗旨的应用型专业，培养的硕士不仅要具有熟练的汉语作为第二语言教学的技能和良好的跨文化交际能力、能够较好承担汉语教学任务，还要具有较强的从事汉语国际推广、管理和文化交流的能力，适应汉语国际推广工作，这就为我们明确了培养目标。"（徐宝妹、吴春相，2008：44）汉语国际教育专业硕士的培养带有学科专业自身的特点，这就要求对他们的培养工作要有针对性地进行，这样做才能完成人才培养的任务目标，从而培养出高质量的汉语国际教育师资。

### 10.1.1　汉语国际教育专业硕士的教学内容应以师资培养的要求为导向

对汉语国际教育专业硕士的培养要在有要求、有指导的情况下进行，避免随意性，因而要建立标准，保证质量。相关培养课程提供给学生的，是否是其最需要的？如果不是他们最迫切需要的就是随意性的培养内容（也就是效用低的内容）。如何避免培训者的教学随意性？任何培养内容都有可能对某些受训者是无效的（包括已经掌握的），解决这些问题的出路之一是在设计汉语国际教育专业硕士课程时不要从内容出发，教学内容应当由受训者根据需要自己去选取、确定，但培养内容的框架和细节的确定所依据的是他们未来可能会面临的教学。汉语国际教育所面临的是面向全球各地十分复杂多样的教学情境，如果在培养的过程中使每个受训者选取、定位于其中的一个方面或几个方面具体的教学情境，利用受训者集体形成的合力就可以覆盖全球大部分或所有的教学情境，以便他们在今后的教学中能够交流或共享。

语言教学实际上是一种听说读写等语言技能和语言交际技能的训练，教学者所要具有的训练学习者技能的教学能力同样也要通过专门的培养才能获得。在汉语国际教育专业硕士的培养过程中对教学技能的训练是要放在第一位的，这从有关的培训大纲[1]确定的培养目标和课程设计中就可以看到。

我们认为要想使所培养的汉语教学人才能够胜任海内外各种教学情境的要求，就要从作为教学师资的专业意识、专业知识和专业能力等方面有意识地全方位对汉语国际教育专业硕士展开培养，中心主旨是要面向和适应汉语国际教育的实践要求。

### 10.1.2 汉语国际教育专业硕士教学中标准化与灵活性相结合能力的培养

在班级制的课堂教学组织形式中，课堂上的教学大部分是面向全体学习者

---

[1] "国家汉办/孔子学院总部根据《国际汉语教师标准》（2010版），参照中外外语教师标准和培训大纲，以及总结多年教师培训经验，于2011年制定出《国际汉语教师培训大纲》，是国内官方唯一且最新的对外汉语教师培训大纲。"（李培毓，2013：32）由全国汉语国际教育硕士专业学位教育指导委员会制定和颁布的《全日制汉语国际教育硕士专业学位研究生指导性培养方案》明确提出了汉语国际教育硕士专业学位研究生的培养目标是："具有熟练的汉语作为第二语言教学技能和良好的文化传播技能、跨文化交际能力，适应汉语国际推广工作，胜任多种教学任务的高层次、应用型、复合型、国际化专门人才。"也为相关的培养工作指明了方向。

## 第十章 汉语国际教育专业硕士培养的一些相关问题研究

的标准化教学,实际上教学的标准化与学习者个性的发展是存在着矛盾的,在汉语国际教育经常会遇到的教学情境中需要对学习者个体的关注比较多,这就必然要求我们培养的汉语国际教育专业硕士的教学适应性要强,也就是教学适应能力的面要宽,他们要有能力适应各种教学环境、各种课程和各种学习者的不同情况。

汉语国际教育中的教学由以内容为导向转向以教学对象为导向,其实以往国内的基础教育和高等教育也并非不考虑教学对象的因素,但教学对象的单一化、固定化使教学对象不足以成为教学中应考虑的主要因素,这就形成了汉语国际教育专业硕士的学习经历中由于教学的标准化而忽视教学对象个体差异性的情况比较多见。其实任何教学都不能不考虑教学对象的因素,只是教学对象被考虑的程度有所不同。目前要强调和突出的是对教学对象的适应,其实这是对教学对象个体学习需求的适应。教学对象的需求会在学习的过程中不断变化,变得更为多样化和富有差异性,使原有的教学不相适应,这就要求教师在教学的过程中能够及时做出调整和改变,这样才能适应学习者新的和不断变化的学习需求。

汉语国际教育教学对象的需求与以往汉语国际教育专业硕士的有所不同,这个变化对汉语国际教育专业硕士的培养是具有决定性影响的。学习需求是可以通过引导(考试、证书等)而发生改变的,但是对需求的重视不应当发生改变,所以在汉语国际教育专业硕士的培养过程中要树立他们重视学习者个体学习需求的意识以及培养他们通过教学设计和教学实施过程中的灵活调整以满足学习者各种学习需求的能力。这就要求汉语国际教育专业硕士具备弹性地完成教学设计和教学活动的能力,也就是有能力使教学在一定范围、限度内具备灵活性。

完成教学计划并达到教学目标要求教学者要按照教学标准实施教学,但是发挥学习者的作用又是完成教学任务的重要前提,这两者之间看似矛盾,实际上如果通过把两者相结合而处理好其间的关系会对教学的开展带来有利的保障,所以在培养汉语国际教育专业硕士时应当重视他们将教学的标准化与灵活性相结合的能力的培养。教学的标准化实质上是一种相对比较固化的教学要求,如果要将其与满足学生个体需求的教学灵活性相结合，就要求教师从最终的一种理想状态的静态的教学思路，转变到随时监控、反馈的一种灵活的动态教学思路上来。

**10.1.3 汉语国际教育专业硕士专业学习过程中处理好知识与能力的关系**

汉语国际教育专业硕士的教学周期看似较长（目前有些培养院校是三年制），但是实际进行课程学习的时间很有限[①]，在有限的时间内学习知识与锻炼能力就充满着矛盾。如何解决这种矛盾，协调好知识学习与能力训练的关系，是汉语国际教育专业硕士培养过程中需要解决的重大课题。对于专业硕士来说，处理好知识与能力的关系不仅是完成专业学习的要求，而且也是完成教学实习任务以及入职以后开展教学所必须解决的问题。

汉语国际教育专业硕士的知识不足是最重要的问题，还是教学能力不足是更需要解决的问题？我们认为，知识可以在能力培养的过程中获得获取的方法，知识的传授比能力的培养更容易，而且知识可以通过自己的努力获取，而能力的培养仅靠学生自己则难免效率低，在缺乏有效指导的情况下还可能会走弯路，所以教学能力的培养对汉语国际教育专业硕士而言是更需要也更为宝贵的。[②]

在实际的汉语教学中，汉语国际教育师资首先要具备的是教学能力，这在招聘赴海外志愿者教师时也是考核的重点，同时这也就是作为应用型专业的汉语国际教育专业硕士应该培训的重点。汉语国际教育专业硕士知识再丰富，如果教

---

① 汉语国际教育专业硕士课程学习阶段的时间多安排为一年，有些甚至不足一年的时间，这是因为在教学大纲和教学计划里规定要安排他们进行为期一年的教学实习，通常在二年级时（有时甚至提前到一年级下学期）进行而且多为赴海外实习，在完成实习及回国后的第三年就要进入学位论文的写作阶段了，他们实际能够用于课程学习的时间极为有限，如果教学能力培训不够充分，他们的实习效果实在令人堪忧。
② 教学能力的培训也有自身的许多重要的任务，要对汉语国际教育专业硕士的教学能力进行充分的储备，例如，他们不一定会遇到要教 AP 中文的机会，但是也要具备教 AP 中文的能力和适应力。

## 第十章 汉语国际教育专业硕士培养的一些相关问题研究

学能力不强，也难以胜任将要面临的教学工作。实际上，在实际开展的汉语国际教育教学工作中能够涉及的知识是有限的，这还可以在工作（实习）阶段和备课之时进行补充。而且，在汉语国际教育专业硕士培养对象的甄选和录取阶段，就应该汰除知识基础太差的考生。在经过有效筛选的具有一定专业基础的汉语国际教育专业硕士研究生中，就可以在补充或深化一些专业知识和中华才艺的基础上，集中更多时间、精力和资源培养他们的教学能力，以便他们能够尽早、尽快地胜任教学实习和今后教学岗位上的工作。

## 10.2 汉语国际教育专业硕士培养过程中模拟性教学方式的利用

汉语国际教育专业硕士的培养目标主要是语言教学和中华文化传播的能力，但有学者认为实现这样的培养目标要面临很多困难。"汉语国际教育专业的培养目标目前已经达到共识，是以培养能力为主，不论是三项能力（语言教学能力、跨文化交际能力、项目管理能力[1]；汉语教学能力、中华文化传播能力和跨文化交际能力[2]），还是更为细化的多项能力。但是，如何进行能力培养，一直是个老大难问题。"（司红霞，2012：300）与知识的教学相比，能力的培养确实要难操作一些，为此许多院校的教师们也在不断探索各种教学方式，以便更好地实现能力培养的教学目标。

有学者就提出了他们"七步式"的教学技能培训模式："根据多年的对外汉语教学方向研究生培养经验，结合汉语国际教育硕士培养目标，我们拟将每种教学技能的培训分为七个步骤，即技能学习、技能观摩、技能评鉴、技能操练、

---

[1] 2010年12月15日华东师范大学汉语国际教育研讨会上张建民教授报告《汉语国际教育专业的培养目标和方法》。——原注
[2] 《全日制汉语国际教育硕士专业学位研究生指导性培养方案》。——原注

技能改进、技能再操练、技能获得。这里简单称之为'七步式'培训模式。"（李春玲，2012：243）可以看出，这种教学模式针对和侧重的目标，都是通过教学技能的实际操练使汉语国际教育专业硕士研究生掌握教学技能。我们认为在通过教学实习进行教学能力培养的同时，汉语国际教育专业硕士研究生鉴于条件的限制在掌握教学能力时还需依靠模拟性的教学方式来进行。

### 10.2.1 汉语国际教育专业硕士教学能力培养中教学模拟的必要性

尽管在汉语国际教育专业硕士的教学计划里都安排了教学实习，甚至还有派赴海外的教学实习，但这些实习也有教师难以掌控和学生难以获得及时的帮助和指导等问题，而且在真正开展实习之前，进行教学的预演性操练也是十分必要的。"在正式开展实习之前，必须要有一定数量的模拟教学以及一定的观课经验，即必须保证获得足够多的间接教学经验。"（马秀丽，2012：375）尽管在汉语国际教育专业硕士教学能力培养方面，培养院校想方设法增加实际教学操作的机会，但由于培养对象人数众多以及各种实习条件的限制，直接教学实践操作的机会毕竟有限，通过模拟性的方式间接获得教学能力也是必不可少的。

汉语国际教育专业硕士教学能力的培养，仅凭对教学知识的掌握显然是远远不够的，有学者认为教学能力的真正熟练掌握需要多年的积累："新教师尽管满脑的教学知识，但在课堂上还会出现许多问题，比如课堂提问、知识的讲解技巧、调动学生积极性、控制课堂秩序等等。一般要等一两年后，并且是有心的教师才能逐渐胜任课堂教学，要想得心应手地驾驭课堂则需要好多好多年，在这期间教师还得不断思考和进修才行。"（蒋小棣，2009：53）这里的看法固然不错，但是汉语国际教育专业硕士培养计划里时间最长的虽有三年但却包括至少一年的教学实习，而且有时教学实习在整个学习期间的较早阶段就开始进行了，所以教学能力的及早培养不但非常有必要而且要尽早进行，尤其要安排在教学实习上岗之前。

### 10.2.2 利用模拟课堂教学的方式培养汉语国际教育专业硕士的教学能力

对汉语和中华文化课堂教学的模拟，主要是要通过培养对象汉语国际教育专业硕士自己独立完成，培训教师可以进行帮助和指导，但是学生教学能力作为个人能力的掌握必须独自完成。有学者提出模拟性的教学方式可以分为五步进行："模拟课堂实习依据同学们所选择的实习方向进行。模拟课堂由一位老师指导，大体分授课示范、集体评价、模拟授课、自评与点评和再次模拟五个步骤实施。"（曹顺庆等，2008：236）每个学生对模拟性课堂教学的准备可以各自有所侧重，这样也可以取长补短、通过交流共同提高。他们还提出了对教学模拟活动进行录像的必要性："整个模拟授课过程需录像，以便学生对自己的教学细节有充分的认识，不仅能发现知识上的不足，技能上的缺陷，还能方便学生纠正教态教风，去除教学中的冗余环节。录像材料也是将来模拟课堂的分类备用资料。"（曹顺庆等，2008：236）对模拟教学全过程进行录像的确是一种帮助学生发现自己教学中的问题，并且通过反思和改进自己的教学从而更好地掌握教学能力的现代技术手段。这种直观反映模拟教学情况的手段，可以使学生们通过反复回放录像，清晰地发现自己的优势和问题，并且还可以观摩其他同学的教学情况，从对比中获得启示，达成教学能力的进一步提高。

组织模拟性的教学设计也要有明确的目标，短期的目标就是要为汉语国际教育专业硕士即将开展的教学实习服务，长期的目标是使他们对教学能力有充分的掌握，所开展模拟教学与教学实习的结合或指向教学实习就显得很有必要。"模拟与现实的实习配合，充分考虑了学生的自主性与实习的层次性、系统性。学生可以自我评价、自我总结、自我提高。同时，观摩其他同学不同方向的模拟教学，能够接触和掌握不同于自己的教学内容和模式，最终形成完整的对外汉语教学技能系统。"（曹顺庆等，2008：236）学生模拟教学中的自我完成和自我提升很重要，进行实习和真正成为一名教师以后所遇到的教学问题和困难并不能都依靠他人的帮助来解决，最为重要的还是使汉语国际教育专业硕士在模拟教学的过程中充分掌握解决教学问题的能力。

### 10.2.3 汉语国际教育专业硕士模拟性教学方式培养教学能力的分组实施模式

汉语国际教育专业硕士研究生的课堂教学能力，是他们能够胜任教学实习和教学工作的关键，也是这个专业所培养的人才的核心竞争力，所以对于他们这一重要的学习环节要专门安排时间和人员有计划地来进行。有学者提出了一种集中进行的强化模拟教学实习的模式："模拟课堂作为专门的实习课程，是对课程融入式实习的综合，也是对学生课堂教学能力的集中培养。完成必修课程之后，同学们进入一至两个月的强化模拟实习阶段。任课教师根据同学的实习兴趣对学生进行分组，每组选一位组长负责协调。每组负责一个实习课程类型，如口语、听力、综合、阅读等。"（曹顺庆等，2008：239—240）可以看出，这种教学模拟的模式直接针对的就是教学实习，目标明确，而且分组进行，教师的指导和学生的准备都可以更有针对性，小组成员之间也可以互帮互助、共同提高，达到模拟教学的更好效果。

分组开展模拟性教学是很多院校采用的汉语国际教育专业硕士的培养方式，还有学者也提出了分组模拟课堂教学活动的具体建议："在课堂见习的基础上，每6—8位学生安排成立一个小组，开展模拟课堂活动。分派专门的指导老师，组织学生进行集体备课，试讲。由指导老师选取初、中、高等不同程度，不同类型的教学材料布置给学生，学生准备后轮流试讲，要求并鼓励学生制作多媒体课件并利用多媒体教学设备。试讲过程中由同组学生及老师模拟听课学生进行配合，对学生试讲进行录像，组织学生重复观看教学录像，进行评课，改进。直到满意为止。"（程爱民、张全真，2012：402）虽然试讲和说课等模拟性教学方式在教学准备阶段和总结评比阶段，可以通过汉语国际教育专业硕士分组合作、互帮互助、互相交流来完成，但是课堂教学的实际操作还是要让学生也必须让每个学生亲身实践并独立完成，这样培养对象所存在的问题就易于发现，而且自我发现问题对于学生教学能力的提高更为重要。

## 10.3 小组合作学习在汉语国际教育专业硕士培养过程中的有益作用

在汉语国际教育专业硕士培养的过程中实施小组合作学习活动，对于他们的专业学习有着重要的有益作用。有学者就提出："尽力在合作中展示自己、完善自己，并积极地发现别人身上的闪光点，它是我们实现自身专业化发展的秘诀。"（Bailey, Curtis & Nunan, 2007: 6）在合作性的学习活动中，每个参与的汉语国际教育专业硕士仍然有机会而且能够更好地发展自己，而这种对他们专业学习的有益作用是基于在合作群体之内存在着每个学生个体可以受到他人的促进并且得到他人的帮助。

### 10.3.1 小组合作学习活动使汉语国际教育专业硕士成为多方面的受益者

小组合作学习这种方式对汉语国际教育专业硕士的专业学习有着多方面的有益作用，有学者论及："在交互学习的过程中，弥补自身的不足，完善个人性格气质，掌握团队精神和合作意识，都是可以实现的。"（赵颖，2008: 319）在小组合作学习的过程中，除了汉语国际教育专业硕士个人许多方面的能力都得到了提升之外，他们的团队合作能力也得到了很大的提升，实际上他们的专业学习仅靠个人的努力效果肯定是有限的，通过合作学习之中的相互补足、取长补短可以使每个小组成员都受益。

在汉语国际教育专业硕士培养的过程中开展小组合作学习活动，对他们多方面能力的发展都是有益的。对此有学者指出："大量的讨论和交流，提高了学生自主能动性的发挥，增强了学生自我表现的能力，也同时锻炼了口才和人际交往的能力，甚至领导才能。针对于资料的交流和探讨，还能使学生进一步强化对所学知识的掌握。"（赵颖，2008：318—319）在小组合作学习活动中汉语国际教育专业硕士得到锻炼的多方面能力，对于他们今后的汉语教学工作而言都是迫切需要、直接有益的。小组合作学习的方式不但使专业硕士自己在专业学习中受益，而且还使他们在自己今后的汉语教学工作中也可以借鉴和应用这种学习方式，顺利地开展自己的教学，满足学习者的学习欲望和需求，使他们的学生也受益。

在汉语国际教育专业硕士培养的过程中开展小组合作学习活动，还具有更为有效地增强他们责任感的作用，有学者提出："互助协作与独立自主不是对立或矛盾的，而是个人发展所必备的两种能力。而且，这两方面的发展都离不开'责任感'的培养。当一个人独立完成一件事情时，他需要对自己的决定和行为负责，对事情的进展和结果负责。当一个人与他人合作进行一件事情时，他既需要对自己负责，更需要对自己所在的团队负责。由此可见，'责任'可以贯穿于一个人所有的活动，责任感的树立也是一个人一生的财富。"（李娜，2008：224—225）实际上在合作小组中每个成员个人的成长与小组整体的发展并不矛盾，不仅小组整体的学习活动开展得好对每个成员都有益，而且在团队里的个人成长比个人仅靠自己的努力所获得的成长肯定要多得多。即使就责任感的增长而言，小组成员对小组整个团队所负的责任肯定比对其个人所负的责任要大，因为他的作为不仅只关乎他一个人的利益，还直接涉及和肩负着小组整体和小组其他所有成员的利益。

小组合作学习由于可以增加小组成员之间的相互交流的机会，合作小组的成员可以分享和共享每位成员个人所独有的思维成果，集整个小组每位成员之力可以把学习任务完成得更好。"学习小组成员之间的协作学习过程，既是学习资料的搜集与分析、假设的提出与验证、学习成果的评价直至意义的最终建构的过程，也是一个会话过程。在此过程中，学习小组成员通过会话商讨如何完成规定的学习任务，因而每个学习者的思维成果为整个学习群体所共享。所谓'意义建构'，就是对事物的性质、规律以及事物之间的内在联系的较深刻的理解，是学习的最终目标。（参见何克抗，1997a;1997b）"（李柏令主编，2010：14）可以看出，小组合作学习活动可以贯穿于学习活动的全过程，从学习活动的起始阶段到最终学习成果的形成的完整过程中都可以开展合作学习活动，这样就可以使汉语国际教育专业硕士在多方面和全过程受益，这对于他们的专业学习和今后的发展都极为有利。

### 10.3.2 小组合作学习提高汉语国际教育专业硕士互帮互助意识和行为的作用

在汉语国际教育专业硕士培养工作中运用小组合作学习的方式，可以使他们养成互帮互助的思想意识和行为习惯，有学者就指出："学生在小组中互相依赖，形成一种同舟共济的张力，互相关心彼此的学习状况和变化。这不单单有益于培养学生在学习时互相学习和观察的能力，也同时提升了学生的素质，使学生懂得彼此关心和彼此帮助是一种能帮助个人完成艰难任务的优势。"（赵颖，2008：318）这样一来，汉语国际教育专业硕士不仅在学习期间开展小组合作时遇到困难的学习任务可以依靠小组成员之间的互帮互学来完成，而且更重要的是他们在今后教学工作中遇到个人难以克服的困难时，还可以有能力寻求和依靠教学团队的力量和各方面的教学资源来解决面临的不断出现的问题。

小组合作学习还可以使汉语国际教育专业硕士培养工作的方式发生有益的变化，改变以往只是由师资培养者进行教学的单调方式，小组合作学习可以"打破以前老师讲学生听的上课局面，多组织小组学习，发挥学生不同专业背景的互补优势，在师生学习的基础上加强生生学习"（张捷鸿、常庆丰，2012：335）。不同专业背景的汉语国际教育专业硕士，可以在学习的过程中优势互补，专业硕士的工作不再仅限于教师对学生教学的方式，学生之间的合作所形成的相互学习也可以成为专业硕士培养的重要途径。

小组合作学习是一种适应能力非常强的学习方式,在每一个学习团体中学习者之间必然存在着这样或者那样的差异,汉语国际教育专业硕士培养的对象也同样存在着这样的情况。在班级制的统一授课方式里很难处理和协调不同水平层级的学习者之间存在差异的问题,很难对每一个学习者都照顾到,但是小组合作学习却可以弥补班级授课制的这一缺陷。有学者认为小组合作学习是"能够对不同水平层次的学习者都起到作用的策略,也是发展学习者社会交往能力的重要手段,学习者互相启发,互相提示,互相激励,互相帮助,共同提高。学生在合作学习中可以从学术能力和社交能力的培养上多方受益。"(张捷鸿、常庆丰,2012:335)社会交往能力是每一个社会成员更好地生存所必备的能力,对于汉语国际教育专业硕士来说要想顺利地开展汉语教学也特别需要发展好他们的社会交往能力,而小组合作学习可以在这方面起到其他学习方式所不具备的特殊有益作用。

在小组合作学习的教学方式里,由于通过学习者之间的互帮互助可以提高小组每一个成员的学习效果,这样也就可以提高每一个学习者的学习自信心。"研究者发现,互助学习在很多领域都可以取得效果,比如写作、数学和空间推理能力、阅读以及外语等。互助学习同样可以提高学生们的自信心,增强他们的社会地位,提高他们的学习主动性以及自我管理的能力。"(Sandholtz, Ringstaff & Dwyer, 2004:86)在汉语国际教育专业硕士培养中采取小组合作学习的方式时,在学习小组里他们的互助合作可以起到对小组成员的激励和促进作用,在小组的分工合作中每一个成员都有自己的学习任务,他们各自完成的任务最终还要汇成整个小组的共同总任务的完成,因每个小组成员被赋责而能够激发起他们的学习主动性。

小组合作学习的师资培养方式在促成了汉语国际教育专业硕士主动性发挥以后,还可以在多方面对他们的教学能力有提升的作用。有学者认为:"学生分小组合作共同完成重大任务,让学生有可能得到更高水平的成就,主动增加工作时间,体验并增强自尊,构建终身互动和个体技巧,发展批判性思维,提升创造性和自我调节的能力，成为合格的汉语教师。"（张捷鸿、常庆丰，2012：335）汉语国际教育专业硕士在小组合作学习的活动里形成了学习的主动性，也就使他们有了更好地进行专业学习的首要条件，在他们获得了多方面的提高之后才能成为具有良好胜任力的合格汉语师资。

小组合作学习的培养方式有着促进小组成员共同提高的作用，因为小组成员的互帮互助不仅使受到帮助的小组成员单方受益，而且帮助其他小组同伴的小组成员作为帮助者也会有很大的受益，除了获得成就感外对他们自身的学习也有着直接的促进作用。有学者就认为："在完成小组讨论和分工安排之后，学生在自己的学习小组内完成老师安排的任务，完成自己部分的学生要帮助尚未完成的学生，直到小组内所有的学生完成可供评估的作业。……在这个互相帮助的过程中，帮助较落后的学生完成了一次记忆，也让水平较高的学生完成了一次复习。"（赵颖，2008：318）在小组合作学习的汉语国际教育专业硕士培养方式里，各个小组成员可以互相取长补短、共同提高，在这种情况下每个受训者都获得的提高使个人的专业发展和汉语国际教育事业的整体发展联系在一起。

### 10.3.3 汉语国际教育专业硕士培养中小组合作学习树立以学生为中心的观念

在开展汉语国际教育之时，汉语教师在教学工作中也要树立"以学生为中心"的教育教学理念，这样才能顺应教育教学发展潮流的要求，更好地开展汉语教学活动。在培养汉语国际教育专业硕士时开展小组合作学习活动，有益于受训者从教育教学理念到实际的教学操作全面领会和掌握"以学生为中心"的精神实质和实施方法。

汉语国际教育专业硕士在培养阶段熟悉了小组合作学习的方式，也可以运用到他们自己今后的汉语教学活动中去，这样做才能真正发现合适的教学途径，贯彻落实"以学生为中心"的教育教学理念。

汉语国际教育在世界各地开展的时候经常要面对未成年的学习者，特别是有时候还会面对低龄的儿童汉语学习者，由于这些学习者年龄和心理特点所决定的，他们在上课时会有注意力不集中的问题，并由此可能带来课堂管理问题。汉语国际教育专业硕士在自己的教学中开展小组合作学习活动，可以帮助他们解决学生上课注意力不容易集中的问题。"合作学习的研究表明，在小组合作中，学生会更专注与学业任务相关的活动，比如认真听其他同学的发言、参与小组讨论、与其他组员协调工作、认真完成小组分配给自己的工作、反思和总结本课的学习情况等，而较少作出与学习任务无关的活动，比如做白日梦、和其他小伙伴闲聊、手里玩东西不听讲等（Johnson & Johnson，1999a）。"（伍新春、管琳，2010：73）可见，小组合作学习活动可以使学生们更乐于参与活动而不会分散注意力，他们所做出的行为也是教师期望他们围绕着学习而做出的，违反课堂管理纪律的问题也因此而随之减少，这样就可以解决令汉语国际教育专业硕士难办的课堂管理问题。

小组合作学习的方式主要是由学生主导来开展的，学生是主要的参加者，这样也就可以贯彻"以学生为中心"的教育教学理念，而且在小组合作学习的活动中也增加学生参与的机会。"梅尔（Maier，1971）指出，由大的班级分成的小组能够增加学生参与的机会，并且可以用来组成与问题解决和其他目标相关的讨论小组。梅尔建议呈现能够吸引学生的兴趣和情感投入的问题。这类目标使小组有了训练交流技能和解决问题策略的机会。显然，这种教学小组在很大程度上依赖于学生自己控制教学事件。学生必须为自己提供回忆相关知识的刺激，必须运用他们自己的编码和问题解决的认知策略。态度改变目标虽然是并非必然的不重要的目标，但它是这种讨论的第二位的结果。"（加涅等，1999：342—343）如果学生在教育教学活动中不能有机会参与，那么"以学生为中心"的教育教学理念就会沦为一句空谈，没有学生们的积极参与，汉语国际教育要想在世界上顺利开展也同样会成为空谈。

## 第十章 汉语国际教育专业硕士培养的一些相关问题研究

"以学生为中心"的教育教学理念实际上更强调学生在学习的过程中的主体地位和主导作用,学生们的学习要真正取得效果就必须使他们有更多的练习机会掌握和在实践中应用他们所学的内容。有学者发现:"还有的研究者认为合作学习之所以有效,是因为合作中学生练习的机会增加;练习的机会对教学有效性非常重要(Rosenshine & Stevens,1986)。研究发现,练习观对解释需要大量记忆的学习任务是有效的,比如单词、数学事实等简单内容的记忆与学习。"(伍新春、管琳,2010:105)在小组合作学习活动中,学生的练习由于参与机会的增加也变得更为有效,因为在有限的班级教学时间里浮光掠影的少量练习不能使学生获得扎实的学习效果,学习效果与练习机会是成正比的,增加学生的练习机会也是一种"以学生为中心"的教育教学理念的落实。

解决问题经常是小组合作学习活动常见的形式,学生们通过合作解决共同的问题,可以使他们的学习与社会现实紧密地联系在一起,培养汉语国际教育专业硕士学会通过问题解决的途径锻炼学生的能力是非常有必要的。"问题解决对讨论小组来说也是一个被普遍采用的目的(Maier,1963)。在小组讨论中带来最高教学效率的问题,是有多种解答和包括态度因素的问题。"(加涅等,1999:342—343)适合在小组合作学习教学方式中利用的需要解决的问题,是需要汉语教师精心地结合汉语和中华文化的特点以及教学的目标选定的,在培养汉语国际教育专业硕士时要使他们有能力安排好问题解决的小组合作学习活动。

小组合作学习的方式可以使汉语国际教育专业硕士在开展汉语教学时能照顾到教学班级里的每一个学生,尤其是可以有机会解决让每个教师都头疼的问题学生的难题。在开展小组合作学习活动时,学生们都在各个小组里开展活动,汉语国际教育专业硕士就可以有机会做一些在班级统一授课时无法完成的教学任务或课堂管理任务,特别是针对问题学生的专门帮扶工作就可以在学生们进行小组活动的时候开展。"当使用合作学习的时候,我们有更多的时间去了解有问题的学生,因为在合作学习中,其他的学生在小组中参与学习。另外,合作学习也使小组更有动力。因为不再光是教师激励学生，而且同伴们也在互相激励。因此，能力较差的学生会更加努力。"（Jacobs，Power & Loh，2005：167）汉语国际教育专业硕士在这样做的时候不会影响其他学生，在这个过程中他们没有停止学习，这与传统的课堂教学不同，在传统的课堂教学过程中教师如果要解决问题学生带来的学习或课堂管理问题，就要停下对全班的教学，专门针对问题学生进行教学或课堂管理工作，这样就会影响到面向整个班级的教学活动和教学进度。在小组合作学习活动中，学习任务、教师和同伴的激励机制，可以使有问题或能力差的学生更加努力并取得良好的学习效果。

## 10.4 在汉语国际教育专业硕士培养工作中小组合作学习活动的实施

### 10.4.1 实施小组合作学习首先要树立汉语国际教育专业硕士的合作意识

在汉语国际教育专业硕士培养过程中开展小组合作学习活动时，如何处理好个人的作用与团队整体发展的关系是一个重要的课题。在安排小组合作学习活动时，教师要注意合作小组成员个人作用的发挥，同时要有意识地帮助他们处理好与团队中其他成员之间的关系。"培养自主意识也能提高个体在团队中工作的有效性和责任感，因为它可以预防小组活动中的一个常见弊病，即'社会惰化现象'（social loafing）。研究表明，在从事趋向共同目标的活动中，团队成员的努力程度和平均贡献会随着群体成员的增加而减少，他们会因为自己的价值没有被单独识别出来而降低参与的积极性。所以，我们应该同时鼓励团队意识和独立自主意识，让学生们带着一种责任感，在团队合作中发展自己，在自我发展中支持团队。"（李娜，2008：226）小组合作学习中各个成员的个人利益与小组团队的整体利益有时候是冲突的，教师要设法培养汉语国际教育专业硕士有机会、有能力处理好两者之间的关系，这对他们今后在自己的教学中顺利开展小组合作

## 第十章 汉语国际教育专业硕士培养的一些相关问题研究

学习活动也是至关重要的。

在实施小组合作学习过程中要想有效地树立汉语国际教育专业硕士的合作意识,首先就要建立一个良好的合作学习的环境。这种合作学习环境的建立可以通过和利用多种现代信息通信技术工具来实现,有学者就提出:"建立一个支持和促进学习的学习环境,使学生可以在其中进行自由探索和自主学习。在这个环境中,学生可以利用各种工具和信息资源(如书刊文件等平面文字材料,音像资料,CAI 与多媒体课件,从因特网下载的信息等)来学习,而教师的任务则是帮助、指导而非控制、支配。"(李柏令主编,2010:17)可以看出,在具体实施汉语国际教育专业硕士自主学习的过程中,教师的角色和任务要发生很大的转变,在学生自主学习过程中教师仍然有其地位和重要的作用。合作意识是完成小组合作学习的基础和根本保证,培养汉语国际教育专业硕士时要在这方面多加关注和努力。

### 10.4.2 在汉语国际教育专业硕士培养中开展小组合作学习的具体操作方式

在培养汉语国际教育专业硕士时实施小组合作学习,合作学习小组成员之间的协商是一种重要的途径,协商既可以贯彻和培养汉语国际教育专业硕士的合作意识,也是小组合作学习开展的具体操作方式,有学者提出了一种协商的操作流程:"在教师的组织和引导下,学生们组成学习群体,开展交流、协商、辩论,先'内部协商'(即在思考中与自身争辩到底哪一种观点正确),然后再相互协商(即提出各自的看法和论据,并对别人的观点进行分析和评论)。"(李柏令主编,2010:17)在相互协商的过程中,小组成员之间通过协商培养了合作的意识,增加了相互之间的交流,这也可以使他们形成互帮互学的学习共同体,在他们之间通过互相补充、互相促进还可以获得共同的提高。

在汉语国际教育专业硕士培养的实践中,具体实施小组合作学习活动可以有多种多样的方式方法,有学者介绍了他们的具体实施办法:"研讨互助小组内部还可以互相拍摄试讲视频、互相评价；在汉语教学技能训练时，要求学生以小组为单位，集体讨论教学思路、教学方法，撰写教案。每次派一人主讲。在条件成熟的情况下，让研究生走上真正的讲台进行实际操练。通过'观察+思考+研讨+互讲互评'的形式，提高学生的实践能力，增强自觉实践的意识，培养学生乐于探索、勇于创新的开拓精神，以及合作互助、共同进步的团队精神。"（徐丽华、孙春颖，2012：253）这种在培养汉语国际教育专业硕士时实施小组合作学习的具体做法，可以给各个培养院校很多启发，由此而创造出适合自己学校和学生特点的操作方式。

小组合作学习活动不仅可以在课堂上展开，也可以安排布置在课下让学生们去完成，把小组学习活动拓展到更为广阔的领域。有学者提出："小组活动根据课堂需要展开，既有课上的活动，也有课下的任务，目的是激发学生们的参与性、合作性。同时也希望他们在合作的过程中相互学习、相互启发。"（李娜，2012：89）这样做还可以提供小组合作学习活动使师资培养的课上活动与课下的活动联通和结合起来，课下的小组合作学习活动可以丰富和补充课上小组合作学习活动由于课时、场地等条件的限制而无法充分展开的局限。

### 10.4.3 培养汉语国际教育专业硕士时对实施小组合作学习不利因素的处理

尽管小组合作学习在教学实践中已经实施多年并且取得了丰硕的成果，但是质疑和反对的声音仍然存在，有学者对这些反对的理由就概括了一些："反对小组协作的理由有很多：课堂变得吵闹混乱、教师对小组中发生的事情失去控制、学习者有可能闲聊和懒散、水平差的学生不愿意参与其中、水平高的学生主导了互动，做了所有的工作。"（Branden 编著，2005：188）但是实际上这些在实施小组合作学习过程中出现的问题并非没有办法得到解决，该学者就进一步指出："遇到了这类问题的教师通过把小组活动转为传统的全班活动，把任务型活动变为清晰的词汇讲解课，从而尽力来弥补他们对课堂的控制。"（Branden 编著，2005：

## 第十章 汉语国际教育专业硕士培养的一些相关问题研究

188)这种建议是把传统的课堂教学方式与小组合作学习的方式转换和结合,采取使之互补的安排发挥各自的所长并弥补各自的不足,这是一种解决问题的办法,其实也还有进一步开掘小组合作学习潜力和发挥其优势的"内部挖潜"的做法。实施小组合作学习时出现的问题,许多都是由于没有充分发挥好小组合作学习的特点,没有充分地准备和精心地安排小组合作学习活动的具体操作的内容和步骤,如果教师这样做了或者遇到问题及时调整和改进了,就会避免这样的问题再发生。

对于是否有必要保持课堂安静应客观地看待,要以是否有利于学生们的学习为标准,小组合作学习的课堂看似不够安静,但是却增加了每个学生参与学习活动和表达自己想法的机会,但是如果超出了或违背了这一根本目标则会出现适得其反的效果,此时教师就应当进入和干预了,但教师一定要掌握好限度和标准,同时还要注意把握介入的时机和掌控干预的方式,不要打击和破坏了学生们的学习积极性。"合作学习会带来较传统教学更大的噪音,这个问题在某些学校是一个非常突出的问题。斯莱文等人认为:'合作学习的课堂看起来应像一个蜂巢,而不应像田径场。'最好的状态是教师难以从中听出某个人的声音。如果合作学习的课堂喧哗,噪声太大,以至于学生难以听清彼此的说话声,此时,教师则需要采取某些措施以改变这种状况。"(王坦等,2004:165)小组合作学习实施过程中的关键之处在于,教师对出现的问题并非只能听之任之、无所作为,要客观冷静地分析判断教室里发生的具体情况,并且根据是否妨碍了小组合作学习对话的开展来决定是否以及如何介入和干预学生们的活动。

在小组合作学习实施的过程中,可能还会出现汉语国际教育专业硕士在形成小组合作学习最终成果时发生观点和看法不一致或冲突的情况。这种情况在小组合作学习期间出现也是正常的,人们的认识总会有不一致之处,有学者的研究就说明了这一点:"福尔曼(Forman, A. E.)等人的实验研究表明,同伴交往涉及两个不同的社会过程,第一个过程是规划和尝试阶段,以相互指导和相互鼓励为特征,同伴通常充当互为补充的问题解决者的角色;第二个过程是做出结论阶段,以论证和争辩为特征,在达成一致意见的过程中认知冲突难以避免。(Forman & Cazden, 1985)"(刘玉静、高艳,2001: 46)面对难以避免的认识分歧,关键是如何协调和处理不一致之处,最终达成一致的看法。实际上小组成员之间是有着共同利益的,发生在小组内部的不一致在面对小组外部与其他小组的竞争时会退居次要地位,小组成员会根据不同利益协调自己的立场从而达成一致。其实出现这种情况也是锻炼和培养他们树立合作意识的宝贵契机,同时也是帮助他们获得解决认识不一致问题能力的好机会。

实施小组合作学习时最终的学习成果通常要在班级全体成员面前展示,这是小组合作学习活动的重要环节,而且经常与学生的学习成绩的评定有关联,那么在展示时的发言就相对比较重要,学生们愿意积极参与会带来对发言较高的关注度,但是也会带来汉语国际教育专业硕士们在开展小组合作学习时出现重发言而轻交流的问题,有学者就提及了这种问题:"需要鼓励学生参与讨论,而不仅仅只是上台发言。学生过于重视自己的发言,对其他人的发言关注度不够,提问的也比较少,没有达到讨论交流的效果。这也与笔者安排的发言课时少有关。"(廖继莉,2012: 178)这个问题也不难解决,可以有针对性地采取一些改进措施,如增加讨论交流的时间,这位学者就提出:"下次打算每次只由2个组发言,并采取一定的激励措施(如提高参与讨论者的平时成绩等)鼓励学生提问并参与讨论,这样就不会因为时间紧促而导致只单纯发言,交流过少的局面出现。"(廖继莉,2012: 178)在小组合作学习实施的过程中促进学生之间的交流才是根本目的,交流才能形成合作,也才能形成共同的成果,这样做也是为了打破传统的"各自为战"的学习方式,所以促进学生们之间的交流合作才是最为重要的。

### 10.4.4 注意在实施小组合作学习时发挥新技术在促进小组合作中的作用

现代信息通信技术为人们的学习带来了极大的便利,实际上也为开展小组合作学习活动带来了极大的便利,所以在培养汉语国际教育专业硕士时实施小组合作学习的培养方式，教师就要注意充分利用现有的技术资源优势。"按照埃德尔森等人（Edelson et al., 1996）的观点，始于个人电脑的技术进展已'在扩展合作的形式上提供了帮助，合作不仅包括讨论，还包括共享人造物体即跨越时间和空间的合作'（1996：152）。"（德里斯科尔，2008：334）现代信息通信技术的发展丰富了小组合作的形式，因为这方面技术的进展为交流合作提供了更为便捷的技术手段，也使小组合作学习的内容获取更为广泛和便捷。

技术手段的更新带来了学习方式的革命性变化："技术还有可能'在支持教育场景中学习会话的新形式是起到革命性的作用'（Edelson et al., 1996：152）。确实，一种全新的研究与应用方式已作为计算机支持的合作学习而出现了（CSCL; Koschmann, 1996）。"（德里斯科尔，2008：334）在现代信息通信技术手段的支持下，小组合作学习以全新的面貌出现在教学者的视野中，在汉语国际教育专业硕士的培养工作中也应当充分利用这样的技术手段，这除了可以增强他们学习的效率以外，还可以使他们在今后的教学实践中更好地利用各种现代教育技术手段。

## 10.5 教学实践在汉语国际教育专业硕士专业学习中的重要作用

过去在战争年代有一种说法："在战争中学会战争。"实际上强调的就是实践的重要性，这句话重点要强调的是只有经过战争的实践才能学会如何进行战争。实际上任何需要实际操作的行业和学科都离不开实践，所以"在教学中才能学会教学"也是与此同理和相通的，这也凸显出了教学实践在汉语国际教育专业硕士培养中的重要性。我们在这里提及的"教学实践"就是开展真正的汉语教学，而不是模拟的教学。

### 10.5.1　教学实践在汉语国际教育专业硕士专业学习中的必要性

汉语国际教育的教学工作涉及的方面非常多，对教学者提出了很高的要求，有学者就概括了一些："教师需要有更强的课堂驾驭能力，应具备灵活多样的教学方法、机智的应变能力、敏锐的观察力及人际调节能力。"（杨鹤澜、杨阳，2011：175）这些能力同样也是汉语国际教育专业硕士应当掌握的，他们自身专业能力的获得，除了学习相关的知识以外，更需要通过教学实践经验的积累和教学反思的提升，同时对他们在教学实践中的及时指导也是十分重要的。"有学者提出，在教师的专业发展中，无论是一味地通过看书、听课来改造教育观念还是一味地埋头苦干都是不正确的，有效的专业发展途径应该是用更新的教育观念指导教育实践，然后对教育实践进行反思、总结、讨论，从行动与反思中加深对新观念的理解（叶澜，2001）。"（伍新春、管琳，2010：238）看来，教师的专业发展离不开教学实践，同样作为教师储备人才来培养的汉语国际教育专业硕士也必须重视教学实践在他们专业成长中的作用，教学实践是他们教学能力提高的重要机会和保证。

汉语国际教育这个特殊的学科和专业对学习和从事它的人来说，是创造性、操作性和挑战性都很强的，这项工作的复杂性对从事者提出的要求也很高。仅仅是在教学设计和备课阶段就涉及许多方面，有学者总结为五个大的部分："一门课程的设计是一项系统工程，它至少包括前期可行性调查评估、确立课程的教学目标（提供课程的全部教学内容细目、时间分配）、本课程与其他课程在时间、内容上的匹配、组织实施的保障（师资条件、学生选课人数预测）、课程评价（学生自评、学生互评、师生互评、教师评价）等五大部分。"（马燕华，2011：260）汉语国际教育专业硕士在学习的过程中也同样要掌握完成这五大部分教学设计内容的能力，而且除分别完成这五大部分的教学实践外，由于这五大部分之间是互有联系的，所以还要照顾到五大部分之间的关系，形成系统。这是一项复杂的、系统性的工作，需要在教学实践中通过实际的操作积累经验。

## 第十章 汉语国际教育专业硕士培养的一些相关问题研究

课堂教学会对教学者产生一些心理压力,在汉语国际教育的课堂上也同样如此。而且可能还会面临更为严重的情况,也就是所谓"尴尬的教学经历"。"每一堂汉语课对于教师来说都是未知数,一些对外汉语教师尤其是新教师都曾有过不同的尴尬的教学经历。这种教学中的尴尬或者碰壁成了某些对外汉语教师的一种心理负担,担心在以后的教学中再次出现自己不可预料的问题。当然,随着教龄的增长、教学经验的丰富,许多教师可以在课堂上收放自如,能够很好地化解一些课堂出现的问题,不过教学前的焦虑感还是会或多或少地存在于教师心里。"(杨鹤澜、杨阳,2011:175)可以看出,在汉语教学中有过尴尬的教学经历是普遍存在的常见情况,但是这很容易形成汉语教师的心理负担,尤其是对新接触和进入汉语教学领域的汉语国际教育专业硕士来说就更容易如此。解决这样的问题只有通过增加教学实践的机会,使新入职的教师通过不断地反思积累教学经验并获得更多的教学成就感和自我效能感,以抑制和克服教学过程中的焦虑感,所以唯一的途径就是教学实践,这也就凸显了教学实践在汉语国际教育专业硕士的专业学习和专业发展中的重要性。

### 10.5.2 教学实践可以使汉语国际教育专业硕士体验和掌握新型的教学方法

除了在专业课程学习的过程中汉语国际教育专业硕士可以了解到许多新型的教学方法外,在他们的教学实习过程中(尤其是在海外教学实习的时候)可能会接触到更多的新型教学方法,或者更为直观和更受冲击地亲身直接接触到更多新型的教学方法。"很多在海外教学实习的硕士生,都接触到一些在国内不曾用到的教学法、教学理念和教学手段,他们在这些新的理念指导下,用这些新的手段进行教学时,也产生了要对它们的产生、发展以及实际的教学效果进一步了解的愿望,这促使他们把这些带进论文写作。比如,有的探讨沉浸式教学、任务型教学、体验式进行,也有的介绍并分析 ITV 和 Smart Board 等教学手段。"(朱志平、马思宇,2011:274—275)教学实习给汉语国际教育专业硕士提供了很好的教学实践的机会，他们接触到和实际运用的新型教学方法不仅扩展了他们的视野、丰富了他们的毕业论文内容，更为主要的是对他们的专业学习和专业发展有很大的益处，使他们积累了更多的教学体验，激发了他们进一步探究的兴趣和热情，这些对他们的专业发展都是非常有利的。

由于汉语国际教育是在全世界各地全面开展的，汉语教师要面对多种多样的教学对象、教学环境和教学内容，这就给汉语教师在教学实践中运用多种多样的教学方法提供了极佳和丰富的机会，这也体现在汉语国际教育专业硕士的教学实践中，而且他们把自己的教学实践中所获得的体验和积累的研究材料运用到了自己的研究和毕业论文写作之中。有学者就提及："外语教学中的体验式教学、沉浸式教学、任务型教学、教师始发型先导式重形式教学、任务型教法指导下明示性和暗示性教学等教学原则以及游戏、歌曲在少儿外语教学中的应用，在全国首届汉语国际教育硕士专业学位论文中用实验对比法、案例分析法得到了证实。"（马燕华，2011：259）汉语国际教育领域教学的多样性也显示出了教学方法在这一学科中的重要性以及学科的特点，这种多样化的教学方法对汉语国际教育专业硕士的专业学习和专业发展都是非常有利的，但是要想深刻体验和掌握这些教学方法必须通过教学实践，此外别无他途。

### 10.5.3 教学实践为汉语国际教育专业硕士教学能力的发展提供机会

教学能力可以说是汉语国际教育专业硕士的核心专业能力和核心的职业胜任力，然而他们教学能力的获得要有适当的机会和合适的方式，教学实践就是他们获得教学能力的最佳途径，为他们的教学能力发展提供了很好的机会。

汉语国际教育专业硕士在教学实习时要面对外国学习者开展汉语教学，并且有时还要在海外新的教学环境中开展汉语教学，他们必然会遇到各种复杂多变的教学情境，这对每一位汉语师资（甚至包括教学经验丰富的汉语师资）都是一种挑战，而对新手教师而言这种挑战就更加艰险。然而，这种在教学实践中发生

第十章 汉语国际教育专业硕士培养的一些相关问题研究

的问题仍然是要通过（通常是唯一的途径）教学实践加以解决。"我们通常认为新教师在教学时会遇到不知道自己的问题出在哪里的困境。根据美国国际教育交流协会中文项目中美国学生对新教师教学的评估，我们发现新教师在从事教学时最突出的问题不是教什么，而是怎么教。美国学生对教师在教学节奏的处理上最不满意。教师对于上课的内容往往可以在课前做一定的准备，而对于课堂教学的突发问题的处理往往需要一定的实践经验，这也正是新教师的软肋。"（鲁洲，2004：109）根据美国中文教学项目的情况可以看出，新手教师面临的主要问题还是教学方法以及教学经验方面的问题，这些问题只有通过强化教学实践和加强对教学实践的指导才能有针对性地解决。这些问题的出现正好说明教学实习是汉语国际教育专业硕士在教学实践中得到锻炼的最佳机会，而随着这些问题的解决他们的教学能力也会获得很大的提升。

实践的重要也是由教学对象和他们的学习特点所决定的，实际上，汉语国际教育专业硕士在教学实习时的教学对象（即语言学习者）的学习活动也是充满实践性特点的，在语言学习的过程中学习者对所学目的语的切身体验尤为重要。"语言实践属于在真实环境中展开的体验式学习。体验式学习是从自身实际经验者学习的一个循环过程：切身体验，观察反思，抽象总结，应用验证，周而复始（Kolb, 1984：20—38）。"（李同路，2012：51）语言学习要通过实践来完成，因为学习者对目的语的切身体验不通过语言实践是无法完成的，同样语言教学也是一种实践性的活动，若要掌握和提高汉语教学的能力而不通过教学实践是难以想象的，所以应当通过多种方式和途径为汉语国际教育专业硕士提供尽可能多的教学实践机会，以便他们能充分和尽快地提高他们的教学能力，以胜任他们将要面临的教学任务。

**10.5.4 教学实践为汉语国际教育专业硕士的教学反思提供了机会**

教学反思必然是对教学实践的反思，没有教学实践作为基础，教学反思也就无从谈起。在汉语国际教育专业硕士培养的过程中提供一些机会进行模拟的教学是远远不够的,模拟教学除了不真实以外,也往往是片段化的,没有机会使他们体验和经历完整的教学全过程。"教学过程的完整性指应展现课前准备、学生特征分析(已有知识、将学知识)、教学目标、教学难点、教学重点、课堂辅助教学活动、教学步骤、教学评价、教师反思。最理想的应展现若干个教学案例。尤其是'教学反思'非常重要,它体现了教师对教学过程的理性思考,与课程实施前的设计多少有点儿'纸上谈兵'不同,它的学术含量更高。"(马燕华,2011:260)基于教学实践的教学反思不仅能真正避免"纸上谈兵"的问题,而且还能起到提升汉语国际教育专业硕士总结教学规律和提高教学水平的作用。

突出教学反思在汉语国际教育专业硕士专业发展中的重要性,也可以避免单纯强调教学实践重要性时会出现的偏差,也就是避免一味地强调教学实践而不注重对教学规律的总结和对问题的反思。由于语言教学的实践性强和培养学习者运用目的语技能的特点,对汉语国际教育师资的教学操作比一般的知识讲解课程有更高的要求,这样就使他们容易陷于实际教学操作之中而难以对自己的教学进行思考和观照。"因为教师在教学时,一直要做到对学生的即时需要作出回应。所以在课堂上,教师根本没有时间去考虑他们正在做什么或是计划做什么之类的问题。教师是如此地专注于其教学工作,以至于他们很难对课堂里发生的一切作一个透视。"(Good & Brophy,2002:35)但是如果只专注于教学的实际操作,而不对其所进行的教学实践的规律加以思考和总结,汉语国际教育专业硕士教学实践的水平就会在原地徘徊而难以得到较快提升,所以在通过教学实践培养他们的教学能力时不要忽视教学反思的作用。

## 10.6 对汉语国际教育专业硕士进行教学能力培养时评估的变革

培养汉语国际教育专业硕士研究生的汉语教学能力时，对于培养结果的评估十分重要，这既是对培养效果的一种检验，也是对研究生教学胜任能力的把关。但是传统的评估方式存在着许多问题，影响了对汉语国际教育专业硕士教学能力培养成果的有效测查，不仅如此，由于评估往往会反作用于教学，评估的影响力不容忽视。有学者就提出："人们对传统标准化测验的种种弊端进行批评的同时，也对从这种评价方法中产生出来的教学模式提出了批评（Scoenfeld，1991）。因为在这种评价观点指导下的教学给学生的都是一些概念和很浅显很表面的学习过程，强调低水平的技能、事实性的知识和对程序的记忆。"（Norton & Wiburg，2002：258）鉴于评估的重要作用以及对教学的影响，必须重视评估在汉语国际教育专业硕士研究生教学能力培养过程中的作用，需要设法开发新型的评估方式以取代和改进以往的评估方式。

### 10.6.1 传统的对语言教学师资进行评估的方式存在的一些问题

传统的评估方式有着许多弊端，传统的评估往往只是给出了一个消极的评估结果，这种评估所得出的结论会给评估对象带来很大的压力，而且评估工作也没有切近和深入语言教学师资的教学工作。对此有学者指出："我们在学校里得到的多数评价也是外在的和非建设性的。评价结果告诉我们自己正处在什么地位，但没有告诉我们怎样改进自己，所以我们会极力避免被评价。既然评价与消极结果联系如此紧密，通常会激起'我将被曝光'的恐惧，而不是'我将得到有用的反馈'的期望，这样一来，哪怕是进行自我评价的时候，评价也让人觉得不安。"（Good & Brophy，2002：583）这种传统的评估方式没有在进行评估的基础上给出评估对象改进的建议，所以不能对受训师资的专业发展起到积极的促进作用。

这种传统的评估方式的形成，根源于整体教学环境中对学生学习成绩进行评估的评价体系，大环境中的教育评估做法必然也会影响到对汉语国际教育专业硕士研究生的评估。而原有的评估方式被发现有很多迫切需要改进的弊端，有学者就指出："原有的教育评价体系与新课程的要求相差甚远，不能给新课程改革以强有力的支持，实践操作中存在着诸多问题，如过分地强调甄别与选拔，过多地关注对书本知识掌握的评价，过于重视终结性评价，过于注重纸笔测验与自上而下的评价等等，已影响了新课程改革工作的开展和学生的发展。"（董奇，2004：Ⅱ）尽管引文中所指的是中国内地基础教育的情况，但是具有广泛影响的中国基础教育的评估方式必然会渗透和影响到对研究生的评估。然而，汉语国际教育专业硕士的培养目标是能够胜任在国内外开展汉语教学和中华文化传播的工作，对他们进行的培养工作要侧重于实际的教学能力，那么对培养结果的评估也应当针对培养工作具有的这种特点。

### 10.6.2 对汉语国际教育专业硕士的评估要进行适合学科特点的变革

以往人们对汉语国际教育学科的认识以及对学科成果的评价方式的认识，是有偏颇的，没有认识到这个学科具有很强的实践性、应用性的特点，总是要拿传统的眼光和评估标准来要求这样一个独具特色的学科。许嘉璐先生就指出："学术界里很多人，包括我，过去脑子里的'学术性'是专有一套模式的，分析外国人学汉语时某种偏误的产生原因和纠正方法，这算哪门子'论'啊？这里有多少什么什么'性'啊？你这算是结构主义语言学呢，还是历史比较法呢？还转换生成呢？拿这些模子套，我们什么都不是。弄得我们搞对外汉语教学的也只好拼命走本体研究的路子，其结果是我们的研究和实际结合得不紧。我感到，中国汉语语言学变革的时代已经到来。"（许嘉璐，2008a：12）汉语国际教育教学实践和学科的大发展已经充分证实了许先生的预言，在培养汉语国际教育专业人才的时候，也要结合这一学科对人才的特殊要求来检验和衡量培养的成果，对评估方

## 第十章 汉语国际教育专业硕士培养的一些相关问题研究

式进行变革。

对于汉语国际教育专业学科的新认识,需要靠学科的发展来使社会逐步认识到,对于这一新型学科也要用新的评估方式来衡量,许先生对此还指出:"昨天,李泉老师说得好,不能用一个标尺衡量所有的学科。例如,不能用本体研究、用西方语言学或语言教学的尺子来衡量我们的语言教学和我们的科学研究。当然这是我的一己之见,学术界未必承认。但是,关键的现在海外汉语教学还没有形成汪洋大海,教学经验、研究成果还不丰厚。我相信,总会有一天我们这个学科会成为语言学和教学理论研究里面的先行学科。"(许嘉璐,2008b:18)许先生所倡导的对汉语国际教育学科形成新的认识需要我们戮力而为,具体到汉语国际教育专业硕士的培养工作,对培养对象的要求和考核、验收标准也应当针对和符合这一学科的特点。

### 10.6.3 对汉语国际教育专业硕士的评估要进行适应教育教学环境的变革

对汉语国际教育专业硕士教学能力进行的评估应当发生深刻的变革,以往对外汉语教学中的评估观念难免受到身处国内升学竞争环境中的一些教育评估观念的影响。"尽管人类已经进入知识经济时代,但'为考试而教、为考试而学'的阴影依然笼罩着我国的基础教育。我们不得不再一次面对一个老问题:教育的根本目的究竟是选拔,还是发展?素质教育的本质是促进每一个学生的全面发展。这就意味着课程评价观的根本转型:由竞争本位、分等级为核心的评价观转向以人的发展为核心的评价观。"(程可拉、刘津开,2003:10)实际上,在中国的教育环境中提出"素质教育"的理念也是为了对冲应试教育的不利影响。提倡素质教育就是要改变教育只为升学服务的理念,而关注受教育者作为人的全面发展。特别是在汉语国际教育广泛、深入地发展到海外各国时,在海外的教育教学环境中,当地是否都具有注重升学结果的教育教学评估理念值得师资培养者注意。

对汉语国际教育专业硕士研究生的评估,要考虑到他们的学习情况和今后要面临的具体教学情况，摆脱"竞争本位"的应试教育评估观念的影响。[①] 这个问题应当引起重视，是因为这些汉语国际教育专业硕士研究生大部分都是经过了严酷的升学竞争的筛选才脱颖而出的，他们从幼小之时就在升学竞争的环境中浸淫已久，让他们摆脱以往的评估观念并不是一件容易的事情。

国内教育界已经发现了以往教育与教学评估中的问题，在努力通过力度很大的教育改革进行改进。"《基础教育课程改革纲要（试行）》明确提出'改变课程评价过分强调甄别与选拔的功能，发挥评价促进学生发展、教师提高和改进教学实践的功能'，给新课程的教育评价改革指明了方向。"（董奇，2004：Ⅰ）这种对教育评估改革的认识也应当被借鉴到汉语国际教育专业硕士培养的领域，引发对汉语国际教育专业硕士评估方式的变革。

## 10.7 对汉语国际教育专业硕士培养的评估要采用多样化的方式

在汉语国际教育专业硕士研究生培养工作中，评估是必不可少的重要组成部分，而且评估对汉语国际教育教学人才的培养有着重要的指导作用。教学评估发展到今天已经呈现出多样化的发展态势，对此有学者指出："在建构性的课堂中，评价形式是多种多样的，教学目标也是多样的，并不仅限于知识的获得。评价也不限于程序化的、限时的、纸笔形式的，对学生的个别测验，新的评价在多种情境中进行，包括对个人和小组工作的评价，对期望的反应和未期望的反应都

---

① 应试教育也不只是在中国发生，有学者认为在亚洲这是一种普遍的现象："如果你考察亚洲的教育系统，你会发现它特别具有竞争性和成绩取向性，给学生施加很大的压力，要求他们努力学习，在考试和测验中取得好成绩。"（Ng，2005：X）但实际上升学必有筛选，只是筛选难度和强度上有差异，不能就此片面地认为升学考试制度有问题，只是片面地通过投机的应试方式提高升学率才是真正的问题所在。

进行评价，进行长时或短时的评价，教师、学生和家长都可以对评价的标准进行讨论。评价成为教学的一个有机组成部分，而不是额外附加的东西。"（Norton & Wiburg，2002：260—261）与上面引文里所提及的一般课堂教学评估类似，对汉语国际教育专业硕士培养工作的评估也同样可以采取多样化的评估方式。

**10.7.1 采用多样化的评估方式符合《国际汉语教师培训大纲》提出的要求**

对于汉语国际教育师资的培养，有关的培训大纲已经提出要使评估方式变为多样化。在具体的师资评估方法方面，《国际汉语教师培训大纲》就介绍了多种可供各种课程选用的具体评估方法。"《培训大纲》[①]就很注重多方面的评估，大纲在每个培训课程框架都列出评估办法，提供每门课合适的评估方式以供参考，而评估办法不局限于一种，平均为二到四种方法，有案例分析、书面作业、主题发言、教案设计、试讲、课件制作、模拟和试讲、教材对比、教学材料制作、活动设计、活动组织、问题解决、模拟教学、试卷设计、课堂设计、文化活动策划、情景应对、研究方案设计等等。"（李培毓，2013：29）可以看出，这个《大纲》对师资评估的要求非常重视并且提出了具体的评估方法指导意见，而且对于每门培养课程的评估也提出了多种可供选择的方法，为在实际的师资培养教学评估中，师资培训者选用适合培养对象的具体情况和评估需求的评估方法提供了良好的基础。

《国际汉语教师培训大纲》所提供的师资评估方法，在评估模式方面也呈现出多样化的情况。有学者指出："（《大纲》）提供的方法结合了过程与总结评估、定性与定量评估、静态与动态评估、自评与他评、评价与指导等模式，让培训单位能依照每门课的培训目的来采取不同的评估办法，或将其中的几种办法

---

① "国家汉办/孔子学院总部根据《国际汉语教师标准》（2010版），参照中外外语教师标准和培训大纲，以及总结多年教师培训经验，于2011年制定出《国际汉语教师培训大纲》，是国内官方唯一且最新的对外汉语教师培训大纲。"（李培毓，2013：32）

结合起来对教师进行考查,这样除了能更加真实且准确地了解培训的成效以外,对被培训的教师和培训单位也有很大的帮助。"(李培毓,2013:29)《国际汉语教师培训大纲》在评估方式方面提供了很大的选择余地,实际上也在通过这样的途径要求培养单位对所培训的对象采取多样化的评估方式,在对汉语国际教育专业硕士进行评估时同样可以采取符合《大纲》要求的多样化评估方式。

### 10.7.2 汉语国际教育专业硕士培养工作中采用多样化评估方式的有关原则

在培养汉语国际教育专业硕士研究生过程中,在多样化的评估方式中要注意避免以单一的学术性评估标准来选择、确定具体适用的评估方式。许嘉璐先生就提出:"我们已经摆脱了用单纯学术的眼光衡量学生,但是还有估计不足的情况。所以我想,应该多培养客观上评价高的角色。水平高,其中很重要的一点就是要有奉献精神,这是一切的保障。"(许嘉璐,2008:11)在对多样化的评估方式进行筛选使用时,首先要考虑有利于汉语国际教育专业硕士的全面发展,要使最终的培养成果能够胜任所面临的汉语教学和中华文化传播的工作,使所采取的评估方式有利于这样的培养目标和需求。

目前随着教育教学的发展,对教学评估的认识也在逐步深化,新形成的教育评价观念已经有了很大的变化。对此有学者指出:"新的教育评价观应该突显教育评价的发展性功能、强调评价主体的互动和参与、评价内容与方式的多元化以及评价过程的动态发展等等。"(董奇,2004:I)汉语国际教育专业硕士培养过程中的评估方式也要注意起到促进他们更好地发展的作用,所选择和采用的多样化评估方式也应突出和强调研究生的参与和发挥他们主动性、创造性的作用,而不是仅仅被动地接受评估。

在众多的多样化评估方式中,对所要选择的评估方式是否合适进行评判则需要根据一些原则来衡量。国外学者提出的一些原则可供参考:"古德提议在考虑建构评价系统时遵循下列原则:①形成尊重和信任的氛围;②促进合作和同学院分享知识;③通过一直为教师提供继续学习的机会全面发展教师的潜能;④促进全员授权事宜;⑤教师个人的教学和跨校的教学要达到优秀;⑥培养所有教师的领导能力;⑦有效地与家长及其更宽泛社区的支持者进行交流。"(Good & Brophy, 2002: 617—618)评估之事关系重大,不仅关系到对所培养人才的能力水平的科学、客观公正的衡量,也决定着研究生的真实成绩的最终评定,把握好评估方式选取的原则在此时就是至关重要的。

### 10.7.3 汉语国际教育专业硕士培养实践中对多样化评估方式的一些具体探索

在汉语国际教育专业硕士的培养过程中,已经有学校在探索适应新型汉语国际教育教学人才注重能力培养要求的新形式的评估方式。有学者强调了汉语国际教育专业硕士培养过程中评估方式的新尝试与培养目标相结合的重要性:"在具体课程的实施过程中,我们重点强调了学生能力的培养。除了要求教师讲授注重知识与能力的转化外,在考核形式上也作了一些创新的尝试。例如'汉语作为第二语言教学概论'课程考核是采用一个学生试讲,师生共同评价的形式,进行了十多个小时。"(朱小健,2011:142)这种新型的评估方式突出了专业硕士培养中教学实践能力的重要性,通过试讲这种实践性强的评估方式可以使学生展示其教学能力,同时也使对教学能力的评估易于实现和操作。

学生在课程学习中的课堂表现是比较难于评估的,在对汉语国际教育专业硕士进行这方面评估时,还可以通过引入学生的自我评定,强化学生的参与,较好地完成评估任务。有培养院校采取了这样的评估操作方式:"课堂表现又分为两部分成绩,15%由学生自我评定,通过每次课后的问卷完成,由学生给自己在课堂上的表现打分,包括课堂参与、英语使用、小组活动、自己听课及思考情况几个方面。另外15%由教师评定,根据学生听课和参与的积极性以及发言质量来打分。"(李娜,2012:89)采用师生共同进行评估的方式,也是一种有促进学生参与、提升评估的客观性、使学生更加熟悉评估的形式等等多方面作用的有益探索。

　　经历过多样化的评估方式，对汉语国际教育专业硕士学习和掌握更多的评估方式也有很大的好处，使他们可以在今后从事汉语国际教育工作时，也能够借鉴在自己学习过程中所亲身经历过的多样化评估方式，同样采用多样化的评估方式来评估他们所教的学生，在顺利完成教学评估工作的同时也发展和提升自己的教学评估能力。

# 余　论

　　汉语国际教育师资培养所涉及的理论和实践问题十分广泛，本书所涉及的只是其中极少的一些领域，而且探讨也不够深入、全面，本书已经探讨的这些研究课题还大有值得进一步研讨之处。同时，本书所探讨的这些领域在实际的师资培养工作中也是互有关联的，而在本书中对此的探讨显得不够充分。此外，还有许多相关的研究课题也有值得研讨的价值。

　　汉语教学并不是一种选拔性的教学，因此不能轻易放弃每一个对汉语学习有兴趣的学习者，汉语教师应当通过自己的努力积极地创造条件鼓励和引导所有的学习者都参与到汉语学习之中，而且这也是确立他们学习汉语自信心的重要途径。有学者提出了一种建立学生自信的方式："建立自信的另一个方式是，让所有学生参加问答活动，确保他们有一个积极的经历。"（Ciaccio，2005：79）在以往的教育教学中，教师习惯性地会重视或偏向"好学生"而不是面向所有的学生，汉语国际教育师资在他们以往的学习或教学经历中对此可能已经习以为常而习焉不察。这个问题实际上也是在班级教学中容易出现而难以避免的现象，有学者提及："在大部分课堂中，教师倾向于提问那些自己认为知道答案的学生。因为正确的回答能够使教师感觉很好，而且给班里其他学生提供正确信息，尽管如此，这种练习给那些没有参与其中的学生传递了一个消极信号。这些学生由此推论，'我没有做出任何贡献'或'我不是这个班级中的一员'。适得其反的是那些后进生，那些最需要有自我重要感的孩子，很有可能落在了后面。"（Ciaccio，2005：79）教师如果有只偏向"好学生"的倾向，就会对那些后进学生的学习自信心造成打击，这样对汉语教学的普遍开展也会造成不利的影响，那些学习不顺利的后进生可能会因得不到教师的鼓励和帮助而跟不上班级学习的进度而不得不放弃对汉语的学习，这样就会造成汉语学习生源的流失。帮助和鼓励学生们建立汉语学习的自信，尽量照顾到每一个学习汉语学生的学习需求，是汉语国际教育在世界各地生存和发展的重要条件，也是汉语国际教育师资进行教学认知转变的重要内容。

以往我国的教学活动和师资培养过于重视和依赖智力因素在教学活动和人才培养中的作用，对充分发挥学生非智力因素的作用都重视得不够，在教育教学的思想认识上存在着偏差。有学者对此偏差提出了批评："长期以来我国教学大纲建设在情感方面存在着两个误区。第一，重视知识和智力的发展，忽视情感发展，以至于出现'情感空白'（emotional illiteracy）。其后果是使学生人际关系淡薄、精神方面不健全，身心不能得到全面、健康的发展。第二，忽视情感和认知之间不可分割的关系，过分注重认知能力的培养，忽视情感的影响。研究表明，当学生处于某种消极的情感状态时，认知活动自动停止，或不会产生实际效果。"（程可拉、刘津开，2003：7—8）显然，忽视学生们非智力因素的作用就会对学习和教学的效果造成不利的影响，甚至使学生们的认知学习活动根本难以进行，这最终会使汉语国际教育的教学任务难以顺利完成，因此在汉语国际教育师资培养的过程中要着力打造他们开发和利用学生们非智力因素的能力。

国内和海外的一些学者都提出要重视对本土汉语师资的培养，例如，有韩国学者就热切地期盼和呼吁重视对本土汉语师资的培养："本土汉语教师对本国政府的教育政策更具有发言权。再者本土汉语教师对汉语言文化充满着感情，他们真心实意地献身于这项事业，很少带有功利性。本土汉语教师扎根本土，是修架连接中国人民友好桥梁的园丁。因此国际汉语教育可持续健康发展，必须依靠本土汉语教师。"（金椿姬，2013：167）尽管这样的呼吁和期盼不无因由，提出的根据也看似有理，同时也引起了汉语国际教育师资培养工作的有关方面和师资培养研究学者们的重视，但是在目前阶段对汉语国际教育师资的培养仍然需要

## 余 论

以中国境内的师资培养为主战场,这是由教学资源、培养对象、培养水平等一系列相关因素所决定的,不以个人的意志为转移。因此,除了对海外本土的汉语国际教育师资进行培养外,我们大部分的培养对象都是以汉语为母语在中国的教育环境中成长起来的,他们在以往作为学生时的学习过程中,可能会形成对发挥自己的学习潜能的一些不利的意识。有学者指出:"在实现他或者她的创造性潜能方面,亚洲学生有两方面不利因素:他(她)过于关注他自己或者她自己的负面形象;他(她)过于关注他人对他或者她自己的评价。这两种过于关注——自己和他人对自己的评价——增加了 VOJ[①] 对亚洲人的伤害性。"(Ng,2005:153)过于关注所在环境中对自己的评价和看法,在汉语国际教育师资的成长过程中虽非完全不利但确有不利之处,他们如果对此习焉不察或习以为常,不但会对他们自身发挥创造性潜能带来不利影响,而且很可能会对发挥学生的创造性潜能同样带来不利的影响,因为他们在意识和行为的各个层面都缺乏相关的经验和训练,因此在师资培养的过程中要注意为他们补上这一课。

汉语国际教育师资要想在教学中激发学生的创造性潜能,就不能造成他们对发挥自己潜能的恐惧,那种恐惧的意识会阻碍学生们发挥创造性的行动。对此,有学者提出:"我们必须区分两种不同的内部声音。一种类型的内部声音起抑制作用,阻碍我们从事活动的进展。另一种类型的内部声音起促进作用,帮助实现我们的目标。……第一种内部声音——我们自身的 VOJ——根植于恐惧而阻碍我们。第二种内部声音——我们自身的创造精神——是基于好奇心而希望我们进步。"(Ng,2005:154)要想鼓励学生积极地投入自己的学习之中,汉语国际教育师资就要想方设法在教学过程中激发和满足学生的好奇心,其实对汉语和中华文化的学习是满足学生好奇心的重要途径和平台,教师要充分利用好汉语和中华文化教学的特性,通过对教学的精心设计引发学生的探索精神,从而激发出

---

① 关于 VOJ 的含义,可参看本书 3.5.3 部分中的脚注 23。

和利用好他们的学习潜能。

　　汉语国际教育师资充分发挥学生的创造性潜能，实际上也为学生个性的形成、成长和发展创造了良好的条件，也只有适应了学生个性化发展的需求，汉语国际教育的教学工作才能顺利地开展下去，这也就要求汉语教师们有能力开展针对学习者个性化学习和发展要求的个性化教学，这需要在师资培养的过程中对他们在教学意识、教学观念和教学操作等方面全面进行培养。这实际上也对汉语国际教育师资的专业发展有益，可以使他们成长为有个性、有特点的汉语教师，这样的汉语教师也才能受到学生的欢迎和喜爱。

　　在汉语国际教育的班级化教学中，发展学生的群体化技能是开展汉语教学和汉语教学课堂管理的重要方面，应当引起汉语国际教育师资和师资培养工作的重视。群体化技能实际上是学生社会化技能的重要组成部分，从更广大的视角看，学习者群体化技能的培养有着更为重要的作用，有学者就提出："群体技能和协同工作对于21世纪的发展是很重要的，在工作场所，为了使自己的组织更有价值以及更有利可图，职员必须进行有效的交流；在全球化社区，公民为了让世界安全和可持续发展，必须和平地进行对话。人们越来越希望教师能就全球化社区中的民主参与对学生进行教育，希望能教给学生价值观、技能和民主化生活的过程。"（Schumuck & Schumuck，2006：前言Ⅳ）可以看出，学生阶段的群体化技能的养成，实际上是他们今后进入社会和社区生活时所需掌握的社会化技能的预演和准备，所以群体化技能的培养不仅对教育教学有着重要的作用，而且对人类群体的健康发展也有着重要的作用，其影响对学习者而言是终生性的。仅就汉语国际教育而言，汉语师资注重学生群体化技能的发展也对汉语教学的顺利开展十分有利，也是他们的专业发展适应全球化的新形势和新要求的重要方面，因此还应当在师资培养的过程中对他们此方面的能力加以培训。

　　在本书第六章的6.3节里，我们强调了合作学习在汉语教学中的重要性，实际上合作学习在学生的学习过程中存在着必然性。同一班级里的学习者之间的知识和能力水平必然会有所不同，他们之间的这种差距就会形成一种信息差，如果没有信息差则学习者之间的互助合作就没有必要进行了，但是既然这种在学习者之间的差别必然会存在，那么学习者之间的互帮互助就一定会有存在的必要和可能，而且对信息的掌握每个学习者个体并没有相同的指向，如果学习者所掌握的信息毫无关联，则他们之间信息的"差"也就无法构成，而且如果学习者之间的信息差过大则相互之间也会无法形成互补。但是无须担心，从更为广阔的视角来看，无论是在班级里小的学习环境，还是在社区里较大的学习环境，乃至整个社会甚至全人类的整体学习环境，都会存在着某种相似性和关联性，所以学生们之间的"信息差"是必然会形成的，因而汉语国际教育师资可以有充分的信心对合作学习这种教学方式加以利用和开掘，以期充分地发挥学习者的作用，达到最佳的教学效果。

在汉语国际教育专业硕士研究生培养的过程中，对他们教学管理和课堂管理意识和操作方式方面的培养工作，也要引起我们的重视并着力加强，因为从我们汉语国际教育专业硕士的培养实践和他们赴海外开展汉语国际教育的教学实习工作的情况看，他们在课堂管理方面出现的问题和需要改进之处甚多，对教学工作顺利开展的不利影响也很大。这些汉语国际教育专业硕士研究生大多没有课堂教学工作的经验，更缺乏对于教学进行管理的经验。可是，在教学管理方面的许多问题却关系重大、不容忽视，例如，他们要有注重学生隐私的意识，如在排名、公布学生成绩等等方面都要在具体操作时小心谨慎，对学生们的评语和建议的提出方式等等也要在具体实施时对运作的方式加以注意。如果他们对这些教学管理的细节问题处理得不好，会直接影响他们教学的顺利开展。而对汉语国际教育专业硕士教学管理和课堂管理能力的培养，是我们责无旁贷的任务，必须引起重视。

在汉语学习的过程中，学习者学得多、会的多是最重要的，学得对、会的对是第二重要的，学习者出现的小的偏误暂时是不重要的，也就是说，汉语国际教育师资对学生掌握目的语的准确性的要求不可过苛。与此相关，对学习者成绩考核的观念也要发生转变，不可只重视学生最终的学习结果，在这方面许多新型的评价方式值得在培养汉语国际教育师资时得到重视，例如形成性评价就更公平、更科学，是以学生的进步程度来对他们进行考量的，也是针对学习者个体差异的有效评价方式。当然这种新型的评价方式，汉语国际教育师资操作起来可能会有些困难，他们要想掌握和适应新型的方法就需要更多地投入，也就需要在师资培养阶段通过专门的培训使他们掌握相关的评价理念和技能。

在对汉语国际教育师资的教学评估能力进行培养时，同样可以采取新型的教学方式，可以通过创造机会让他们亲身参与对教学评估标准的掌握、对评价表的制定等实践途径进行培养，还可以通过小组合作学习的方式让他们自己进行教学评估的设计活动，设计任务完成之后再通过他们相互之间的交流和自我评估及同伴评估，提高他们的教学评估水平。

作为培养对象的汉语国际教育师资具有学生和教师的双重身份，因此对他们的培养工作与面对任何年龄阶段、任何学习目的的学习者的教学是相同的。这个问题从汉语国际教育师资自身的角度来看，他们的专业发展同样要面临如何处理好学习和教学两个方面以及两者之间的关系等问题。在这些方面的研究课题同样值得我们进一步深入探讨。

虽然汉语教学界提出并呼吁重视语言技能的教学，但在新入职的汉语国际教育师资的教学实践中和新入学的汉语国际教育专业硕士研究生的教学试讲时，我们发现即使名义上提出的是开展语言技能的教学，但他们所重视和较多地关注的仍然是语言知识的教学，有时仍然采用知识教学的方式来进行语言教学，又回到了知识教学方式的老路上去了。当然可以理解，这是他们受到了以往学习经历的不利影响，不能区分第一语言教学和第二语言教学的不同，将在学生阶段受到的中小学语文教学和外语教学的烙印带到了汉语国际教育的教学之中。所以，要想成功地培养好汉语国际教育师资，首先需要一再强调汉语国际教育的特点，即与作为第一语言教学的语文教学以及中国的外语教学的不同之处，建立起他们正确的学科意识和对汉语教学特点的正确理解及观念。如果正确的教学观念不能树立起来，尽管在教学知识、教学方法等其他方面对他们的培养很充分，也仍然不能保证他们能够顺利地开展好汉语教学。当然，正确的教学观念的树立不是通过喊口号就能很快地完成任务的，这是一项要在培养的过程中随时随地、点滴渗透地逐步除旧布新并且需要持之以恒地去坚持的工作。

汉语国际教育作为一个新学科的建立，不再需要依赖汉语语言知识，不再依顺、依附于汉语语言知识，当然并非与汉语语言知识不发生关联。这样说是因为语言只是交际的工具，学生对一种语言的学习应以交际目标为重，而不是以语言知识的学习为重。传统的语言教学观对语言知识在汉语教学中的性质和地位的认识有偏差，不是从交际的角度来衡量，而是囿于传统的知识观、学习观和教学观得出的结论。语言知识本位主义导致对语言形式的过度关注、过分强调和过多依赖，可是只关注语言形式易于抽空语言的内容，如果汉语教学只是对空洞的语言形式教学加以重视，如何让学生完成交际任务、达到学习目标呢？我们应当对汉语国际教育学科的独特性加以关注和深入探讨，汉语国际教育学科的独立性乃是因其具有独特性而成立的，也正因其具有独特性而有了学科独立的可能性。对学科特性的认识不明确或有偏差，会对我们的汉语国际教育工作（包括汉语国际教育师资培养工作）造成整体性的不利影响，这个问题的解决不仅关乎学科的生存和学科地位的树立，也是学科走向成熟的重要保证。

本书进行研讨的主旨是对汉语国际教育师资培养的理论和实践问题进行一些理论建构，尽管这种努力是十分粗疏和不成熟的，如对汉语国际教育师资有多种多样的培养方式和培养途径，但本书仅在第六章论及了任务型的培养方式，实际上还有案例教学、小组合作学习、讨论式学习、微格教学、研究性学习、自主学习和建立学习共同体等多种方式和途径值得研究。对于汉语国际教育师资培养而言，教学实践更加重要，在教学实践的多种途径（教学实习、教育考察、模拟教学、教育调查、课例分析、班级与课堂管理实务等）中，哪些实践途径最为有效也是应当深入探讨的。尤为重要的是，本书的这种理论建构还缺乏实证性的验证，需要进一步通过"量的研究"（quantitative research）与"质的研究"（qualitative research）等研究方式，对已经形成的这些研究结论进行验证和修订。汉语国际教育师资培养的工作和事业还有待进一步的大发展，同样相关的研究也有待进一步的深化，奋斗正未有穷期，还需励精图治、砥砺前行。本书只是抛砖引玉，热望有志者光大弘扬此项宏阔的事业。

# 参 考 文 献

鲍震培 . 2012. 预见性培养目标的人格塑造——如何完善国际汉语教育硕士模式之我见 [A]. 北京汉语国际推广中心、北京师范大学汉语文化学院编 . 国际汉语教育人才培养论丛（第三辑）[C]. 北京：北京大学出版社，316—323.

毕继万 . 2014. 跨文化交际理论研究与应用 [M]. 北京：北京语言大学出版社 .

蔡绿 . 2006. 文化依附矛盾与跨文化交际能力——也谈对外汉语教师素质 [J]. 黑龙江高教研究，（4）.

蔡整莹 . 2009. 汉语口语课教学法 [M]. 北京：北京语言大学出版社 .

曹顺庆、李宇凤、傅其林 . 2008. 论汉语国际教育硕士的分层综合实习模式——兼及学生的自主管理 [A]. 北京汉语国际推广中心、北京师范大学汉语文化学院编 . 国际汉语教育人才培养论丛（第一辑）[C]. 北京：北京大学出版社，229—241.

陈向明 . 2003. 实践性知识：教师专业发展的知识基础 [J]. 北京大学教育评论，（1）.

程爱民、张全真 . 2012. 汉语国际教育专业硕士教学实习模式探索 [A]. 北京汉语国际推广中心、北京师范大学汉语文化学院编 . 国际汉语教育人才培养论丛（第三辑）[C]. 北京：北京大学出版社，399—405.

程可拉 . 2006. 任务型外语学习研究 [M]. 广州：广东高等教育出版社 .

程可拉、刘津开 . 2003. 中学英语任务型教学理念与教学实例 [M]. 广州：华南理工大学出版社 .

崔希亮 . 2010. 汉语国际教育"三教"问题的核心与基础 [J]. 世界汉语教学，

（1）：73—81.

崔永华.2008.对外汉语教学设计导论[M].北京：北京语言大学出版社.

崔永华.2015.试论后方法时代的汉语教学资源建设[J].国际汉语教学研究，（2）：71—76.

丁安琪.2010.汉语作为第二语言学习者研究[M].北京：世界图书出版公司北京公司

丁安琪.2011.教师对留学生自主学习能力培养状况的调查研究[J].语言文字应用，（4）.

丁仁仑.2010.交际型大学英语创新教学模式研究[M].北京:国防工业出版社.

董奇.2004."新课程与教育评价改革译丛"总序[A].真实性评价——教师指导手册[M].国家基础教育课程改革"促进教师发展与学生成长的评价研究"项目组译，北京：中国轻工业出版社.

冯锦程.2011.浅析对外汉语教学的"方法时代"和"后方法时代"[J].学理论，（29）.

冯丽萍.2012.面向汉语国际教育的教师行动研究特点与评价[A].北京汉语国际推广中心、北京师范大学汉语文化学院编.国际汉语教育人才培养论丛（第三辑）[C].北京：北京大学出版社，9—14.

龚亚夫、罗少茜.2006.任务型语言教学(修订版)[M].北京:人民教育出版社.

郭红.2007.对外汉语口语教学研究的回顾与思考[J].云南师范大学学报（对外汉语教学与研究版），5（3）：20—22.

郭跃进.2008.高中英语新课程高效创新教学法 新课标·新理念·新教材·新策略·新方法[M].武汉：武汉大学出版社.

国家汉语国际推广领导小组办公室.2010.国际汉语教师标准[M].北京：外语教学与研究出版社.

何克抗.1997a.建构主义教学模式、教学方法与教学设计[J].北京师范大学学报（社会科学版），（5）：74—81.

何克抗 . 1997b. 建构主义——革新传统教学的理论基础 [J]. 电化教育研究，（3）.

后方法理论视野下的对外汉语教学研究——第 11 届对外汉语国际学术研讨会观点汇辑 [J]. 世界汉语教学，2014（4）：435—448.

黄晓颖 . 2007. 论对外汉语教师反思能力的培养 [J]. 云南师范大学学报（对外汉语教学与研究版），5（4）：18—21.

黄晓颖 . 2011. 对外汉语教学中隐性课程的开发 [J]. 汉语学习，（1），81—86.

胡亦杰 . 2002. 后教学法理论和大学英语教学 [J]. 深圳大学学报（人文社会科学版），（6），118—124.

姬建国 . 2014. 文化活动在国际汉语课堂教学中的位置 [J]. 国际汉语教育，（1）：97—109.

江新、郝丽霞 . 2011. 新手和熟手对外汉语教师实践性知识的研究 [J]. 语言教学与研究，（2）：1—8.

蒋小棣 . 2009. 汉语国际教育硕士专业课程设置研究 [M]. 北京：世界图书出版公司北京公司 .

金椿姬 . 2013. 就其所长而成就之——谈对韩国本土汉语教师的培训 [A]. 姜明宝主编 . 汉语国际教育人才培养现状与对策 [C]. 北京：北京语言大学出版社，13—21.

靳玉乐 . 1993. 潜在课程简论 [J]. 课程·教材·教法，（6）.

柯传仁、黄懿慈、朱嘉 . 2012. 汉语口语教学 [M]. 北京：北京大学出版社 .

李柏令主编 . 2010. 新思域下的汉语课堂——"以学生为中心"的对外汉语教学探索 [M]. 上海：上海交通大学出版社 .

李春玲 . 2012. 汉语国际教育硕士实践环节培养模式探索 [A]. 北京汉语国际

推广中心、北京师范大学汉语文化学院编.国际汉语教育人才培养论丛(第三辑)[C].北京：北京大学出版社，242—248.

李娜.2008.构建和谐、有效、科学、创新的班集体[A].北京汉语国际推广中心、北京师范大学汉语文化学院编.国际汉语教育人才培养论丛(第一辑)[C].北京：北京大学出版社，220—228.

李娜.2012.对汉语国际教育硕士专业英语课的思考及调查[A].北京汉语国际推广中心、北京师范大学汉语文化学院编.国际汉语教育人才培养论丛(第三辑)[C].北京：北京大学出版社，87—93.

李培毓.2013.《国际汉语教师培训大纲》浅析[J].国际汉语教育，(2)：27—33.

李同路.2012.语言实践：课堂学习与独立交际之间的接口[J].语言教学与研究，(3).

廖继莉.2012.汉语国际教育硕士汉外语言对比课堂教学改革尝试[A].北京汉语国际推广中心、北京师范大学汉语文化学院编.国际汉语教育人才培养论丛(第三辑)[C].北京：北京大学出版社，170—178.

廖建玲.2013.国际汉语教学设计[M].北京：高等教育出版社.

刘淼.2005.当代语文教育学[M].北京：高等教育出版社.

刘颂浩.2007.第二语言习得导论——对外汉语教学视角[M].北京：世界图书出版公司北京公司.

刘玉静、高艳.2001.合作学习教学策略[M].北京：北京师范大学出版社.

鲁洲.2004.对外汉语新教师如何适应以美国学生为对象的课堂教学[J].宁波大学学报(教育科学版)，26(6)：106—109.

鲁子问.2003.中小学英语真实任务教学实践论[M].北京：外语教学与研究出版社.

吕妍.2013.从课堂提问看中波汉语教师教学行为的异同——以波兰克拉科

夫初中级汉语教学为例[A].世界汉语教学学会秘书处编.第十一届国际汉语教学研讨会论文选[C].北京：高等教育出版社，192—200.

马秀丽.2012.香港大学"学校—大学伙伴计划"及其对对外汉语教学实习模式的启示[A].北京汉语国际推广中心、北京师范大学汉语文化学院编.国际汉语教育人才培养论丛（第三辑）[C].北京：北京大学出版社，368—375.

马燕华.2011.汉语国际教育硕士专业学位论文评价标准琐议[A].北京汉语国际推广中心、北京师范大学汉语文化学院编.国际汉语教育人才培养论丛（第二辑）[C].北京：北京大学出版社，252—269.

马云鹏.2002.课程与教学论[M].北京：中央广播电视大学出版社.

宁继鸣、马晓乐.2013.中华文化与传播：学理关切与教学实践[A].世界汉语教学学会秘书处编.第十一届国际汉语教学研讨会论文选[C].北京：高等教育出版社，102—109.

欧洲理事会文化合作教育委员会编.2008.欧洲语言共同参考框架：学习、教学、评估[M].刘骏、傅荣译，北京：外语教学与研究出版社.

钱玉莲、赵晴菊.2009.留学生汉语输出学习策略研究[M].北京：世界图书出版公司北京公司.

曲铁华、冯茁、陈瑞武.2007.教师专业发展与高等师范院校课程改革[J].教育研究，（9）.

沈岚.2014.论"后方法"与学者型语言教师[J].国际汉语教育，（1）：185—193.

司红霞.2012.汉语国际教育专业要注重方法和方法论的引导——以第二语言习得课教学为例[A].北京汉语国际推广中心、北京师范大学汉语文化学院编.国际汉语教育人才培养论丛（第三辑）[C].北京：北京大学出版社，300—305.

孙德金.2014."后方法"理念与对外汉语教学中的课程目标问题[J].世界汉语教学，（4）：442—443.

陶健敏 . 2006. "后方法时代"语言教学观与对外汉语教学法体系构建 [J]. 暨南大学华文学院学报, （3）: 17—23.

陶健敏 . 2009. Kumaravadivelu "后方法"语言教育理论：一条对外汉语教师发展的有效途径 [A]. 潘文国主编, 汉语国际推广论丛（第 3 辑）[C]. 上海: 华东师范大学出版社, 131—140.

王才仁 . 1996. 英语教学交际论 [M]. 南宁: 广西教育出版社 .

王丕承 . 2015. 汉语国际教育师资任务培养方式 [M]. 北京: 知识产权出版社 .

王丕承 . 2015. 汉语初级口语课交互性教学方式 [M]. 北京: 知识产权出版社 .

王丕承 . 2015. 汉语国际教育师资培训中教师自我提高能力的培养 [J]. 语文学刊, （11）上 .

王丕承 . 2016. 从师资培训角度对汉语国际教育专业硕士培养的思考 [J]. 亚太教育, （1）上 .

王丕承 . 2016. 汉语国际教育师资培训中"以学习者为中心"观念的变革和落实 [J]. 高教学刊, （1）.

王丕承 . 2016. 汉语国际教育师资培训中跨文化交际能力培养的一些相关问题 [J]. 亚太教育, （3）上 .

王丕承 . 2016. 汉语国际教育专业硕士教学变革意识和能力的培养 [J]. 西部素质教育, （3）.

王丕承 . 2016. 以任务型教学方式培养汉语国际教育师资的一些相关问题 [J]. 语文学刊, （3）上 .

王丕承 . 2016. 汉语国际教育师资发挥学习者自主性和自身创造性能力的发展 [J]. 求知导刊, （3）.

王丕承 . 2016. 汉语国际教育中任务型教学方式的可选评价策略 [J]. 亚太教育, （3）下 .

王丕承 . 2016. 汉语国际教育应当顺应"后方法"时代语言教学的发展趋势 [J].

高教学刊，（6）.

王丕承 . 2016. 汉语国际教育师资在汉语教学过程中发挥学习者作用能力的培养 [J]. 语文学刊，（6）上.

王丕承 . 2016. 汉语国际教育师资帮助学习者克服学习过程中心理障碍能力的培养 [J]. 亚太教育，（6）中.

王丕承 . 2016. 教学反思在汉语国际教育师资自身专业发展中的重要作用 [A]. 北京汉语国际推广中心、北京师范大学汉语文化学院编 . 国际汉语教育人才培养论丛（第五辑）[C]. 北京：北京大学出版社 .

王丕承 . 2016. "后方法时代"的汉语教学顺应走向综合的必然发展趋势 [J]. 现代语文，（12）上.

王丕承 . 2016. 汉语国际教育中教师利用对学生的正面评价促进教学 [J]. 亚太教育，（12）上.

王丕承 . 2016. 汉语国际教育师资应当掌握的一些新型的教学评价方式 [J]. 科教文汇，（12）中.

王丕承 . 2016. 汉语国际教育中开展合作学习时教师应发挥的作用 [J]. 亚太教育，（12）中.

王丕承 . 2016. 在汉语国际教育课堂管理中汉语教师建立管理规章的方法 [J]. 科教文汇，（12）下.

王丕承 . 2016. 汉语国际教育专业硕士培养中学生获得知识与能力的研究 [J]. 亚太教育，（12）下.

王丕承 . 2017. 对汉语国际教育专业硕士进行教学能力培训时的评估变革 [J]. 现代语文，（1）上.

王丕承 . 2017. 汉语国际教育教师应对课堂上学生捣乱行为能力的培养 [J]. 科教文汇，（1）上.

王丕承 . 2017. 汉语国际教育专业硕士新型教学评估能力培养的重要性 [J]. 教

师，（1）．

王丕承．2017.汉语国际教育中有关课堂管理的一些具体的有效方法[J].科教文汇，（1）中．

王丕承．2017.汉语国际教育师资应对问题学生违反课堂纪律能力的培养[J].科教文汇，（1）下．

王丕承．2017."后方法时代"教学理念有助于汉语教师摆脱机械的教学方式[J].科教文汇，（2）上．

王丕承．2017.培养汉语国际教育师资在课堂教学中建立学生自我管理能力[J].教师，（2）．

王丕承．2017.在汉语国际教育中教师对学生的学习进行鼓励的作用和方式[J].科教文汇，（2）中．

王丕承．2017.对汉语国际教育专业硕士的评估要采用多样化的评估方式[J].科教文汇，（2）下．

王丕承．2017."后方法时代"教学理念帮助汉语教师超越对教学的传统认识[J].现代语文，（3）上．

王丕承．2017.汉语国际教育师资对课堂教学过程进行有效管理的方法[J].科教文汇，（3）上．

王丕承．2017.浅谈"后方法时代"理念对汉语国际教育师资的启示[J].教师，（3）．

王丕承．2017.汉语国际教育师资对汉语教学隐性课程作用的发挥和利用[J].现代语文，（6）上．

王丕承．2017.汉语国际教育中问题学生的课堂管理问题的一些解决方式[J].求知导刊，（9）中．

王丕承．2017.汉语国际教育专业硕士研究生培养中的模拟性教学方式的利用[J].科教文汇，（9）下．

王丕承 . 2017. 汉语国际教育师资帮助学习者有效学习能力的培养 [J]. 科教文汇，（10）上 .

王丕承 . 2017. 汉语国际教育师资激发学习者学习动机能力的培养 [J]. 科教文汇，（10）中 .

王卿 . 2009. 后方法视角下的教师教育浅析 [J]. 济南职业学院学报，（5）.

王荣英 . 2008. 大学英语输出教学论 [M]. 上海：上海交通大学出版社 .

王守仁 . 2008. 高校大学外语教育发展报告（1978—2008）[M]. 上海：上海外语教育出版社 .

王坦等 . 2004. 合作学习的理念与实施 [M]. 北京：中国人事出版社 .

王坦 . 2007. 合作教学导论 [M]. 济南：山东教育出版社 .

王添淼 . 2010. 成为反思性实践者——由《国际汉语教师标准》引发的思考 [J]. 语言教学与研究，（2）：25—30.

王添淼 .2013. 跨文化交往中的意义拒斥——国际汉语教师课堂评价语探析 [J]. 国际汉语教育，（2）：116—21.

魏永红 . 2004. 任务型外语教学研究：认知心理学视角 [M]. 上海：华东师范大学出版社 .

温晓虹 . 2008. 汉语作为外语的习得研究——理论基础与课堂实践 [M]. 北京：北京大学出版社 .

吴慧、沈郁文 . 2008. 基于行动研究的对外汉语教师培养模式探讨 [J]. 上饶师范学院学报，（4）：88—91.

吴亚林 . 2005. 以学生为中心的教育理念解读 [J]. 教育评论，（4）：21.

伍新春、管琳 . 2010. 合作学习与课堂教学 [M]. 北京：人民教育出版社 .

辛涛、申继亮、林崇德 .1999. 从教师的知识结构看师范教育的改革，高等师范教育研究 [J].（6）.

徐宝妹、吴春相 . 2008. 汉语国际教育硕士专业学科建设刍议 [A]. 北京汉语国际推广中心、北京师范大学汉语文化学院编. 国际汉语教育人才培养论丛（第一辑）[C]. 北京：北京大学出版社，42—51.

徐彩华. 2012. 汉语教师教学自信心的构成要素及其对教师培养的启示 [A]. 北京汉语国际推广中心、北京师范大学汉语文化学院编. 国际汉语教育人才培养论丛（第三辑）[C]. 北京：北京大学出版社，233—241.

许嘉璐. 2008a. 解放思想 交流经验 共探新路——在"国际汉语教育人才培养研讨会"开幕式上的讲话 [A]. 北京汉语国际推广中心、北京师范大学汉语文化学院编. 国际汉语教育人才培养论丛（第一辑）[C]. 北京：北京大学出版社，1—12.

许嘉璐. 2008b. 解放自己 大胆实践——在"国际汉语教育人才培养研讨会"闭幕式上的讲话 [A]. 北京汉语国际推广中心、北京师范大学汉语文化学院编. 国际汉语教育人才培养论丛（第一辑）[C]. 北京：北京大学出版社，13—21.

许嘉璐. 2010. 为了天下太平——文明对话录 [M]. 北京：华艺出版社.

许嘉璐. 2015. 未达集 [M]. 北京：中国社会科学出版社.

许嘉璐. 2017. 中华文化的前途和使命 [M]. 北京：中华书局.

严明主编. 2009. 大学英语自主学习能力培养模式研究：体验的视角 [M]. 哈尔滨：黑龙江大学出版社.

严明主编. 2009. 语言教育心理学理论研究 [M]. 长春：吉林出版集团有限责任公司.

严明. 2010. 后教学法时代在职外语教师研究取向述略 [J]. 外语教学理论与实践，（2）：23—28.

杨翠蓉、胡谊、吴庆麟. 2005. 教师知识的研究综述 [J]. 心理科学，（5）.

杨福、柳宏. 2009. 后方法教学法理论解析 [J]. 长春师范学院学报（人文社会科学版），（6）：143—146.

杨鹤澜、杨阳. 2011. 美国小学对外汉语课堂教学文化引入与介绍模式 [J]. 文教资料，（1）上旬刊：174—176.

## 参考文献

尤珉. 2015. 库玛后方法理论指导下的成就式自主学习研究——以美国一所大学中文教学为个案[A]. 北京语言大学对外汉语研究中心主编, 汉语应用语言学研究（第4辑）[C]. 北京：商务印书馆, 225—234.

曾妙芬. 2007. 推动专业化的AP中文教学——大学二年级中文教学成功模式之探讨与应用[M]. 北京：北京语言大学出版社.

翟燕. 2013. 试论海外大学汉语教师应具备的基本能力[A]. 世界汉语教学学会秘书处编. 第十一届国际汉语教学研讨会论文选[C]. 北京：高等教育出版社, 138—144.

章纪孝. 1994. 关于高年级口语教学的思考和构想[J]. 世界汉语教学,（1）.

张建民. 2013. 国际汉语教师隐性知识显性化的途径[A]. 世界汉语教学学会秘书处编. 第十一届国际汉语教学研讨会论文选[C]. 北京：高等教育出版社, 284—287.

张和生. 2006. 对外汉语教师素质与培训研究的回顾与展望[J]. 北京师范大学学报（社会科学版）,（3）.

张红蕴. 2009. 隐性课程研究与对外汉语教学[J]. 语言教学与研究,（2）：67—73.

张洁. 2007. 对外汉语教师的知识结构与能力结构[D]. 北京语言大学博士学位论文.

张捷鸿、常庆丰. 2012. 汉语国际教育硕士培养模式的探索与设想[A]. 北京汉语国际推广中心、北京师范大学汉语文化学院编. 国际汉语教育人才培养论丛（第三辑）[C]. 北京：北京大学出版社, 332—338.

张璐. 2015. 后方法视野下汉语听说教材练习设置与练习模式研究[A]. 北京语言大学对外汉语研究中心主编, 汉语应用语言学研究（第4辑）[C]. 北京：商务印书馆, 193—212.

张美霞. 2009. 在短期汉语教学中开展任务式教学法的设想——以初级汉语

水平的短期汉语教学为例[J].云南师范大学学报(对外汉语教学与研究版),(2).

张正东、李少伶.2003.英语教师的发展[J].课程·教材·教法,(11).

赵金铭.2007.对外汉语教学理念管见[J].语言文字应用,(3):13—18.

赵金铭.2008.汉语作为第二语言教学:理念与模式[J].世界汉语教学,(1):93—107.

赵金铭.2008.汉语国际传播研究述略[J].浙江师范大学学报(社会科学版),33(5):19—24.

赵扬.2014."特殊性"与汉语国际推广中的"三教"问题[J].世界汉语教学,(4):447—448.

赵一宇.2004."以学生为中心"认识点滴[J].教书育人,(12):31—32.

赵颖.2008.北京师范大学汉语国际教育人才培养过程中合作学习的优越性[A].北京汉语国际推广中心、北京师范大学汉语文化学院编.国际汉语教育人才培养论丛(第一辑)[C].北京:北京大学出版社,315—319.

朱瑞平.2011.略论汉语国际教育人才培养的针对性问题[A].北京汉语国际推广中心、北京师范大学汉语文化学院编.国际汉语教育人才培养论丛(第二辑)[C].北京:北京大学出版社,50—58.

朱小健.2011.在职汉语国际教育专业硕士培养初探[A].北京汉语国际推广中心、北京师范大学汉语文化学院编.国际汉语教育人才培养论丛(第二辑)[C].北京:北京大学出版社,137—144.

朱志平.2008.汉语第二语言教学理论概要[M].北京:北京大学出版社.

朱志平、马思宇.2011.论汉语国际教育专业硕士学位论文的模式——基于29篇硕士学位论文的调查与分析[A].北京汉语国际推广中心、北京师范大学汉语文化学院编.国际汉语教育人才培养论丛(第二辑)[C].北京:北京大学出版社,270—286.

## 参考文献

［美］威廉·鲍威尔和［印尼］欧辰·库苏玛-鲍威尔主编. 2013. 如何进行个性化教学——来自国际学校的启示[M]. 张园译, 北京: 北京大学出版社.

［美］M.P. 德里斯科尔. 2008. 学习心理学——面向教学的取向[M]. 王小明等译, 上海: 华东师范大学出版社.

［美］R.M. 加涅、L.J. 布里格斯、W.W. 韦杰. 1999. 教学设计原理[M]. 皮连生、庞维国等译, 上海: 华东师范大学出版社.

［德］柯彼得. 2013. 关于中国语言与文化在全球化世界中的地位和作用的若干思考[J]. 语言教学学刊（第9辑）, 北京: 北京大学出版社.

［美］库玛（Kumaravadivelu, B.）. 2013. 超越教学法: 语言教学的宏观策略[M]. 陶健敏译, 北京: 北京大学出版社.

［美］库玛（Kumaravadivelu, B.）. 2014. 全球化社会中的语音教师教育: "知""析""识""行"和"察"的模块模型[M]. 赵扬、付玲毓译, 北京: 北京大学出版社.

［日］孙德坤. 2008. 教师认知研究与教师发展[J]. 世界汉语教学, （3）: 74—86.

［日］孙德坤. 2014. 优化环境, 促进教师研究与发展[J]. 世界汉语教学, （4）: 443—444.

［日］孙德坤. 2015. 全球化背景下的国际汉语教育与研究生培养[A]. 程爱民主编, 对外汉语教学研究2014（1）[C]. 南京: 南京大学出版社, 41—56.

［泰］许美玲. 2015. 后方法理论视野下泰国高校汉语教学法探讨——以泰国艺术大学教育学院为个案[A]. 吴应辉、吴伟平主编, 汉语国际传播研究（2014年第2辑）[C]. 北京: 商务印书馆, 144—151.

［美］Joanne M. Arhar, Mary Louise Holly & Wendy C. Kasten. 2002. 教师行动研究——教师发现之旅[M]. 黄宇、陈晓霞、阎宝花等译, 北京: 中国轻工业出版社.

［美］Kathleen M. Bailey, Andy Curtis & ［澳］David Nunan. 2007. 追求专业化发

展——以自己为资源[M].北师大"认知神经科学与学习"国家重点实验室脑与第二语言学习研究中心译,北京:北京师范大学出版社.

[比]Kris Van den Branden 编著. 2011. 任务型语言教育:从理论到实践[M].陈亚杰、薛枝、栗霞译,北京:外语教学与研究出版社.

[美]Diane Ciaccio. 2005. 完全积极的教学——激励师生的五种策略[M]. 郑莉、闫慧敏译,北京:中国轻工业出版社.

[新加坡]Thomas S. C. Farrell. 2005. 反思课堂交流——亚洲案例[M].余艳译,北京:中国轻工业出版社.

[美] Thomas L. Good & Jere E. Brophy. 2002. 透视课堂[M].陶志琼等译,北京:中国轻工业出版社.

[美]Joseph Hart. 2004. 真实性评价——教师指导手册[M].国家基础教育课程改革"促进教师发展与学生成长的评价研究"项目组译,北京:中国轻工业出版社.

[美]George M. Jacobs,Michael A. Power & Loh Wan Inn. 2005. 合作学习的教师指南[M].杨宁、卢杨译,北京:中国轻工业出版社.

[新加坡]Ng Aik Kwang. 2005. 解放亚洲学生的创造力[M].李朝晖译,北京:中国轻工业出版社.

[美]Priscilla Norton & Karin M. Wiburg. 2002. 信息技术与教学创新[M].吴洪健、倪男奇译,北京:中国轻工业出版社.

[美]Judith Haymore Sandholtz,Cathy Ringstaff & David C. Dwyer. 2004. 信息技术与学生为中心的课堂[M].宋融冰译,北京:中国轻工业出版社.

[美]Richard A. Schumuck & Patricia A. Schumuck. 2006. 班级中的群体化过程(第八版)[M].廖珊、郭剑鹏等译,北京:中国轻工业出版社.

Alexander, R. J. 1986. Innovation and continuity in the initial teacher education curriculum. In R. J. Alexander, M. Craft, and J. Lynch (Eds.), *Change in Teacher*

*Education: Context and Provision since Robbins* (pp.103—160). London: Holt, Rinehart and Winston.

Auerbach, E. R. 1995. The politics of the ESL classroom: Issues of power in pedagogical choices. In J. W. Tellefson (Ed.), *Power and Inequality in Language Education* (pp. 9—33). Cambridge: Cambridge University Press.

Benesch, S. 2001. *Critical English for Academic Purposes: Theory, Politics, and Practice.* Mahwah, NJ: Lawrence Erlbaum Associated, Inc.

Brown, H. D. 2002. English language teaching in the "postmethod" era: Toward better diagnosis, treatment, and assessment. In J. C. Richards & W. A. Renandya (Eds.), *Methodology in Language Teaching: An Anthology of Current Practice.* New York: Cambridge University Press.

Clifford, M. M. 1984. Thoughts on a theory of constructive failure. *Educational Psychologist, 19,* 108—120.

Cook, V. 1991. The poverty-of-the-stimulus argument and multicompetence. *Second Language Research, 7,* 103—117.

Dewey, J. 1933. *How We Think.* Chicago: Henry Regnery.

Dörnyei, Z. 2005.*The Psychology of the Language Learner.* Mahwah, NJ: Lawrence Erlbaum.

Edelson, D. C., Pea, R. D. & L. Gomez. 1996. Constructivism in the collaborator. In B. G. Wilson (Ed.), *Constructivist Learning Environments: Case Studies in Instructional Design.* Englewood Cliffs, NJ: Educational Technology Publication.

Ehrman, M. E., Leaver, B. & R. L. Oxford. 2003. A brief overview of individual differences in second language learning. *System, 31,* 313—330.

Ellis, N. 2005. At the interface: Dynamic interactions of explicit and implicit language knowledge. *Studies in Second Language Acquisition, 24,* 297—339.

Forman, A. E. & B. C. Cazden. 1985. Exploring Vygotskian Perspectives in Education. In J. V. Wertsch (Ed.), *Culture, Communication, and Cognition: Vygotskian Perspectives*. Cambridge: Cambridge University Press.

Foster, P. & P. Skehan. 1996. The Influence of Planning and Task Type on Second Language Performance. *Studies in Second Language Acquisition, 18*, 299—323.

Freire, P. 1972. *Pedagogy of the Heart*. New York: Routledge.

Fullan, M. G. & S. Stiegelbauer. 1991. *The New Meaning of Educational Change*. New York: Teachers College Press.

Giroux, H. A. 1988. *Teachers as Intellectuals: Toward a Critical Pedagogy of Learning*. South Hadley, MA: Bergin & Garvey.

Goldman, D. 1995. *Emotional Intelligence: Why It Can Matter More than IQ*. New York, NY: Bantam Books.

Greene, L. 1986. *Kids who Underachieve*. New York, NY: Simon & Schuster.

Holt, J. 1964. *How Children Fail*. New York, NY: Pitman.

Hulstijn, J. 2005. Theoretical and empirical issues in the study of implicit and explicit second language learning. *Studies in Second Language Acquisition, 27*, 129—140.

Johnson, D. W. & R. T. Johnson. 1999. *Learning Together and Alone: Cooperative Competitive, and Individualistic Learning* (5$^{th}$ ed.). Boston, MA: Allyn & Bacon.

Keller, J. M. 1987. Strategies for stimulating the motivation to learn. *Performance and Instruction Journal*, (October), 1—7.

Killen, R. 1998. *Effective Teaching Strategies: Lessons from Research and Practice*. Wentworth Falls, NSW: Social Science Press.

Kincheloe, J. L. 1993. *Toward a Critical Politics of Teacher Thinking*. Westport: Beegin & Garvey.

Kolb, D. A. 1984. *Experiential Learning: Experience as the Source of Learning and Development*. New Jersey: Prentice Hall.

Koschmann, T. 1996. *CSCL: Theory and Practice of an Emerging Paradigm*. Mahwah, NJ: Eralbaum.

Kumaravadivelu, B. 1994. The postmethod condition: Emerging strategies for second / foreign language teaching. *TESOL Quarterly*, *28*, 27—48.

Kumaravadivelu, B. 2001. Towards a post-method pedagogy. *TESOL Quarterly, 35*(4), 537—560.

Kumaravadivelu, B. 2003a. A post-method perspective on English Language. *Teaching World English, 22*.

Kumaravadivelu, B. 2003b. *Beyond Methods: Macrostrategies for Language Teaching*. New Haven and London: Yale University Press.

Kumaravadivelu, B. 2006. TESOL Methods: Changing Tracks, Challenging Trends. *TESOL Quarterly, 40*(1).

Kumaravadivelu, B. 2012. *Language Teacher Education for a Global Society: A Modular Model for Knowing, Analyzing, Recognizing, Doing, and Seeing*. Routledge.

Ladwig, J. & M. B. King. 2003. *Quality Teaching in NSW Public Schools: An Annotated Bibliography*. NSW Department of Education, Australia.

Larsen-Freeman, D. 1990. On the need for a theory of language teaching. In J. E. Alatis (Ed.), *Georgetown University Round Table on Languages and Linguistics,1990* (pp.261—270). Washington, D.C.: Georgetown University Press.

Lim, S. 1992. Investigating learners participation in teacher-led classroom discussions in junior colleges in Singapore from a second language acquisition perspective. Unpublished doctoral dissertation (in Nunan,1999).

Maier, N. R. F. 1963. *Problem-solving discussions and conferences*. New York,

NY: McGraw-Hill.

Maier, N. R. F. 1971. Innovation in education. *American Psychologist, 26*, 722—725.

McLaren, P. 1995. *Critical Pedagogy and Predatory Culture*. London: Routledge.

Naiman, N., Fröhlich, M., Stern, H. & A. Todesco. 1978/1996. *The Good Language Learner.* Clevedon: Multilingual Matters.

Nunan, D. 1991. *Language Teaching Methodology: A Textbook for Teachers*. New York: Prentice Hall.

Nunan, D. 1991. Communicative Tasks and Language Curriculum. *TESOL Quarterly 2*.

Nunan, D. 2001. Tradition and change in the ELT curriculum: Plenary presentation. Beijing.

Pennycook, A. 1998. *English and the Discourses of Colonialism*. London: Routledge.

Pica, T. 2000. Tradition and transition in English language teaching methodology. *System, 28*.

Prabhu, N. S. 1990. There is no best method—why? *TESOL Quarterly 24* (2), 161—176.

Purpura, J. E. 2004. *Assessing Grammar*. Cambridge: Cambridge University Press.

Richards, J. 1987. The dilemma of teacher education in TESOL. *TESOL Quarterly 21*.

Richards, J. 1998. *Beyond Training: Perspectives on Language Teacher Education*. Cambridge: Cambridge University Press.

Richards, J. C. & T. S. Rodgers. 2001. *Approaches and Methods in Language Teaching* (2 ed.). Cambridge: Cambridge University Press.

Rocenshine, B. & R. Stevens. 1986. Teaching Functions. In M. C. Wittrock (Ed.), *Handbook of Research on Teaching* (3rd ed.). New York: Macmillan.

Simon, R. I. 1987. Empowerment as a pedagogy of possibility. *Language Arts, 64* (4), 379—388.

Skehan, P. 1998/1999. *A Cognitive Approach to Language Learning.* Oxford: Oxford University Press/ 上海：上海外语教育出版社.

Sousa, D. 1995. *The Complete Guide of Learning Through Community Service.* Boston, MA: Allyn & Bacon.

Stern, H. H. 1985. Review of methods that work: A smorgasbord of ideas for language teachers. *Studies in Second Language Acquisition, 7*, 249—251.

Vygotsky, L. S. 1978. *Mind in Society: The Development of Higher Psychological Processes.* Cambridge, MA: Harvard University Press.

Vygotsky, L. S. 1986. *Thought and Language,* Revised, A. Kozulin, Ed. Cambridge, MA: MIT Press.

Willis, D. 1996. A flexible framework for task-based learning. In Willis, J. & Willis, D. *Challenge and Change in Language Teaching.* UK: Macmillan Publishers Ltd.

Zeichner, K. M. & D. P. Liston. 1996. *Reflective Teaching: An Introduction.* Mahwah, NJ: Lawrence Erlbaum.

图书在版编目（CIP）数据

汉语国际教育师资培养理论和实践问题研究 / 王丕承著. — 北京：中国书籍出版社，2018.3
ISBN 978-7-5068-6739-9

Ⅰ.①汉… Ⅱ.①王… Ⅲ.①汉语—对外汉语教学—师资培养—研究 Ⅳ.①H195.3

中国版本图书馆CIP数据核字(2018)第039721号

## 汉语国际教育师资培养理论和实践问题研究

王丕承　著

| 策划编辑 | 宋　然 |
| --- | --- |
| 责任编辑 | 许艳辉 |
| 责任印制 | 孙马飞　马　芝 |
| 封面设计 | 北京中尚图文化传播有限公司 |
| 出版发行 | 中国书籍出版社 |
| 地　　址 | 北京市丰台区三路居路97号（邮编：100073） |
| 电　　话 | (010) 52257143（总编室）　　(010) 52257140（发行部） |
| 电子邮箱 | eo@chinabp.com.cn |
| 经　　销 | 全国新华书店 |
| 印　　刷 | 三河市顺兴印务有限公司 |
| 开　　本 | 710毫米×1000毫米　1/16 |
| 字　　数 | 266千字 |
| 印　　张 | 18.75 |
| 版　　次 | 2018年3月第1版　2018年3月第1次印刷 |
| 书　　号 | ISBN 978-7-5068-6739-9 |
| 定　　价 | 48.00元 |

版权所有　翻印必究